文化馆蓝皮书

中国文化馆全民艺术普及发展报告

2015-2016

李 宏 李国新 主编

人民日报出版社

目　录

c o n t e n t s

Ⅲ 地方经验

Ⅳ 案例点评

Ⅴ 统计数据

文化馆蓝皮书：中国文化馆全民艺术普及发展报告（2015—2016）序言

李　宏[1]

在举国上下认真学习贯彻习近平治新时代中国特色社会主义思想，全面贯彻落实党的十九大精神，高举中国特色社会主义伟大旗帜，牢固树立中国特色社会主义道路自信、理论自信、制度自信、文化自信，牢牢把握人民群众对美好生活的向往，统筹推进"五位一体"总体布局、协调推进"四个全面"战略布局，决胜全面建成小康社会的重要时刻，文化部全国公共文化发展中心、中国文化馆协会和文化部公共文化研究（北京大学）基地通力协作，精心组织编撰的中国文化馆行业第一本蓝皮书《中国文化馆全民艺术普及发展报告（2015-2016）》诞生了。这是全国数万文化馆人献给党的十九大的一份厚礼。

文化馆（站）与公共图书馆、博物馆、美术馆等公益性文化单位，都是公共文化服务体系的重要组成部分，是政府向人民群众提供公共文化服务、满足人民群众基本文化需求的重要载体。在各级各类公益性文化单位中，文化馆（站）深根到最基层，又因其服务多样性、对象广泛性、体系完整性等显著特点，在整个现代公共文化服务体系中具有独特的地位与功能。

党的十八大以来，我国文化馆（站）领域坚持以人民为中心，牢固树立

---

[1] 李宏，文化部全国公共文化发展中心主任，中国文化馆协会常务副理事长。

创新、协调、绿色、开放、共享发展理念，深入推进公共文化服务体制机制创新，不断深化公共文化供给侧结构性改革，重大公共文化工程更加注重惠民实效，全国范围内文化资源供给发生了历史性变化，实现了由"短缺"向"极大丰富"的跨越式根本转变。如今，艺术普及、非遗传承以及丰富多彩的基层文艺活动，已经越来越成为人们日常生活的重要内容。这几年，文化馆（站）机构和行业的深化改革、创新发展卓有成效，各地取得了很多好的经验，特别是中国文化馆协会正式成立，初步理顺了政府与文化馆（站）及其行业的关系，改变了过去文化馆（站）没有"娘家"的局面，一定程度上对"国家文化馆"尚未建立的缺憾有所弥补，全行业的服务意识、创新意识、自律意识和组织能力得到增强，行业的现代治理水准正在稳步提升。文化馆（站）在改革进程中的成就、经验和不足，以"蓝皮书"的方式加以归集、梳理、分析、提炼十分必要，有利于勾勒运行轨迹、把握正确方向、推进问题研究、指导工作实践。

在我国，文化馆（站）体系虽然经历了长期发展，但运行几经波折、定位屡遭质疑，这说明有必要进一步组织力量、建立队伍，加强文化馆（站）理论研究、创新研究。要认真研究文化馆（站）与中国特色社会主义文化、社会主义核心价值观、现代公共文化服务体系、人民群众的基本文化权益和基本文化需求、城乡基层文化建设、巩固党的基层文化阵地等方面的相互关系，要积极探索文化馆（站）组织体制创新、管理运行机制创新、服务方式创新、内容和形式创新、产品和技术创新等，特别是要与时俱进地应用先进技术提升服务效能，惟其如此，才能切实有效、长期稳定地发挥文化馆（站）

在顺应人民群众美好生活需求、提升人民群众文化艺术素养、着力破解"不平衡不充分"矛盾中的突出作用。

《中华人民共和国公共文化服务保障法》对文化馆（站）的建设、运行和发展作出了相关规定，对文化馆（站）做好全民艺术普及、全民优秀传统文化传承提出了明确要求。文化馆（站）要以人民为中心，坚持以文化人、以文育人，围绕提高人民群众的精神道德品质、文化艺术素养，为社会源源不断地提供质地优良、品种丰富、结构合理、群众喜闻乐见的文化艺术产品和服务，要保护好、传承好、弘扬好中华优秀传统文化和丰富多彩、琳琅满目的地方特色文化。

党的十九大报告从坚定文化自信，推动社会主义文化繁荣兴盛这一新的历史高度，对我国现代公共文化服务体系建设作出了新部署、提出了新要求。我国文化馆（站）领域虽然取得了诸多成就，但与党的十九大提出的新思想新部署新要求相比还有较大差距。各级文化馆（站）的服务效能，与基层人民群众美好生活的期待还有较大距离，各类文化艺术惠民工程还需要更加深入地实施，群众喜闻乐见的文化艺术产品创作生产和服务提供，还需要进一步丰富品种结构。我们要遵循习近平总书记的嘱托，牢记文化馆（站）的责任与使命，大力繁荣群众文艺创作，极大地丰富文化艺术产品供给，推动传统文化创造性转化、创新性发展，把优秀传统文化和地方特色文化融入百姓日常生活，着力改进管理体制、优化运行机制、增强创新能力、提升服务质量，以好产品、正能量、优服务丰富人民群众文化生活，提高人民群众的获得感、幸福感，不断为实现中华民族伟大复兴中国梦作出新的更大贡献。

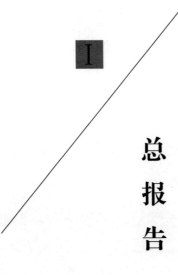

Ⅰ

总报告

中国文化馆全民艺术普及的
进展、成就、问题与前瞻

李国新　巫志南　赵保颖　王全吉　金武刚　徐玲　冯佳[1]

一、全民艺术普及：由政策推动到法律保障

全民艺术普及在中国兴起的时间不长。2015 年，中共中央办公厅、国务院办公厅印发《关于加快推进现代公共文化服务体系的意见》，其中正式提出全民艺术普及的概念。此前，理论和实践领域使用的类似概念主要有大众艺术、普及型艺术、全民艺术素质、艺术素养、艺术教育等，较为细化的还有全民舞蹈普及、全民音乐普及等。在构建现代公共文化服务体系的背景下，通过政策引领、行业倡导和实践探索，推动全民艺术普及迅速聚焦为各级文化馆的核心功能与职业使命，成为各级文化馆开展公共文化服务的主要内容，全民艺术普及在祖国大地迅速兴起、快速推进、全面发展。

党中央、国务院有关构建现代公共文化服务体系的顶层设计、总体部署，

[1] 李国新，北京大学教授，国家公共文化服务体系建设专家委员会主任。巫志南，上海社会科学院研究员，国家公共文化服务体系建设专家委员会委员。赵保颖，中国文化馆协会秘书长，副研究馆员。王全吉，浙江省文化馆研究馆员，中国文化馆协会理论研究委员会副主任。金武刚，华东师范大学教授，国家公共文化服务体系建设专家委员会委员。徐玲，北京群众艺术馆副研究馆员，中国文化馆协会理论研究委员会委员。冯佳，上海社会科学院副研究员，中国文化馆协会理论研究委员会委员。

为全民艺术普及指明了方向。2015年初，中办国办印发《关于加快构建现代公共文化服务体系的意见》，要求深入开展全民阅读活动，积极开展全民艺术普及、全民健身、全民科普和群众性法治文化活动，加强公共文化产品和服务供给，活跃群众文化生活。这是全民艺术普及第一次写入我国最高层次的政策性文件，明确了全民艺术普及是现代公共文化服务体系建设的重要内容，指明了全民艺术普及的发展方向。此后，一系列重要的有关公共文化服务体系建设的政策性文件相继对全民艺术普及作出具体部署。2015年7月，国务院办公厅印发《关于支持戏曲传承发展的若干政策》，要求"加大戏曲普及和宣传"，争取每年让学生免费欣赏到一场优秀的戏曲演出，并鼓励开展、制作、传播普及戏曲知识的栏目节目等，戏曲普及被纳入全民艺术普及的范畴。2015年10月，国务院办公厅印发《关于推进基层综合性文化服务中心建设的指导意见》，将"积极开展艺术普及"作为基层综合性文化服务中心的核心任务之一。与此同时，为深入贯彻落实习近平总书记在文艺工作座谈会上的重要讲话精神，中共中央出台《关于繁荣发展社会主义文艺的意见》，强调"普及文艺知识，培养文艺爱好，提高全民文化素养"是繁荣发展社会主义文艺事业的重要内容。2015年12月，文化部等七部委印发《"十三五"时期贫困地区公共文化服务体系建设规划纲要》，部署了开展文化艺术普及公益行动、加强对农村留守儿童的艺术培训、送地方戏下基层项目等一系列针对贫困地区的全民艺术普及重点任务，全民艺术普及成为文化扶贫的重要内容，成为文化扶志、文化扶智的重要方式。

2016年底颁布、2017年3月1日开始施行的《中华人民共和国公共文化服务保障法》，是我国公共文化服务的基本大法，全民艺术普及被纳入该法律规范的内容。法律从三个方面对全民艺术普及作出专门规定：首先是规定各级人民政府承担促进公共文化产品的提供和传播、支持开展全民艺术普及的责任（第二十七条）；其次是规定公益性文化单位应当免费或优惠向公众提供的服务项目包括文艺演出、艺术培训（第二十九条）；第三是规定基层综合性文化服务中心为公众提供的公共文化服务包括艺术普及（第三十条）。全民艺术普及入法，全民艺术普及的责任和服务提供法定化，标志全民艺术普及由政策引导上升为法律规范，我国的全民艺术普及开始走上了法制化的轨道。

二、行业"龙头"引领全民艺术普及发展

与图书馆、博物馆、美术馆不同，目前我国文化馆领域还没有国家级的龙头机构，近年来，文化部全国公共文化发展中心事实上肩负了统筹、协调全国文化馆发展的重任。2014 年 11 月，中国文化馆协会成立，结束了我国文化馆领域全国性行业组织长期空缺的状态。文化部全国公共文化发展中心和中国文化馆协会作为文化馆行业的龙头组织机构，在推动、引领文化馆向全民艺术普及转型中发挥了重要作用。

文化部全国公共文化发展中心和中国文化馆协会参与主办的 2015 中国文化馆年会，率先引领文化馆跨入全民艺术普及主战场。2015 年 11 月，在重庆举行的第二届中国文化馆年会以"全民艺术普及：文化馆的责任与使命"为主题，举办了一系列主题论坛，包括百姓广场舞发展专题论坛、群众文化艺术精品创作论坛、全国文化（群艺）馆期刊发展专题论坛、"互联网＋文化馆建设"论坛、创建国家公共文化服务体系示范区论坛、戏曲动漫论坛等，开展一系列全民艺术普及展演展示活动，唱响了文化馆转型发展的主旋律，掀开了文化馆融入公共文化服务体系的新篇章。2016 年 9 月在银川举行的第三届中国文化馆年会以"文化馆——创新发展，服务基层"为主题，深入探讨了文化馆＋互联网助力全民艺术普及、全民艺术普及的宁波创新实践、浙江丽水乡村春晚文化品牌建设、城市文化馆服务创新、文化馆与民族民间文化保护、广场舞的创作与推广、群众书法艺术创作等与全民艺术普及相关的问题。连续两届全国文化馆领域的行业盛会，主题紧密围绕全民艺术普及不断深化，研讨和活动紧密围绕全民艺术普及不断拓展，向全社会广泛传播了全民艺术普及的理念，向全行业示范推广了全民艺术普及的实践。

为提升文化馆工作者全民艺术普及技能，文化部全国公共文化发展中心和中国文化馆协会策划实施了一系列重大活动、项目加以推动。2016 年策

划实施"全民艺术普及业务技能提升计划"，按照实现五大目标（提高全民艺术普及业务技能、促进全民艺术普及精品创作、加快全民艺术普及品牌传播、推动全民艺术普及服务创新、推进全民艺术普及标准化）、提升四种能力（群众文艺作品创作生产能力、辅导培训网络辐射能力、品牌活动策划组织能力、产品服务传播推广能力）、打造三个品牌（百姓大舞台、全民艺术普及大讲堂、公共文化交流平台）的工作思路，通过举办专题培训班（如全国省级文化馆和乡镇文化站全民艺术普及技能提升计划培训班、乡村文化艺术普及品牌百县联盟骨干培训班等）、遴选示范性文化品牌活动等方式，着力提升文化馆工作者开展全民艺术普及的能力。为推动全民艺术普及欣赏，文化部全国公共文化发展中心在"国家数字文化网"开设"大众美育馆""心声·音频馆""社区文化生活馆"等特色栏目，集中提供名家书画、音乐舞蹈、评书曲苑、相声小品、影视、文学等艺术作品，为公众欣赏经典艺术作品提供阵地和资源。文化部全国公共文化发展中心持续在西藏和青海、四川藏区实施"汉藏文化交流"项目，2016年，协同相关省区文化（群艺）馆、文化共享工程分中心组织志愿者200余人，举办大讲台、大展厅等近20次，培训藏区基层文化骨干超过900人，同时还加强数字文化资源供给、开展创意数字文化推广，累计服务藏区群众超过7万人次，促进了民族地区全民艺术普及的开展。2016年，文化部全国公共文化发展中心和文化部外联局联合启动"文化睦邻工程"，配合"一带一路"倡议和周边国家命运共同体建设，面向周边国家开展文化交流与合作、文艺创作、非物质文化遗产传承与保护、文物保护与利用、公共文化服务、文化贸易、文化援助、"欢乐春节"等文化项目。"文化睦邻工程"既促进中华文化"走出去"，又带动了边境地区的公共文化服务建设和全民艺术普及活动

中国文化馆协会所属专业委员会发挥各自专长，以专业研究成果和实践活动推动文化馆的全民艺术普及走向深入。理论研究委员会、数字文化委员会会同北京大学国家现代公共文化研究中心对全民艺术普及慕课建设展开专题研究，编写印发了《全民艺术普及慕课建设指导纲要》，多次召开示范性全民艺术普及慕课建设专题研讨会，为文化馆领域迅速崛起的全

民艺术普及慕课建设提供了有力指导。舞蹈专业委员会举办了"彰显文化提升审美 舞出健康——百姓广场舞发展"专题研讨，以艺术大讲堂等形式开展"全民艺术普及直通车"系列惠民活动，音乐创作委员会开展了基层群众文化音乐创作、文化馆音乐专业人员和专业设备专题调研，书画委员会开展全国群众美术、书法业务人员信息资料库建设研讨，等等。专业委员会的研究和实践，充分体现了行业组织对全民艺术普及专业性指导、趋势性引领的功能。

三、文化馆的全民艺术普及创新实践

全民艺术普及的理念提出后，文化馆系统敏锐地意识到，在自身的基本职能和主要工作任务中，原本就包含着大量的全民艺术普及要素，于是迅速开始了主要职能向全民艺术普及的聚焦，迈出了与公共文化服务体系建设相适应的文化馆功能转型步伐。2015 年以来，各地文化馆积极探索、勇于实践、大胆创新，开创了我国全民艺术普及的良好局面。

湖南省长沙市是全国率先开展全民艺术普及的城市之一。2015 年 5 月，长沙市委、市政府出台《长沙市"全民艺术普及工程"实施方案》，要求"以艺术普及为重要切入点，加快构建现代公共文化服务体系，深化公共文化服务标准化试点工作成效，改善和提高公共文化服务效能，更好地满足全市人民群众精神文化需求"。时任湖南省委常委、长沙市委书记易炼红在全市党员干部动员大会上表示，要顺应群众精神文化需求，进一步拓展全民艺术普及、全民参与文化活动等平台，形成普及化、常态化的新格局。

长沙市全民艺术普及工作思路可以概括为 24 个字，即公民自主、精准服务，十管齐下、体制支撑，一人一艺、全民参与。所谓公民自主、精准服务，是指在政府规划指导、政策引导和激励下，全市人民群众自主选择参与艺术普及活动的内容、方式、渠道和载体，公共文化机构和各种社会力量从全市人民群众实际文化艺术需求出发，以需定供、供需对接。所谓十管齐下、体制支撑，是充分尊重和主动响应全市人民群众艺术需求多样化特点，集聚各方艺术资源和各种艺术普及力量，着力提高艺术普及服务对群众兴趣爱好的适应性，扩大群众参与艺术普及活动的可选择性，全面开展文学、音乐、舞蹈、书法、绘画、摄影、戏曲、曲艺、工艺、非遗技艺等10个艺术门类普及和培训活动。所谓一人一艺、全民参与，是努力实现有意愿参与艺术普及活动的每个市民或经常接触、或逐渐喜爱、或深入理解、或实际掌握一项艺术样式。

为全面落实全民艺术普及工程的目标任务，长沙市政府采取了十大举措。一是灵活采用问卷调查、座谈会、意见箱、个别访谈、微信互动、第三方调查等方式方法，建立健全经常性的人民群众文化艺术需求征询、调研和意见反馈机制。二是按照"读有书屋、唱有设备、演有舞台、看有影厅、跳有广场、讲有故事、创有指导、学有辅导、联有网络、办有经费"的"十有"要求，推进基层综合性文化服务中心建设。三是以长沙市群众艺术馆为中心馆，以县（区、市）文化馆为总馆，建立长沙市文化馆中心馆—总分馆服务体系，以"联盟馆"方式广泛吸收青少年宫、妇女儿童活动中心、工人文化宫、老年大学等公共文化服务机构以及社会力量开办的艺术培训机构参与全民艺术普及，形成"平台共建、资源共享、设施互通、服务协同"的城乡一体化艺术普及运行模式。四是建立以市群众艺术馆为总校，县（区、市）文化馆为分校、乡镇（街道）文化站为辅导站、村（社区）综合性文化服务中心为基层辅导点的"长沙公益艺术培训总分校体系"，协调全市各级各部门、各类公共文化机构、大中专院校以及社会力量开办的艺术培训实体等各种机构、场馆、人才资源，以"长沙艺术培训联盟机构"的名义灵活加盟"长沙公益艺术培训总分校体系"。五是推进与艺术普及实际需求相适应的数字文化综合服务平台建设、公共数字文化空间建设、公共艺术教育资源建设、线上线下结合的艺术辅导培训渠道和载体建设。六是政府文化部门按年度制定和发布艺术普及产品和服务提供目录，公共文化服务机构和相关社会力量，按照目录面向全体市民开展"菜单式""订单式"艺术普及服务。七是实施艺术精品战略，按年度发布"长沙市群众艺术创作指导目录"，深入挖掘长沙湘剧、花鼓戏、弹词、山歌等本土文化艺术资源，建立以奖代投机制，设立群众文艺创作扶持资金。八是实施长沙群文湘军"五百行动"计划，即打造100支优秀群众文艺团队，打造100个优秀群众文艺节目，评选100名群众文艺之星，创造100个优秀群众文化活动项目，打造100个承载容量较大、集聚能力较强、配套水平较高、社会影响较大的群众文化体育广场。九是建立"长沙艺术普及绩效监督考评组"，吸纳市、县（区、市）人大代表和政协委员、文化艺术专家、基层群众代表等参与，按年度对各县（区、市）艺术普及工程实施情况、骨干公共文化机构工作业绩进行考评，考评结果向社会公布。十是把带动文化产业、促进文化消费作为工程实施的重要内容，以艺术普及带动艺术培训、演艺娱乐、设备制造、新兴媒体、网络服务等产业发展，带动艺术设备和器材的销售，带动艺术服务领域就业。

浙江省宁波市的全民艺术普及起步较早、扎实推进、成效显著，经验可鉴。2015年10月，宁波市"一人一艺"全民艺术普及工程列入《宁波市国民经济和社会发展第十三个五年规划纲要》民生实事重点工程。2016年10月，宁波市政府出台《关于"一人一艺"全民艺术普及工程建设的实施意见》，要求构建体现时代发展趋势、符合文化发展规律、适应社会主义市场经济要求、具有宁波特色的'一人一艺'全民艺术普及体系"。

宁波市将全民艺术普及工作细化为"4+2"，即4个普及和2个专项。4项普及为：第一，全民艺术知识普及。包括全民艺术普及读物推荐与编写出版，全民艺术普及慕课建设，全民艺术普及讲座建设等。第二，全民艺术欣赏普及。包括舞台艺术（演出）普及，展览普及以及经典艺术普及，持续引进海内外著名艺术机构及表演团队到宁波展演。第三，全民艺术技能普及。做法是以全市文化馆（站）系统为核心，联合各种社会培训机构，整合系统内外的师资资源、场地设施资源和网络资源，广泛组织开展普及性的艺术技能培训。第四，全民艺术活动普及。包括开展"阿拉音乐节"、"阿拉非遗汇"等特色艺术品牌活动，有序开展文化广场建设和广场文体活动，推出群众喜闻乐见的特色文艺活动，帮助群众文艺团队开展自编自演、自娱自乐文艺活动，依托重大节日开展各项节庆文化活动，以及组织开展全民艺术普及

才艺赛事活动等。2 个专项一是中小学生美育专项。以国务院《关于全面加强和改进学校美育工作的意见》为依据，推动艺术普及与中小学美育相结合。二是特殊群体艺术普及专项。有针对性地开展面向残疾人、老年人、贫困家庭的艺术普及工作，丰富特殊群体文化艺术生活。

为了使"一人一艺"全民艺术普及达到预期效果，宁波市设计并实施了7 大支撑计划：一是文化馆中心馆—总分馆服务体系建设计划。以全民艺术普及工作为纽带，建立以宁波市文化馆为中心馆，以各区县文化馆为总馆，以镇（街）文化站为分馆，以村（社区）为支馆或服务点，"1+N 中心馆—总分馆"（1 个中心馆 +N 个总分馆）体系。二是引导社会力量参与全民艺术普及计划。研究制定《宁波市引导社会力量参与全民艺术普及的实施办法》《宁波市艺术普及培训机构评级与扶持办法》等，以"联盟制方式"广泛吸引社会力量参与。三是市民参与全民艺术普及激励计划。以市民卡、文化艺术卡制度为基础，全面推行"积分"激励制度，鼓励市民自主选择参与艺术普及的项目、渠道和方式。四是全民艺术普及综合服务平台建设计划。围绕全民艺术普及，应用数字网络技术，构建综合性、一站式、数字化服务平台，实现全民艺术普及各种资源互联互通、综合集成、高效利用。五是人才队伍支撑计划。依托"中央课堂"等远程培训网络，实施"一员三能"提升工程，对文化馆（站）和村（社区）综合文化服务中心从业人员和业务文艺团队骨干进行集中培训、业务辅导、远程教学等，提高他们的政治素养、专业技术和服务管理能力。六是艺术普及创新研究计划。与北京大学信息管理系合作，建立全民艺术普及研究实践基地，吸引高端研究资源参与宁波全民艺术普及工程的理论建设。七是东亚文化之都艺术交流计划。加强全民艺术普及与东亚文化之都建设的协调，每年联合国外东亚文化之都城市开展艺术交流活动，如"中日韩美术双年展""中日韩摄影大赛""中日韩非物质文化遗产博览会""中日韩文化创意设计大赛"等。

江苏省镇江市把全民艺术普及列为"十三五"期间重要的文化惠民工程，规划周密、目标明确、全市协同、扎实推进，走在了全国前列。2016年 5 月，市政府出台《关于加快推进全民艺术普及工作的意见》，规划在全市实施全民艺术普及"八大计划"：全民艺术知识普及计划、全民艺术欣赏普及计划、全民艺术技能普及计划、全民艺术精品普及计划、全民艺术活动普及计划、全面艺术普及数字传播计划、全民艺术普及品牌塑造计划、全民艺术普及队伍培育计划，要求到2018年基本形成全市全民艺术普及的目标体系、评价体系、队伍体系和制度体系，建立城乡互动、部门联动、社会参与的全民艺术普及工作机制，全面构建覆盖城乡、门类齐全、便捷高效的全民艺术普及体系。为确保"八大计划"的落实，印发了《镇江市"艺术之光"全民艺术普及2016-2018三年行动计划》，对全民艺术普及做出了具体部署，要求围绕全民艺术知识、全民艺术欣赏、全民艺术技能、全民艺术精品和全民艺术活动等5方面普及工作，在2016-2018年期间，实现"一十百千万"指标：推行一项艺术普及数字化传播（推广）工程；打造10个有影响的全民艺术普及品牌；培育100支全民艺术普及社团；培养1000名艺术普及骨干推广人；开展10000场艺术普及活动。到"十三五"末，全市艺术普及率达到80%以上。

四、互联网＋与全民艺术普及

互联网＋全民艺术普及是文化馆构筑新阵地、新平台、新空间，实现服务创新和效能提升的重要途径。文化部全国公共文化发展中心持续推进各地数字文化馆建设试点，有力地推动了互联网＋全民艺术普及的建设进程。

互联网＋全民艺术普及创新资源传播渠道。近年来，文化部全国公共文化发展中心在文化馆行业大力推行中国文化网络电视直播平台的应用，综合利用互联网、广播电视网、移动通信网等新媒体传播渠道开展全民艺术普及。中国文化网络电视平台以"入站"模式进入文化共享工程基层服务点、公共电子阅览室、各级图文化馆、图书馆等公共文化服务场所，以"入户"模式进入百姓家庭，以"入手"模式进入个人数字媒体终端，大大增强了文化艺术普及资源的推广与传播能力。

互联网＋全民艺术普及创新资源建设方式。近年来，中央财政专项经费

支持了 17 个省级文化馆的 39 个数字资源建项目，内容包括群众文艺演出、艺术普及讲座、民族民间文化保护与传承纪录片以及全民艺术普及慕课等。文化部全国公共文化发展中心开发的"社区生活馆""大众美育馆""心声音频馆"等资源产品，供各级文化馆面向社区群众、青少年和残障人群开展音、视频点播与信息交流共享服务。另外，公众自编、自导、自演的优秀文艺节目，也可以通过互联网上传至各类共享平台，成为艺术普及资源的组成部分。

互联网＋全民艺术普及创新活动组织方式。在移动互联网环境下，文化馆将信息交互前置，从而打破服务边界，实现线上线下互动，方便公众利用服务。苏州市公共文化中心于 2015、2016 年分别举办了"网络歌手大赛""名人名篇网络诵读大赛"，公众报名参加比赛及海选上传录音均在线上进行，复赛决赛在线下进行。整个大赛过程贯穿于线上线下，提高了活动参与率，扩大了活动影响力。深圳市福田区公共文化体育发展中心开展文化馆数字化建设探索和实践，仅 2016 年 1-7 月间，利用微信公众平台，就开展线上线下互动活动 34 场，主要包括演出抢票、转发、评选、调查等活动，参与人数近 10 万人次。

互联网＋全民艺术普及创新服务供给方式。互联网技术为文化馆提供"菜单式""订单式"服务多种实现平台，有效解决了公共文化服务供需对接问题。重庆群艺馆打造"公共文化物联网"，形成市、区（县）、镇（街道）统一网络平台、统一服务电话。公众通过网上、电话、微信等可进行文化服务点单预约，各级公共文化机构及社会力量，可根据文化资源状况进行配送。嘉兴市"文化有约"整合了文化馆内外各类艺术普及资源，向公众提供互联网平台、手机 APP 客户端和数字电视终端等多种渠道的预约平台，免费提供培训、辅导、演出、讲座、展览等服务。

互联网＋全民艺术普及创新培训教学方式。网络互动培训，是互联网环境下一种灵活的培训模式，主要通过视频点播、网络课程、慕课学习、直播室等方式开展。岳阳市群艺馆将艺术培训从大教室搬到演播室，把长讲座变"微课堂"，从岳阳视角切入，以文学、美术、音乐、戏剧、舞蹈、文物和非遗等为主要内容，邀请专家学者在演播室录制，实现远程教学。云南省文化馆打造"七彩滇韵"项目，充分利用"中国文化网络电视"平台以及互动播出终端、录播等多媒体设备，进行远程培训指导，在直播过程中，可以现场问答，可以同步跟学，可以反复点播观看。

互联网+全民艺术普及创新空间服务方式。互联网技术推动了文化馆数字化、智能化发展，也为文化馆实体空间服务转型创造了条件。马鞍山市文化馆建成的数字文化体验馆，总面积760平方米，分为11个大区域，利用现代技术手段，融合文化信息、诗词吟诵、非遗民俗、旅游景点、美术书法、戏剧场景、音乐舞蹈等文化元素，提高了文化艺术普及的知识性、趣味性和参与感、体验感。东莞市文化馆打造的"悠云空间"，可借助数字化展示设备，根据不同时间节点的需求和活动的不同主题进行不定期更新、加载、搭配，满足公众日趋多元的文化需求，零距离感受东莞传统文化、都市文化，激发公众参与文化活动的浓厚兴趣，营造浓郁的文化氛围。

五、国家公共文化服务体系示范区创建与全民艺术普及

创建国家公共文化服务体系示范区是文化部、财政部于2011年开始实施的一项国家公共文化服务体系建设重点工程，目的是为构建现代公共文化服务体系探索路径、积累经验、提供示范。已经成功创建和正在创建的国家公共文化服务体系示范区城市，在推进全民艺术普及方面进行了积极有效的探索，起到了引领示范作用。

（一）全民艺术普及设施空间提档升级。2015-2016年正在创建过程中的32个第二批示范区创建城市，普遍高度重视公共文化场馆的提档升级。深圳市福田区三级服务网络设施共计391个，总面积43.8万平方米，每万人拥有公共文化设施面积3227平方米。天津市河西区投入资金5.7亿元用于公共文化设施建设，2015年建成了总面积13200平方米的河西区文化中心，设有音乐厅、雅苑剧场、黑匣子剧场、非遗展馆、公共美术馆等34个功能厅室。设施空间的完善，为人民群众走进艺术殿堂，欣赏文化艺术，提升艺术素养，

参与艺术创造，提供了保障条件。

（二）服务创新增添全民艺术普及活力。上海浦东新区以"高贵不贵，艺术亲民"为宗旨，让高雅艺术走进百姓，东方市民音乐会成为上海浦东新区全民艺术普及的品牌活动。浦东新区文化艺术指导中心和全区各街镇2016年共开设各类公共艺术培训课程近3.5万课时，受惠市民和文艺爱好者超过170万人次。浦东新区文化艺术指导中心推出的"午间文化一小时"和"晚间文化一小时"活动，让上班族在工作之余获得艺术素养的提升。福州市实施"艺术扶贫工程"，充分发挥各级文化馆全民艺术普及的职能，通过在贫困山区、边远地区学校开设艺术课程，让农村孩子享受到高水平的艺术教育。到2016年，福州市各级文化馆与35所贫困、边远地区学校共建，开设了声乐、器乐、舞蹈、美术等艺术课程，受益师生达十万人次以上。国家公共文化服务示范区在全民艺术普及服务创新方面，发挥了引领示范作用。

（三）数字化建设提升全民艺术普及服务效能。嘉兴市"文化有约"公共文化服务平台，汇聚全市包括文化系统外的工人文化宫、青少年宫等单位的文化艺术资源，精准对接群众文化艺术需求，还同步实现了电脑互联网端、手机客户端、数字电视端三大服务平台的互联互通。上海市嘉定区"文化嘉定云"于2014年12月18日正式上线，形成了由"文化嘉定云"网页版、"文化嘉定云"手机APP、"文化嘉定"微信公众号、"文化嘉定"新浪微博服务号四大功能组成的公共文化数字信息服务集群，将文化馆等众多文化单位的文化艺术资源和服务信息聚合于网络共享平台之上，为公众提供综合性、一站式公共文化数字服务。示范区创建城市在数字化服务方面的积极探索，有力地促进文化艺术资源与群众文化艺术需求精准对接，显著提高了全民艺术普及的覆盖面。

（四）社会力量参与增强全民艺术普及发展动力。深圳市福田区创建示范区3年来，累计扶持深圳国际打击乐文化节、中国（深圳）国际嘻哈文化节等项目232个，撬动社会资金约1亿元。北京市朝阳区建立社会组织培育机制，以政府购买服务的方式培育专业化、职业化的文化类社会组织，同时成立区文化志愿者服务中心,打造了"流动文化馆""肩并肩"工程等志愿服务品牌项目,建立支持高雅艺术深入基层演出的长效机制。示范区创建城市在全民艺术普及社会化参与方面的探索实践,对于我国全民艺术普及的长期可持续发展具有重要意义。

六、"文教结合"与全民艺术普及

2010年11月,教育部、文化部、财政部印发《关于开展高雅艺术进校园活动的指导意见》,旨在引领青年学生提高审美修养,提升精神境界,优化艺术教育环境,弘扬民族文化。2015年9月,国务院办公厅印发《关于全面加强和改进学校美育工作的意见》,提出到2020年,初步形成大中小幼美育相互衔接、课堂教学和课外活动相互结合、普及教育与专业教育相互促进、学校美育和社会家庭美育相互联系的具有中国特色的现代化美育体系的总体要求。为此,特别强调要统筹和整合学校和社会美育资源,探索构建美育协同育人机制。2015年7月,国务院办公厅印发《关于支持戏曲传承发展的若干政策》,要求加强学校戏曲通识教育,包括戏曲内容的教育教学、戏曲进校园、鼓励建设学校戏曲社团和兴趣小组、聘请校外戏曲专家和非物质文化传承人担任兼职艺术教师等。2015年10月,中共中央发布《关于繁荣发展社会主义文艺的意见》,特别强调要加强各级各类学校艺术教育,推动学校与社会艺术教育资源和设施共建共享,提高青少年的艺术素养。2017年开始实施的《中华人民共和国公共文化保障法》第十条规定,国家鼓励和支持公共文化服务与学校教育相结合,充分发挥公共文化服务的社会教育功能,提高青少年思想道德和科学文化素质。第十三条规定,支持学校开展适合在校学生特点的文化体育活动,促进德智体美教育。党中央、国务院和中央有关部门的一系列政策文件,为文化馆作为公共文化机构参与青少年美育教育提供了行动指南,《公共文化服务保障法》进一步将公共文化服务与青少年美育教育相结合提升到法律责任的高度。

近年来,各地文化馆在开展全民艺术普及的过程中不断涌现出"文教结合"的新内容、新模式。

上海市嘉定区建章立制，确保"文教结合"长效推进。为深入推动嘉定区教育、文化事业紧密合作、深度融合、相互促进、协调发展，嘉定区结合教育、文化事业实际，由嘉定区文广局、嘉定区教育局、嘉定区财政局、嘉定区人社局共同制定出台了《嘉定区关于推进"文教结合"工作的指导意见》，从构建人才共建机制、构建项目合作机制、构建设共享机制三个方面着手，针对幼儿园（大班）、小学二～三年级、小学四～五年级、初中（含六年级）及高中等不同年龄段的学生，提出文化艺术教育实践活动的年度指导要求，并将文化艺术教育作为素质教育的一项重要内容，纳入中、小、幼学生教育教学活动计划，学生的活动信息记入电子学生证。嘉定区用制度化手段，整合教育与文化等各部门力量，将"文教结合"真正落到实处，成为全民艺术普及的重要抓手。

湖北省以项目为抓手，创新"文教结合"内容与形式。湖北省博物馆深入挖掘馆藏文物资源特色，针对不同年龄未成年人的认知需求，精心策划研发了"礼乐学堂"教育项目。该项目分为"交流"和"感知"两个部分，第一部分改变传统课堂上的"讲授式"教学模式，将大量孩子们喜欢的PPT教学、动漫演示、穿越剧场等互动环节融入教育教学；第二部分是参观基本陈列，使未成年人了解当地优秀的传统历史文化。湖北省博物馆、华中师范大学一附中、省直机关第一幼儿园、武昌教育局教培中心等19所学校和社会教育机构作为该项目的实践基地，两年间，项目已走进武汉各大中小学校、幼儿园，并走进边疆和中国台湾地区，取得良好的社会效果。

此外，四川、重庆、河南、江苏镇江等地纷纷开展了内容丰富的"全民艺术普及进校园"系列活动，活动通过涵盖各艺术门类的"菜单"供学校进行选择，并结合中央一系列文件精神，聘请具备艺术专长及授课能力较强的文化馆业务骨干、艺术院团老师、非遗传承人等走进校园，通过开展艺术教育培训课程，培养在校学生对艺术的兴趣爱好。

七、全民艺术普及丰富国际文化艺术交流

国之交在于民相亲，民相亲在于心相通。丰富多彩的文化交流是国际交往最好的渠道、平台和桥梁。讲述"中国故事"，传达"中国声音"，以文化部主办的"欢乐春节"和"东亚文化之都"等重大国际文化交流项目为核心，2015-2016年，我国具有全民艺术普及特色的国际文化交流进展明显。

"欢乐春节"是文化部会同相关部委、各地方政府和驻外机构共同推出的大型文化交流活动，自2010年开始已经成功举办七届，是我国近年来开展得最为成功的文化外宣和公共文化外交活动之一，是以春节为契机，旨在与世界各国人民共庆农历新春、共享中华文化、共建和谐世界的品牌性、年度性、综合性文化活动。它以"欢乐、和谐、对话、共享"为主题，以"大自然的节日""家庭的节日""心灵的节日"为核心理念，着重反映和推广中国文化所倡导的"天人合一""和而不同"等价值观念。2015年，"欢乐春节"活动在119个国家和地区、334座城市举办了900余项活动，其中参与人数过万的大型活动有数十项，近千位国家元首和政要出席，辐射人群超过1个亿。2016年，"欢乐春节"活动在全球140个国家和地区的400多座城市举办了10多个门类的2100多项文化活动，涵盖主题庙会、跨国春晚、元宵灯会、广场巡游、专场演出、综艺展示、文贸会展、文博展览、民俗体验、非遗展示、影视展播、图书展销、焰火表演、专题讲座等多种形式，海外受众超过2.5亿人次，包括国家元首、首脑在内的1000多位外国政要参与其中，中国春节已成为五大洲人民的欢乐节日。

"东亚文化之都"评选是为落实2012年5月中日韩三国领导人在第五次会议上达成的重要共识以及2012年5月第四次中日韩文化部长会议签署的《上海行动计划》而开展的一项国际文化活动。该项活动2013年启动，每年中日韩三国各评选出一个当选城市，在未来一年内，以"东亚文化之都"

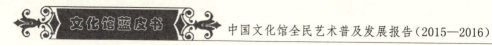

名义开展形式多样的文化活动，重点通过文化交流与合作、文化产业合作、非物质文化遗产保护与传承、公共文化服务体系建设经验交流与共享，带动城市和市民更积极地参与东亚区域文化合作，促进城市经济社会繁荣，扩大城市国际知名度、美誉度。我国 2014-2016 年度的"东亚文化之都"当选城市分别是泉州、青岛和宁波。

2015 年 11 月 1 日，第六次中日韩领导人会议发表了《关于东北亚和平与合作的联合宣言》，第一次把"东亚文化之都"写入会议成果文件。宣言指出，"东亚文化之都"项目深化了三国相互了解，增强了文化情感和幸福度，已成为三国文化交流与合作的平台，并支持建立"东亚文化之都联盟"，推进"东亚文化之都"开展国际性交流。12 月 19 日—20 日，中日韩文化部长会议在青岛举行，发表了《中日韩文化部长会议——青岛行动计划（2015年至 2017 年）》，规划了未来 3 年三国重要合作领域和重点项目。

2015 年，青岛市举办青岛文化周、"五王"大赛、不朽的城雕、国际水彩艺术节、"共同的记忆"非物质文化遗产专场晚会、中日韩大学生动漫创意大赛等系列文化活动，共开展文化交流活动 150 余项。2016 年，宁波市以"春夏秋冬"四季为主线，开展了 100 余项各具特色的文化、经济、体育活动，包括东亚非物质文化遗产展、第二十四届中日韩青少年运动会、中日韩文化艺术交流季、中日韩青年设计艺术节等大型主题活动。

从国家层面来看，无论是"欢乐春节"还是"东亚文化之都"，都是统筹国际国内两个大局，增进国与国之间的民间交往、相互了解，增进国民之间的交流的有力措施，塑造了我国良好的国际形象，也为我国的发展营造了一个和平的环境。从地方层面来看，这些由国家主导的建立长效机制的重大国际文化交流项目，对于各地的公共文化服务和群众文化发展的助推作用均十分明显，不但为各地文化发展打开了一个新窗口，提供了一个新通道，搭建了一个新平台，而且从制度设计、活动安排、政策规划等方面催生了新的成果，极大丰富了各地公共文化活动以及产品的供给，拓宽了群众文化发展空间，提升了群众文艺创作水平，促进了全民艺术普及的全面发展。

八、我国全民艺术普及取得的基本经验

（一）全民艺术普及应坚持以政府为主导、以各级文化馆为主力军。当前我国全民艺术普及取得阶段性成效，离不开各级政府的高度重视，离不开各级文化馆发挥引领、示范与带动作用。实践证明，坚持以政府为主导，以各级文化馆为主力军，形成合力，强力推进，是我国全民艺术普及取得显著成效的主要经验之一。长沙、宁波、镇江等地把全民艺术普及列入政府重要工作日程，列入政府民生实事重点工程项目，出台全民艺术普及工程建设的实施意见，从制度建设、财政支持、绩效评价等方面，为推进全民艺术普及提供有力支持。各级文化馆作为全民艺术普及的主力军，主动作为，积极引领，广泛开展群众喜闻乐见的艺术普及活动，提高广大群众艺术欣赏能力，培养广大群众艺术专长，充分体现了公益性文化机构的示范性和影响力，推动了全民艺术普及工作的蓬勃开展。

（二）全民艺术普及应坚持引导和鼓励各类社会艺术机构参与。整合全社会的文化艺术资源，积极引导和鼓励各类社会艺术机构参与全民艺术普及，形成合力、统筹推进全民艺术普及，是我国全民艺术普及取得阶段性成效的另一条重要经验。一些地方政府出台引导社会力量参与全民艺术普及的实施办法、艺术普及培训机构评级与扶持办法等，通过政府采购、项目补贴、定向资助、贷款贴息等举措，为各类社会艺术机构参与全民艺术普及创造了良好的制度环境，激发了他们参与全民艺术普及的积极性。各类社会艺术机构所拥有的艺术师资、培训场馆等文化资源，有效地弥补了文化馆艺术普及师资有限、力量不足的短板，拓宽了全民艺术普及的覆盖面，促进全民艺术普及向纵深推进。

（三）全民艺术普及资源建设应更加注重普适性、实用性。实践证明，全民艺术普及资源建设充分关注群众的文化艺术需求，结合群众的艺术审美特点，强化普适性、实用性，对全民艺术普及取得实效至关重要。如文化部全国公共文化发展中心精心策划开展戏曲动漫进校园、"文化中国"微视频拍摄等活动，力求以生动活泼的艺术形象、群众喜闻乐见的呈现方式，普及

传统文化艺术；多地文化馆积极探索利用慕课方式推广民族舞蹈、手机摄影等艺术形式，便于广大群众利用碎片时间进行艺术学习，感受艺术魅力；随手拍、微视频成为全民艺术普及资源建设的重要形式，拓展了数字艺术资源的建设路径。全民艺术普及资源建设的普适性、实用性取向，极大地提高了艺术普及资源的利用率。

（四）传播方式的网络化、数字化，有效提升全民艺术普及效能。强化互联网思维，通过网络化、数字化传播方式，突破传统艺术传播方式的局限，有效提高了全民艺术普及效能。近年来，大量群众文化活动通过中国文化网络电视、微信公众号和其他网络平台进行直播，通过前期预热、推广，扩大了公众参与。群众才艺大赛网络投票、艺术普及网上报名、艺术欣赏的向移动终端转移，使得文化馆网站和微信公众号拥有了众多的粉丝、较高的人气，有力地提升了全民艺术普及的效能。

（五）"文教结合"开辟了全民艺术普及的新天地。全民艺术普及与学校美育教育相结合，公共文化机构助力学校美育教育，既强化了学校美育教育的力量，弥补了贫困地区、边远山区艺术教育师资、资源的不足，又拓宽了公共文化机构开展全民艺术普及的领域。不少地方的文化馆开展编写传统文化艺术进校园的教材、创作戏曲动漫、培训艺术师资、实施戏曲名家进校园、组织开展青少年艺术大赛，这些行之有效的举措，在传承中华优秀传统文化艺术，全面提升青少年的艺术素养，推进全民艺术普及的可持续发展等方面，取得可喜成果。江苏省昆山市的"小昆班"就是典型的例子。"小昆班"让昆曲的种子在孩子们的心里生根发芽，从校园"小昆班"走出了一批昆曲表演的优秀人才。

（六）全民艺术普及是唤醒群众艺术自觉的内在动力。全民艺术普及向纵深推进，离不开广大群众的自觉参与。只有当广大群众的主体意识被激发出来后，全民艺术普及才能星火燎原，蓬勃发展。无论是浙江丽水的"乡村春晚"，还是"欢跃四季"全国广场舞大赛，着力点在于激发群众的艺术需求和参与热情。实践证明，一旦群众的文化艺术自觉被激发，全民艺术普及就会由"要我参与"发展到"我要参与"，就会形成人民群众自我创造、自我表现、自我服务、自我教育的生动局面。

九、当前全民艺术普及存在的主要问题

（一）全民艺术普及城乡之间、区域之间发展不平衡。由于东西部地区、城乡地区文化艺术资源分布不均衡，文化经费投入差异较大，当前我国全民艺术普及存在着发展不平衡现象。总体来看，经济发达地区的城市，全民艺术普及卓有成效，而在经济欠发达地区，特别是广大农村，全民艺术普及还任重道远。

（二）全民艺术普及的多样性不够。人民群众多样化的文化艺术需求，要求有多样化的艺术普及形式。然而当前全民艺术普及中，最常见的艺术普及样式是广场舞，多样性显得不足。另外，各地比较重视动态的文艺演出形式，但书画艺术鉴赏、摄影艺术普及等静态的艺术形式显得不足。高雅艺术走进百姓生活，还有一段很长的路要走，在普及基础上的提高还比较薄弱。

（三）一些文化馆工作重心尚未转移到全民艺术普及上来。推动全民艺术普及是各级文化馆的责任与使命，是文化馆工作的重点。然而有一些文化馆在工作中尚未向全民艺术普及的重心转移，没有从传统的工作方式、服务模式中走出来。主要表现在重视业务干部的艺术创作，片面追求作品获奖，轻视面向基层的艺术辅导；重视文化馆传统的阵地服务形式，网络传播、远程服务手段薄弱；文化馆在当地全民艺术普及中应有的引领作用、辐射作用尚未充分体现出来。

（四）文化馆从业人员服务理念、知识结构与服务方式有待改进。全民艺术普及要求各级文化馆从业人员充分发挥业务专长，从群众的文化需求出发，充分运用互联网、数字化等技术手段，提升全民艺术普及绩效。但目前文化馆从业人员服务理念有待提升，服务方式创新不足，特别是熟悉现代信息技术的人才严重不足，制约了文化馆的转型发展，也制约了全民艺术普及的深入开展。

十、未来全民艺术普及的重点任务

（一）全面落实《中华人民共和国公共文化服务保障法》，依法推进全民艺术普及。《公共文化服务保障法》对各级人民政府支持开展全民艺术普及、对各级公共文化机构开展全民艺术普及做出了明确规定，向公众提供全民艺术普及服务和活动，成为各级政府、各级文化馆的法定任务。要从依法治国、在法治的轨道上构建现代公共文化体系的高度来认识开展全民艺术普及的重要性和必要性，各级政府要按照法律的要求加强对全民艺术普及的保障，各级文化馆要以有法必依的态度自觉履行开展全民艺术普及的责任，各级人大、政府要以执法必严的精神把全民艺术普及纳入执法监督检查范围，社会公众要以高度的自觉投身全民艺术普及以提高自身的文化艺术素养，以贯彻落实《公共文化服务保障法》为契机，推动我国全民艺术普及跃上新台阶。

（二）顺应时代发展和公众需求，进一步强化互联网＋全民艺术普及。基于互联网＋全民艺术普及的现状，各级文化馆应重点在以下三个方面做出努力。首先，进一步完善和畅通全民艺术普及网络传输渠道，打通"最后一公里"，提高全民艺术普及资源、服务的可获得性。"国家公共文化云"应加快向基层、农村延伸的速度，搭建起上下联通的传播平台，解决基层、农村平台建设资金、技术不足的困难。充分利用中国文化网络电视等网络平台，进一步加强全民艺术普及活动的网络直播，扩大服务覆盖面，提高服务效能。其次，树立全民艺术普及"内容为王"的观念，加强适用数字资源建设。缺乏服务资源的平台是"空壳"平台。比较而言，全国文化馆系统的数字资源建设能力还存在明显差距，弥补这一短板是当务之急。国家应进一步加大将有条件的文化馆数字资源建设纳入文化共享工程等数字资源建设重点项目的力度，有条件的文化馆应加强规划、主动作为，充分利用国家重点数字资源建设项目向文化馆倾斜的机遇，重点建设全民艺术普及特色鲜明、适用手机等移动终端利用的数字资源类型，如微视频、微音频、随手拍、慕课、群众文化活动集萃等，力争在较短的时间内实现全民艺术普及资源建设数量和质量的突破。第三，加强线上线下的结合互动，创新服务方式和手段。近年来，各地文化馆创造了许多线上线下紧密结合的全民艺术普及服务和活动，极大地提高了公众的参与度和便捷性。未来应进一步解放思想、拓宽视野、开辟线上线下相结合的新模式、新样态，创造出更多的具有时代特色的全民艺术普及服务和活动。各级文化馆都应认识到，互联网＋全民艺术普及，不仅是服务方式和手段的变革，更是改变文化馆思维方式、工作方式、服务方式、管理方式的重要动力，是文化馆功能转型、服务再造的重要途径。

（三）加快文化馆总分馆制建设，为全民艺术普及提供组织支撑。文化馆实行总分馆制，目的是改变传统的"设施孤岛"现象，实现各级文化馆上下联通、共建共享，本质上是文化馆组织体系的再造。全民艺术普及涉及内容广泛、服务对象众多，仅靠单个文化馆的单打独斗难以胜任，因此，需要从构建全民艺术普及组织体系的高度来理解和认识文化馆建立总分馆制。国务院5部委已经对文化馆建立总分馆制做出了总体部署，目前的任务是抓紧落实。我国文化馆总分馆制建设启动时间短、可资借鉴的经验少、基础相对薄弱，在未来的总分馆制建设进程中，需要按照国务院5部委文件的精神，重点解决好如下几个问题。一是强化政府主导作用，将文化馆总分馆制建设由"职业行为"上升到政府行为，纳入各级政府构建现代公共文化服务体系的总体格局，强化政府对文化馆总分馆制建设的保障。二是树立"条件"意识，建立基本标准。总馆要具备统筹规划、组织协调、引领示范、服务援助的功能，分馆要具备提供和总馆大体一致水平服务的能力，防止"翻牌式""运动式"总分馆。三是解放思想，突破传统体制束缚，拓展文化馆总分馆体制的容纳范围。文化系统以外的公共文化服务机构、社会力量兴办的各类艺术培训机构，只要具备基本条件，都可以纳入文化馆总分馆体系，协同提供全民艺术普及服务，共享总分馆制的统筹和保障，形成开放、共享的文化馆总分馆服务体系。四是明确目前阶段文化馆总分馆制的功能与运行机制。文化馆总分馆制以县域为基本单元。主要功能是整合县域内群众文化艺术资源，加强对县域内文化活动、文艺创作、文艺辅导、送戏下乡、队伍培训以及演出器材设备调配等方面的统筹。有条件的地方可以探索总馆统一管理或参与管理各分馆人财物。

（四）深化"文教结合"，充分发挥各级文化馆在青少年美育教育中的作用。国务院办公厅《关于全民加强和改进学校美育工作的意见》提出了我国学校美育的目标任务：到 2020 年，初步形成大中小幼美育相互衔接、课堂教学和课外活动相互结合、普及教育与专业教育相互促进、学校美育和社会家庭美育相互联系的具有中国特色的现代化美育体系。近年来，各级文化馆积极参与属地学校美育教育，"文教结合"取得了显著成绩。按照国务院文件的要求，未来各级文化馆在助力学校美育教育方面仍然大有作为。文化馆的全民艺术普及资源，可以成为学校美育网络资源共享平台上的重要内容；文化馆的艺术人才，可以成为学校美育教育师资的重要补充，特别是在美育师资缺乏的农村、边远、贫困和民族地区乡（镇）中小学校；文化馆组织选派优秀文化艺术工作者积极参与文艺支教志愿服务项目，开展"结对子、种文化"活动，是组建美育教学联盟、文艺工作者援教联盟、搭建农村美育支教平台的重要方式；文化馆深入开展"非遗进校园"活动，为传承中华优秀传统文化、推动艺术技能与职业技能培养有机结合创造了条件。从总体上说，"文教结合"，公共文化机构的全民艺术普及与学校美育结合，是构建美育协同育人机制的重要方式，事关青少年科学文化艺术素养的全面提升，各级文化馆应在这方面加大力度、创新方式、深化内容，做出新贡献。

（五）进一步推动全民艺术普及国际化发展，向全世界讲好全民艺术普及的"中国故事"。《公共文化服务保障法》确立了国家鼓励和支持公共文化服务幸福与开展国际合作与交流的原则，过去几年，我国以"欢乐春节""东亚文化之都"为代表的全民艺术普及国际化活动取得了丰硕成果。群众性文化艺术活动是国际交流、沟通民心的重要载体。未来，各级政府应进一步加强对全民艺术普及优秀成果走出国门的支持力度，各级文化馆应进一步树立以全民艺术普及优秀成果展现我国改革开放成就、讲好中国故事的意识，推动更多的群众文化活动走出国门、走向世界，让人民群众成为国之交、民相亲的主角，助力一带一路建设和周边国家命运共同体建设。

（六）转变文化馆办馆理念，提高从业人员服务能力，加快文化馆功能转型。我国各级文化馆传统的办馆理念、服务能力，与构建现代公共文化服务体系的要求不相适应。各级文化馆应迅速地、自觉地将主要功能向全民艺术普及聚焦。文化馆的管理者作为"关键少数",是文化馆发展的"舵手",首先应该深刻理解和认识文化馆的时代责任与历史使命,把全民艺术普及作为办好文化馆的出发点和落脚点。文化馆的从业人员应跳出单纯追求个人艺术水准、单纯经营个人工作室、以作品获奖为目标的工作导向,以全民艺术普及作为业务工作的核心内容。没有办馆理念的转变,没有从业人员全民艺术普及能力的提升,就无法实现与构建现代公共文化服务体系相适应的文化馆功能转型。

(七)加强实践总结和理论提升,构建有中国特色的全民艺术普及理论体系。思想造就理论,理论指导实践。我国的全民艺术普及发展到今天,在总结提炼实践经验的基础上构建有中国特色的理论体系任务,应该提上日程。相对而言,文化馆的国际通行程度不高,文化馆的理论理论体系、学科体系尚未建立。我国文化馆的全民艺术普及已经积累了一定的实践经验,目前亟需从以下方面加强理论研究。首先是文化馆核心功能与全民艺术普及的关系,构筑以全民艺术普及为主线的中国特色文化馆理论体系;其次是全民艺术普及的内容范围、重点任务和服务创新研究,增强各级文化馆开展全民艺术普及的理论自觉;三是开展全民艺术普及发展水平评价项目、指标、方法、途径研究,形成科学评价全民艺术普及发展的标准指标体系,促进全民艺术普及持续健康发展。

Ⅱ

发展观察

互联网＋全民艺术普及：
文化馆提升服务效能研究

李　宏

2017年3月《中华人民共和国公共文化服务保障法》正式实施，"全民艺术普及"成为法律规定的中国公民应享有的公共文化服务权益。文化馆的责任和使命是推动全民艺术普及，这已在全行业达成普遍共识。为顺应全球"互联网＋"发展趋势，激发创新活力、创新服务模式、提升服务效能，文化馆采用"互联网＋全民艺术普及"的新理念、新思路，在构建新阵地、新平台、新空间方面积极探索实践。

一、文化馆行业"互联网＋"现状

中国互联网络信息中心（CNNIC）发布第39次《中国互联网络发展状况统计报告》显示：截至2016年12月，我国网民规模达7.31亿，互联网普及率为53.2%；互联网深入各行各业，推动着居民消费模式共享化、服务设备智能化、应用场景多元化。互联网与新媒体技术在公共文化服务领域的应用也有了长足的发展，数字图书馆、数字博物馆、数字美术馆提供的数字阅读、多媒体展示、VR和AR体验等服务已从"标新立异"发展成为应用广泛的服务手段。然而，与图书馆、博物馆、美术馆相比，同为公共文化服务体系支柱行业的文化馆，却长期处于信息化发展潮流的边缘，其整体水平远远

落后于"互联网＋"这个时代。

（一）起步较晚，资金投入不足。自20世纪90年代初普及"图书馆自动"，到2002年、2010年相继启动全国文化信息资源共享工程（以下简称"文化共享工程"）和数字图书馆推广工程，图书馆行业成规模、成体系开展信息化建设已有20余年，而文化馆行业基于互联网的应用研究与学术探讨始于2010年前后，直到2014年，才有个别文化馆开始尝试以"数字文化馆"的建设理念，创建文化馆新的管理与服务模式，至今不足10年。数字文化馆建设在全国范围的推广与覆盖于近两年刚刚启动。从资金投入上看，截至2014年，全国县级以上图书馆单从文化共享工程一个项目获得的中央财政经费支持就达到33.75亿元；而数字文化馆建设从2015起才开始得到中央财政经费支持，截至2016年底，累计投入在2亿元左右。起步较晚，资金投入不足，欠账太多是造成文化馆行业信息化水平远远落后于其他行业的主要原因。

（二）基础薄弱，建设标准偏低。由于经费投入长期不足，文化馆的网络与计算机基础设施建设非常薄弱，设备的短缺、老旧，很难为"内容丰富、传输通畅、方便快捷"全民艺术普及服务需求提供有效的技术支撑。以《第四次全国文化馆评估定级指标（2015）》和《文化共享工程设备配置标准（2010）》为依据，比较地市级文化馆与图书馆的数字存储、加工、传输、服务设备的配备，除互联网带宽一项前者高于后者外，大部指标前者都等于或低于后者；其中数字资源存储量和终端计算机数量两项指标，前者与后者之间的差距仍在扩大。即便如此，文化馆的达标情况也不尽人意，各项指标的达标率均未超过50%，其中数字资源存储量指标的达标率仅为8.1%。

表 1　文化馆与图书馆信息化基础设施建设标准比较

项目 \ 分类		2015 年第四次全国文化馆评估地市级文化馆标准		2010 年文化信息资源共享工程地市级图书馆标准		
		标准	达标率	标准		达标率
数字资源存储量		8GB	8.10%	1TB		
信息化基础设施	磁盘阵列	≥ 10TB	23.90%	≥ 8TB	≥ 3.6TB	
	互联网带宽	达到 50M		≥ 10M	≥ 2M	
资源加工设备	数码相机	≥ 1 台	21.60%	2 台	2 台	100%
	数码广播级摄录像机	≥ 2 台		2 台	2 台	
	便携式计算机	≥ 1 台		2 台	2 台	
数字化服务设备	电视机	≥ 2 台	30.70%	2 台	2 台	
	终端计算机	不少于 10 台		40 台	25 台	

（三）手段落后，服务模式单一。文化馆全民艺术普及工作包括群众文艺创作、群众文化活动、理论研究、文化艺术辅导、文化志愿服务、民族民间艺术保护与传承等，以现场、线下形式面向基层群众提供服务的传统服务模式，多年没有改变。与之相反，基于互联网、新媒体技术的远程服务和线上线下相结合的互动式服务却并不普及。2016 年初，一项针对全国文化馆开通网站（含主页）和微信公众号情况的调查结果表明，参加调查的3099 家文化馆中，开通网站（含主页）的有 2758 家，但其中具备信息发布、艺术欣赏（含视频点播）、网上培训、活动开展、咨询指导等 5 项艺术普及服务功能的只有 413 家，仅占 13.3%；有 1/3 以上文化馆的网站仅具备信息发布 1 项简单功能或根本没有开通网站；开通微信公众号的文化馆，全国仅有 468 家，占比 15.1%。这些数据从一个侧面表明，文化馆的互联网应用普及度还不高，开展全民艺术普及服务还处于线下为主、线上为辅的传统阶段。

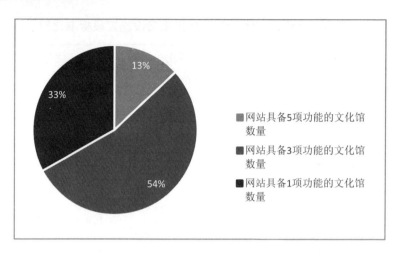

图 1 全国文化馆网站建设情况调查

（四）缺乏积累，数字资源量少质低。数字资源建设是信息化服务的核心，然而这却是文化馆基础业务的短板。例如，文化馆每年组织大量的群众文化活动和展演、展览，但对于活动和演出过程中产生的内容资源却没有进行很好地记录，许多有价值的精彩内容限于昙花一现，没能通过视频载体形式更广泛地传播，没有发挥服务延伸和效能提高的作用。再如，文化馆非物质文化遗产保护工作，调查和采集的大量原始资料，仅以纸质和实物介质形式保存，没有进行数字化加工和保存，其深度挖掘和再利用的价值大打折扣。第四次全国文化馆评估定级的数据显示，全国有 3097 家文化馆开展非物质文化遗产保护工作，有一半以上文化馆非遗资料的数字化保存率低于50%，其中有234家没有任何数字化保存和利用的记录。长期忽视资源的积累，造成文化馆可供互联网渠道和新媒体方式传播的内容严重匮乏。

文化馆是公共文化服务的主力军，一直承担着覆盖城乡、便捷高效，保基本、促公平的基础性作用。在"互联网+"时代背景下，文化馆只有适应新形势、新要求，补齐短板，加快赶超的步伐，通过文化与科技的深度融合，积极创新践行全民艺术普及的使命，才能在构建现代公共文化服务体系的进程中继续发挥重要作用。

二、国家项目引领示范文化馆信息化建设

从 2015 年开始，由文化部牵头，文化部全国公共文化发展中心（简称"发展中心"）持续发力，加强文化馆信息化建设顶层设计，策划实施了一系列重大项目，带动中央财政专项经费 1.62 亿元，支持各级文化馆开展信息化建设和全民艺术普及服务创新，在探索公共文化服务数字化和网络化，提升全民艺术普及服务效能方面发挥了引领示范作用。

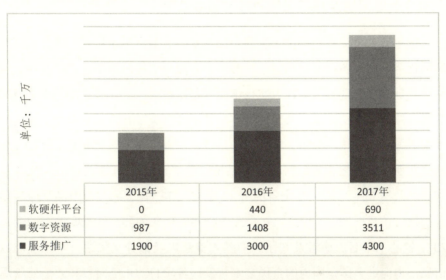

单位：千万	2015年	2016年	2017年
软硬件平台	0	440	690
数字资源	987	1408	3511
服务推广	1900	3000	4300

图 2　中央财政文化馆信息化建设专项经费

（一）推动文化共享工程向文化馆行业覆盖，构建全民艺术普及六级工作网络

2015 年至 2017 年，发展中心分批开展数字文化馆建设试点和基层公共数字服务推广项目，将文化共享工程从覆盖全国图书馆向覆盖文化馆行业拓展。截至 2017 年 7 月，32 个省级文化馆和 12 个副省级文化馆已经纳入文化共享工程工作网络；部分地市级和县级文化馆也启动了数字文化馆建设试点建设；120 个地市、县文化主管部门参与实施基层公共数字服务推广项目。通过中央财政专项经费支持，各级文化馆配备了先进的网络传输、资源存储、

数据加工和终端服务设备，围绕文化馆业务职能，重点提升官办网站和微信公众号等网络门户的信息发布、艺术欣赏、网上培训、活动开展、辅导创作等服务功能，并实现与国家数字文化网的互联；配套的资源存储与加工设备，重点用于各馆演出、培训、群众文化活动等内容的采集与整合，利于增加文化艺术普及数字资源的储备。

（二）依托国家公共数字文化支撑平台开发文化馆特色应用系统，促进全民艺术普及服务供需对接和效能监督

国家公共文化数字支撑平台应用云计算、大数据等新技术，充分发挥互联网优势，实现各级文化馆数字资源和平台应用的统一标准、互联互通、网络化管理和多终端服务。针对文化馆面向基层群众广泛开展全民艺术普及的需求，发展中心在国家公共文化数字支撑平台框架下开发了全国公共文化产品与服务交流系统、全国文化馆评估系统，全国文化志愿者管理系统以及公共文化服务满意度调查系统。四大系统汇集了全国3124家县以上文化馆基础评估数据854万条、27个省的1742家文化馆全民艺术普及产品与服务项目的供应信息、32个示范区20.9万份公共文化服务群众满意度调查问卷、20个省的731名志愿者及其团队的基本信息以及部分文化站日常管理监测信息，为促进全国范围内的全民艺术普及服务项目的供需对接和效能监管提供了重要的技术支撑。

（三）加大文化馆数字资源建设力度，丰富全民艺术普及特色资源的内容与形式

针对全民艺术普及需求目标，发展中心按照产品化、系列化、品牌化的思路，对文化共享工程已建成的海量数字资源进行深度挖掘，开发出广大基层群众喜爱的"社区文化生活馆""大众美育馆""心声音频馆"资源服务产品，供各级文化馆面向社区群众、青少年和残障人群开展音、视频点播与信息交流共享服务。各级文化馆和2000多个乡镇、街道文化站，通过网站、公共文化服务一体机和手机终端等渠道免费享受到文化艺术普及服务。此外，

中央财政专项经费还支持了17个省级文化馆的39个数字资源建设项目，内容包括：群众文艺演出、艺术普及讲座、民族民间保护与传承纪录片以及全民艺术普及慕课等。特别是慕课资源，它具有适合互联网特别是移动互联网传播、大规模人群参与、便捷的师生交流、完善的教学管理以及利用零散时间学习系统知识等特点，与公共文化服务所追求的全民参与、艺术普及以及满足人民群众基本文化需求相适应，是当前文化馆利用现代信息技术引导公众参与文化艺术普及活动、提高群众覆盖率的非常有效的创新形式。

（四）利用中国文化网络电视直播手段，增强全民艺术普及服务的推广与传播能力

发展中心在文化馆行业大力推行中国文化网络电视直播平台的应用，综合利用互联网、广播电视网、移动通信网等新媒体传播渠道开展全民艺术普及。中国文化网络电视平台能够以"入站"模式进入文化共享工程基层服务点、公共电子阅览室、各级图书馆及文化馆等公共文化服务场所，以"入户"模式进入百姓家庭，以"入手"模式进入个人数字媒体终端，大大增强了文化艺术普及资源的推广与传播能力。依托中国文化网络电视，发展中心和中国文化馆协会联合举办的"欢跃四季"全国百姓广场舞活动，有31个省（区／市）的700余部广场舞作品参演，开展了12场直播活动，各地群众通过网络投票830万次；"百姓大舞台"网络群众文化品牌项目，分别在10个省级文化馆建立了网络电视节目制播点、15个副省级文化馆建立了网络电视活动服务点，有50多项极具地方特色的群众文化品牌活动实现了在全国范围的直播和线上线下互动，提升了基层群众文化活动的品牌知名度和社会影响力。

（五）实施全民艺术普及技能提升计划，增强文化馆人才队伍业务能力

为适应现代公共文化服务体系建设新形势新要求，提升全国文化馆（站）服务效能及行业人员业务技能，推动全民艺术普及深入开展，发展中心和中国文化馆协会共同策划实施了《全国文化馆站"全民艺术普及技能提升计划"》（简称"提升计划"）。该计划旨在发挥公共数字文化服务主阵地作用，借助网络

和新媒体技术，围绕提高各级文化馆（站）从业人员全民艺术普及业务技能、促进全民艺术普及精品创作、加快全民艺术普及品牌传播、推动全民艺术普及服务创新、推进全民艺术普及标准化五大目标，采用举办远程培训和线上线下相结合的互动交流活动的形式，着力提升群众文艺作品创作生产能力、辅导培训网络辐射能力、品牌活动策划组织能力、产品服务传播推广能力，解决各级文化馆（站）专业技能欠缺、人才队伍结构不健全、服务效能偏低、资源利用不充分、发展动力不足等问题，引领文化馆站整体提升服务质量和发展水平。

三、各地积极探索实践

在国家项目的引领和带动下，各地文化馆积极探索"互联网＋全民艺术普及"的新型服务模式：通过线上线下结合，文化馆方便了公众随时随地享受服务，实现服务与需求的有效对接；通过网络互动培训，文化馆创新了传统教学模式，突破了时空限制，提高了服务效益；通过数字设备和数字资源构建的实体体验空间，文化馆让群众在互动体验中汲取文化艺术精华，吸引力大增；通过网络化整合与管理，文化馆行业形成合力，适应基层群众多样化、个性化需求，开启定制、互动服务的崭新局面。本文列举分析四个特色案例，以供借鉴参考。

（一）"文化上海云"：打通上海市民文化服务"最后一公里"

为解决公共文化服务面临的渠道单一、模式落后，群众缺乏获取公共文化资源、享受公共文化服务的便捷渠道，主管部门缺乏公共文化供需决策依据等问题，上海市政府牵头构建了集公共文化资源融合、内容生产、服务供给、群众互动、人才培养、管理、评估功能于一体的数字文化云平台——"文化上海云"。"文化上海云"主要包含两大功能体系：一是为上海市民提供便捷的一站式公共文化服务，包括活动预约、场馆预定、艺术鉴赏、艺术培训、志愿者服务等，老百姓通过手机、移动终端和电脑接入，只需点击相应服务模块，就能快捷享受文化服务内容，不受时间和地域限制；二是为政府部门开展针对性服务提供大数据分析，实现供需有效对接和公共文化机构服务效能动态考核。"文化上海云"平台覆盖了市、区县和街道乡镇共200多家文化馆和社区文化中心，建立起数字化总分馆体系，实现了市级、区县、街道乡镇三级文化馆以及文化服务中心的融合贯通；集合了全市主要的公共文化活动信息，实现了全市所有设施、资源供应一站式服务和供需的精准对接，打通了市民文化服务的最后一公里。图书馆、博物馆、美术馆和其他社会组织也纷纷踊跃加入"文化上海云"。

（二）全民艺术普及工程：公共文化超市助力宁波实现"一人一艺"

为加快推进公共文化服务由传统型、重形式向现代型、重内容转变，进一步提升群众综合素质、激发群众创新能力，宁波市政府启动实施了"一人一艺"全民艺术普及工程，到2020年，争取让80%市民至少认知或掌握一门艺术。宁波的全民艺术普及主要从四大方面着手：知识普及，让群众了解艺术、亲近艺术；欣赏普及，以展示展演方式呈现艺术，让群众学会欣赏；技能普及，开展面向大众的艺术技能培训；活动普及，通过文化活动、赛事让群众的艺术才能拥有展示平台。"一人一艺"目标的实现主要依靠"互联网＋公共文化"的服务理念和关键技术支撑。为此，宁波开发了"一人一艺"综合公共文化超市平台，实现了以市文化馆为中心馆、各区县（市）文化馆为总馆、乡镇街道文化站及社会艺术联盟机构为分馆的文化馆总分馆四级网络线上联动，线上协调、线下落地对接基层群众的各类文化服务需求；开设了文化活动、场馆预订、艺术培训、非遗传承、精品赏析、预约点单六大板块功能，提供预告、预定、交流、互动等多功能免费服务。该平台拥有6000余集12个大类文化艺术数字资源，并陆续推出艺术在线慕课学习系统、考核评定管理系统、直播互动培训系统、文化服务众筹系统等，以促进全民艺术普及在线服务和远程管理功能的完善。

（三）没有围墙的文化馆："文旅融合"打造马鞍山数字文化馆虚实结合的体验空间

为适应数字技术、网络技术的飞速发展，满足基层群众的文化消费从传

统的读书看报、唱歌跳舞、写字画画、听广播看电视向远程培训、在线鉴赏、数字展览、现场体验新形态转变，马鞍山于2015年启动了数字文化馆建设的尝试。马鞍山数字文化馆以彰显地方特色文化为导向，探索文化和旅游的融合发展，推出体现地域文化特色的一站式、体验式、集成化的文化惠民服务。群众文化的数字化展演展示、远程培训辅导平台、预约配送平台和数字体验馆虚实结合，不仅可以远程预约、现场体验，还能通过手机分享、下载丰富的资源内容，进行体验式学习。作为我国文化馆行业率先建成的数字文化线下体验馆，马鞍山文化馆用虚拟场景、裸眼3D、全息投影、影像捕捉、虚拟骑行等现代技术手段，融合诗城文化信息展播、诗词吟诵互动、非遗民俗展示、旅游景点漫游、美术书法临摹、电影主角互换、戏剧场景模拟、器乐即时培训、舞蹈体验学习等文化元素，提高了文化艺术普及的知识性、趣味性和参与感、体验感，让市民在接受文化艺术熏陶的同时，真实地感受互联网信息化时代下文化活动和互动体验的无穷魅力。

（四）"艺术客厅"转型升级：依托"互联网＋直播"提升云南"七彩滇韵"品牌效能

云南省文化馆着力打造"七彩滇韵"文化品牌，以多样化的文化活动服务于民，丰富群众的精神文化生活，并形成本地公共文化资源数据库，以线上数字服务平台＋线下体验建设模式，向大众提供无处不在、无限延伸的公共文化培训、鉴赏、民族文化保护与传承和群众文化活动等服务。其中，以"艺术客厅"为代表的"互联网＋直播"服务模式，改变了以往现场摄像、后期制作的传统视频资源采集流程，通过引进中国文化网络电视互动制播设备，对艺术辅导课程实施多机同录、现场直播，基层群众可以通过手机、机顶盒＋电视以及公共文化一体机等多媒体终端远程观看学习，还可以利用随身携带的手机、pad进行实时留言提问，让老师现场解答。这种直播互动形式的艺术辅导模式，跨越了空间和地域的限制，大幅提升了艺术辅导的效果，提高了群众满意度，为"七彩滇韵"文化品牌注入了"互联网＋"的时代新活力。

四、互联网＋全民艺术普及的几点建议

为加快文化馆从传统向信息化转型，通过数字化、网络化服务拓展，提升全民艺术普及服务能力，全国各级文化馆在"互联网＋全民艺术普及"的创新实践中取得了显著成绩，也面临着一些困难和问题。本文结合当前文化馆建设与发展的实际，提出几点建议。

（一）加强政策引导。《中华人民共和国公共文化服务保障法》明确要求各级政府要加强包括文化馆在内的基层公共文化设施的数字化和网络建设，提高数字化和网络服务能力。要以保障法为依据，完善公共数字文化建设配套政策，有针对性地加快推进文化馆信息化建设制度设计，让数字文化馆和全民艺术普及沿着标准化、规范化的道路发展。

（二）加大政府投入。中央财政公共数字文化专项经费要进一步向文化馆行业倾斜，增加全民艺术普及数字资源建设和宣传服务推广项目的立项，让文化馆群众文化资源的动态生产、积累与传播成为公共文化资源服务供给的重要力量。中央财政专项经费要有计划、有针对性地拉动各地财政投入配套，逐渐补齐文化馆信息化建设资金的欠账。

（三）促进行业统筹。"互联网＋全民艺术普及"先期试点可以遍地开花，但在全行业开展规模化建设，就要按照系统化的思路做好顶层设计。各级文化馆的建设目标与建设内容要分层规划，明确各自在信息化体系中的地位和作用，各司其职、资源共享才能避免重复，让有限的投入发挥更大的效益。

（四）重视人才培养。各级文化馆要着力改变信息技术人才短缺的状况，在网络建设与管理、计算机应用、数字媒体技术、视频拍摄与加工等专业方向上培养一批懂技术、会应用的专业人士级文化馆，要具备较强的互联网和新媒体服务能力，配备专职人员从事信息化建设工作。

（五）引进社会力量。大力推动文化馆行业建设的社会化，采用政府购买服务的方式引进社会力量参与全民艺术普及，获得成熟技术和专业化服务支持，增强文化馆传统业务与信息技术粘合度，保持持续创新的能力。

繁荣群众文艺创作的现状、问题与对策

李治邦　邢晓阳[1]

　　繁荣群众文艺创作是满足人民群众精神文化需求、改善文化民生的根本任务，对于全社会形成共同理想和精神支柱，提高全民思想道德素质有着至关重要的影响。繁荣群众文艺创作也是推动公共文化服务的大发展大繁荣的迫切要求，群众文艺创作是公共文化服务活动的母体，群众文艺创作源泉充分涌流、形式多样，能够促使全民族文化创造活力持续迸发、社会文化生活更加丰富多彩。

　　党的十八大以来，特别是认真学习贯彻习近平总书记关于繁荣社会主义文艺创作系列讲话以来，文化部为繁荣群众文艺创作，推出优秀群众文艺作品、促进群众文化事业繁荣发展、提升全民文化艺术素养、激发全民族文化创造活力做出了很多努力，取得了一系列重大成果。文化部"群星奖"也带动群众文艺创作不断走高原、攀高峰，激发了各地的创作热情。

一、近年来群众文艺发展的主要成就

　　纵观近几年的群众文艺创作，在内容和形式、手段和方法、体制和机制、观念和内涵等方面，都进行了广泛且富有成效的创新改革，形成了一系列注重原创、影响面大、持续时间长、参与程度高、服务覆盖广的群众文化赛事

---

[1]李治邦，原天津市群众艺术馆馆长。邢晓阳，天津市群众艺术馆副馆长。

品牌，为群众文艺作品创作的大量涌现做好了长效路径机制。

（一）群星奖获奖作品巡演成效显著

近年来，群星奖在申报、评审及获奖全过程中，都进行了一系列巡演活动。群星奖获奖作品，对于展现全国的群众文化风采，调动广大基层群众广泛参与文化创造的积极性，提升全国群众文化的影响力起到促进作用。这种巡演就是将群星奖的优秀作品深入到基层，文化惠民。在地方，也将群星奖获奖作品和优秀作品的巡演纳入到政府购买公共文化服务范围，积极组织、引导农民工、老年人、未成年人、残疾人等特殊群体观看演出，切实体现文化惠民全面落实。巡演还借机整合创作资源，交流合作。各地也把巡演活动与本地的品牌群众文化活动及文艺汇演、培训辅导等活动有机结合，配套举办基层群众文艺创作人才培训班，合作开展跨区域、跨系统交流巡演。

文化部还鼓励巡演活动与对外文化交流活动相结合，更好地发挥群星奖优秀作品的传播功能。结合全国群星奖巡演，各地还相继举办"群星讲堂"，对相关省份基层群众文艺创作骨干进行集中培训。巡演不仅是演演就完了，而是一"弹"多"星"、广泛带动。如京津冀三地的群众文艺创作在群星奖中成绩显赫，虽地处三地，在群众文化形态上却一脉一体，群众文艺创作和表演随着群星奖的巡演巡展，各地参与群众文化艺术创作的人数迅速增多，佳作接踵而来。三地共同打造的京津冀民间绘画邀请展、京津冀漫画剪纸展、摄影展等品牌活动，建立起了京津冀美术书法摄影精品创作激励机制，不断鼓励创作出更多反映社会主义核心价值观、反映时代的优秀作品。三地协同发展群众文艺创作，集聚了力量，丰富了资源，在公共文化领域逐步形成一支区域协作的生力军，一定程度上引领了区域群众文艺创作向纵深发展。

（二）优秀作品和人才有了跨区域展示平台

良好的创作机制和展示氛围推出了很多创作人才和优秀作品。天津、贵州、宁夏、内蒙古、新疆、四川、青海等地，近几年紧密合作，集结各省区市群文美术摄影书法干部及创作骨干进行创作，并同时搭建了两年一届的跨

省市联合大展这个更广阔的平台。环渤海一带的京津冀鲁辽五省市连续多年联手打造"环渤海风采"群众书画创作展示品牌活动，将创作的优秀作品进行巡展，举办研讨会，让参与者在观展和作品讨论中提升创作水平。这种携手其他省市，资源共享，优势互补，共同搭建群众欢迎的优秀艺术作品展示交流平台的做法，不但把文化惠民工作做到实处，同时也大力地促进了各地创作人才的培养。

（三）各地群众文艺创作机制不断出新

重庆市以"群星奖"选拔为抓手，狠抓群众文艺精品的创作工作。一是把握大局，开拓创新，实施目标管理，项目推进，有序开展各门类的创作发动、文艺采风、作品研讨、作品筛选、精品加工。在赛事活动、展演巡演中广泛听取各方意见，接受观众评判，为冲刺全国"群星奖"提早历练、打磨精品。长时间的酝酿储备和层层选拔，让新老节目无缝衔接，不仅扩大了"群星奖"在老百姓中的影响力，更奠定了良好的群众基础。二是不断加强全市公共文化服务体系建设，通过整合全市各类文化艺术资源，组织面向群众、覆盖城乡、门类多样的免费艺术培训、公益惠民演出、常态艺术展览等优质公共文化服务，引领人民群众深入地参与主流文化的创造，共建共享社会主义先进文化的生动局面。

天津举办的全国"东丽杯"群众文学评选活动坚持二十多年，其社会效益显著，不但带动了天津市群众文学创作的发展，也带动了全国群众文学创作的活跃。从2011年开始就到广东、安徽、湖北、广西、浙江、四川、湖南等地进行交流和推动，设置新平台，激发了全国基层优秀创作者的创作热情，推动新时代群众文学事业繁荣发展，促进了全国群众文学创作人才队伍建设，全国累计参与人数达16000余人次，参赛作品32000余篇（部），获奖人数达5200余人次。在"东丽杯"全国群众文学评奖活动的带动下，通过每年到一个省区市进行推动和交流，促进了各省区市群众文学创作队伍的再整合，加强了群众文学的跨区域交流。全国已有二十多个省区市文化（群艺）馆在本区域设立了群众文学创作评选机制。如，北京群艺馆借鉴"东丽杯"经验，开展的北京市基层群众文艺创作辅导文学专项活动，通过对全市原创作品的征集、研讨、评选和对基层群众文学项目、辅导者、创作者的表彰，极大地调动了全市群众文学工作者和创作者的积极性，使本已散落在民间的文学人才和基层队伍，得到了一次非常有效的整合。四川省文化馆通过参与"东丽杯"评选活动，多年连续举办农民工征文评选辅导活动，每年都得到农民工群体的热情关注和参与，已成为其省内的群文品牌。甘肃省文化馆以高品质的作品保证了年年的高获奖率，也使本已散落的群众文学创作骨干再次集合到省文化馆，并利用平台效应使越来越多的创作者自然聚合到群众文学队伍中。广西群艺馆对小说、散文、诗歌每年一个项目在全省进行辅导和作品评选，以保证本省群众文学作品质量。

浙江杭州上城区的摄影创作队伍成立于1997年，秉承"爱摄影、爱生活、爱上杭"的创会构想，积极组织会员开展摄影采风和摄影创作，有谋划地组织各种创作赛事，把发现上杭美景，弘扬杭川美德为宗旨，推动摄影创作，取得了显著成绩。摄影的个人创作变成集体行为，同时不断完善各种激励制度，持续提高摄影水平，使参与队伍不断发展扩大，成为全国一流的基层摄影创作群体。山西省作为一个经济欠发达地区，对群众文艺的投入是有限的，但在历届全国"群星奖"成果却十分丰盛，特别是在第十四届、十五届、十六届评选中成绩稳列全国前茅，受到文化部的嘉奖和各兄弟省份的赞誉。他们采取的重点抓、常态化相结合的方式，推动群众文艺创作。领导带头参与和指导群众文艺的创作，并且邀请国内知名专家讲课，举办创作研讨会。各市、县分管的局长、处长、馆长、站长必须参加、学习、听课、研讨，使他们在把握全局，掌握规律，识别精髓时有全面的认知度，更加强、加深了对群众艺术创作的情感，加大支持力度。

二、当前群众文艺创作面临的主要问题

（一）对群众文艺创作重要性认识不足

目前，全国部分地区存在对群众文艺创作不重视的现象，没有充分认识

到群众文艺创作在公共文化服务体系建设中的地位和作用。不少文化馆不设创作岗位，缺乏创作骨干，没有创作队伍，每到需要创作的时候临时抱佛脚。创作上不来，相关文化活动就缺失了内容原动力，长期下去就缺乏"造血"功能。

（二）群众文艺创作的创新性不强

随着公共文化服务不断发展，对群众文艺创作的要求不断提高，群众对创作的欣赏水平日益增长，各种新媒体在创作方面积极涌入。目前，部分地区还不能及时适应这一变化，创作的创新和提升赶不上群众的新要求。不少群众文艺创作更多还是沿用过去的老套路，老办法，老招数。一些文化馆对文艺创作策划无方、缺乏新招，仅仅勉强维持一些半新半旧的思路和方式，导致群众文艺原创作品质量下降，连带相关创作业务骨干参与群众文艺创作的积极性也受到抑制。个别文化馆一年半载难有创作展示活动，有些创作活动流于造声势，群众不满意，政府不愿增加投入，导致群众文艺创作舞台后劲不足、后续难以为继。

（三）局部群众文艺创作存在违背艺术规律现象

局部地区在群众文艺创作方面，出现了违背艺术创作规律，风格越来越单一，创作越来越公式化，思维越来越保守，作品越来越脱离实际生活，反映出的社会文化生活越来越单调的现象。迫切需要推动群众文艺创作走上正轨：创作观念要从封闭走向开放，创作方法要从单一走向丰富，创作题材要从狭窄走向广阔，表现形式要从单调走向多样，表现人物要转向讴歌人民百姓，传播渠道要借助新媒体，搭建更广阔的舞台。

三、繁荣群众文艺创作的政策建议

（一）建立和完善保障、激励机制

繁荣群众文艺创作，迫切需要加大投入，建立和完善群众文艺创作和人才培养的经费保障机制。

湖北省宜昌市探索建立了市、县联动机制，由市群艺馆组织策划，县级文化馆排练参演，聘请省级专家辅导，共同打造精品。良性互动机制使群众文艺创作呈可喜态势，先后有12件作品获得全国群星奖。为全力备战"群星奖"，宜昌市文化新闻广电局和秭归县委、县政府高度重视，拨付专项经费，主要领导多次到场鼓劲，在增加投入的同时，还积极争取到2015国家艺术基金的资助。宜昌市群艺馆和秭归县文化馆的创作团队，在创作中培训，在培训中创作，不断修排打磨，深入基层展演50多场，广泛汲取来自于群众和生活的营养，逐步使之日臻完美。

山西省长治市文化馆为全市群众创作文化队伍约200个领头人进行了集中培训。培训现场热烈，师生互动，发言踊跃。学员们将自己在创作中遇到的困难、问题都进行了讲述。教师通过培训，了解到基层创作队伍需要什么，哪一点是他们创作的症结。如此培训有针对性，指导有准确性。学员们在培训中结合自己作品，找不足、认方向，不断提高。优秀的创作团队需要先进的理念和卓越的文化加以凝聚，先进的理念和卓越的文化也需要优秀的创作团队得以发扬。

北京群众艺术馆组织群星大课堂，邀请著名专家讲解创作方法。大课堂从开始面向北京的群众文艺创作队伍，到后来全面覆盖京津冀三地，逐步增加群众文艺创作队伍培养建设机制等内容讲授，做到缺什么补什么，需什么讲什么。

重庆市在2015年组织群众戏剧创作人才赴上海戏剧学院进行全日制脱产学习。学习结束后，本市的群众戏剧创作活动全面开花，这批群众戏剧创作人才在全国群星奖平台上大放异彩，硕果累累，精心播种终获丰收。此外，青海、内蒙古等多地都建立了群众文艺创作人才院校进修机制，他们组织广场舞创作队伍到中央民族大学培训，邀请著名舞蹈编导授课，并将自己创编的广场舞现场跟老师交流沟通，获取指点，受益匪浅。

（二）建立和完善群众文艺作品创作扶持机制

培养优秀群众文艺创作人才，真心实意帮助他们将优秀作品推上舞台，

不断激发他们的创作活力，需要建立有效的方法和途径。要建立群众文艺创作的采风制度，进行作品的加工会以及选题的论证会，实行重点作品的资助。还有要建立一支群众文艺创作带头人的培养机制以及地域性群众文艺团队的创作扶持政策。

多年来，重庆市群艺馆对以高兴、鲁广峰、刘小山、向菊英为代表的群众文艺重点作者进行了长期倾斜培育，组织他们实地采风、深入生活，还聘请专家辅导、开拓思路，启发他们掌握和熟悉重庆本地区文化特色和题材优势，避免走弯路，开展精准创作。重庆市在第十七届"群星奖"的 2 件获奖作品作者，市群众艺术馆副馆长鲁广峰，在第十六届群星奖中也获得 2 个群星奖，连续两届获得群星奖，这与他充分调动"重庆地域特色"，讲述重庆特有的精彩故事是分不开的。重庆市群艺馆从事舞蹈编创的高兴也是如此，他连续创作了《大山脚下》《天老快爷下雨》《叶儿青青菜花黄》《飞呀飞呀》《ā á ǎ à》《咏莲》《高山流水》等优秀群文舞蹈作品，塑造了重庆群文舞蹈编创的质朴风格，甚至影响了全国群众文化舞蹈审美的趣味。重庆对重点群众文艺创作人才"吃偏饭"、倾力支持，还邀请了北京、四川、湖北等省市的专家学者在每个门类展演结束后，用前瞻性眼光对重点的作品做出点评，提出修改意见。这种作品演绎和评委现场点评的生动结合，有效提高了群众的审美品位和艺术鉴赏力，对繁荣群众的艺术创作，打造群众文化艺术精品有着引领作用，也激发了重点作品积极研究制定提升方案，对作品进行不断修改，精益求精，使作品更加具有鲜活的生命力，更加具有竞争力。简言之，加强对群众文艺创作生产的引导，要注重建立和完善群众文艺创作的生产、选拔、奖励机制，激发广大群众文艺创作者的创造精神和创造活力，推出更多反映时代呼声、展现人民奋斗、振奋民族精神、陶冶高尚情操的优秀作品，努力筑就中华民族伟大复兴时代的文艺高峰。

（三）建立和完善优秀群众文艺作品普及推广机制

全国一系列群众文艺创作评比和展示活动，对于文化馆强化文化惠民功能，强化公益文化服务大众，引领群众文化不断发展，不断创作出群众喜闻乐见的文艺作品起到了很好效果。尤其是群星奖评比，文化馆要借力群星奖的活动，不断拓展新的品牌和舞台，探索一条使群众文艺创作更加繁荣，队伍更加壮大，作品更加优秀，人才更加巩固的路子，把群众文艺创作和展示活动重心下移，深入基层，发挥出更大的惠民效应，推动公共文化服务更好更快地发展。随着经济社会的不断发展，人民群众精神文化需求呈现出多层次、多方面、多样性的特点，审美情趣、欣赏习惯、评价标准等与过去相比有了很大不同。所以，群众文艺创作必须要准确把握社会文化生活的新特点和人民群众的新期待，在创作和表演上有所创新，内容上、形式上应更加积极探索，坚持贴近实际、贴近生活、贴近群众，以更具吸引力和感染力的精神产品奉献给大众，使群众文艺创作成为老百姓的"心灵栖息地"和"精神家园"。

上海、天津、浙江、广东、山东、湖北、山西、重庆等地就积极开展群众文艺创作的精品节目进校园、进军营、进社区、进工地等惠民演出和全民艺术普及活动，坚持重心下移、资源下移、服务下移，让优秀的群众文艺人才和文化资源深入到基层群众，向他们传递民族精神、把握时代情感，在潜移默化中提高审美能力和文化素养。重庆群众艺术馆创作的谐剧《一分不能少》，从创作、排练、到参赛和获奖，历时近三年。该节目地域特色突出，努力让曲艺作品回归于人民大众、回归于朴实无华的艺术本体，致力于说群众愿意听的、演群众喜欢看的。剧本经数十次的修改、排练后，演职人员深入到基层社区、学校等地实地打磨 60 余场，广泛听取意见，对人物的动作和内心活动都进行了精修刻画，有传承也有创新，注入了新时代的精神和新的创作理念。

（四）建立和完善群众文艺创作密切联系群众的机制

群众文艺创作从创作到演出，全部来源于基层，产生于群众，这种"自己演自己"是人民群众自我教育、自我激励的重要方式。一个好作品的诞生，要走出去，走下去，走到群众中去，这样艺术创作就有了源泉，也有了活水。要表现群众身边的事情，群众关心的事情，这样作品就会有生命力，就会收到意想不到的效果。山西的群口快板《退钱》是山西省群艺馆辅导人员深入

陵川县，把陵川作为一个创作培训基地，前前后后累计八个多月，同当地人同吃同住，亲身感受他们生活的点点滴滴，以他们亲身发生的故事为素材，经过艺术加工创作出的群星奖获奖作品。山西另外一个舞蹈《走四方》，以地方民间音乐"三弦书"为元素，以保护和传承民间艺术为主线，将民间艺术与舞台艺术用舞蹈的表现形式巧妙地结合起来。他们的创作体会是："都说我们的作品有特点、有个性、有神笔之功。其实我们靠的是什么？是老祖宗给我们留下的财富，它是根。"深入生活接地气，接的就是这种地气。其实，接地气不仅是一种文化信念、一种情感，一股力量，更是历史赋予我们的时代责任。安徽的《轧狗风波》下基层、到社区，演出近200场。作品以发生在身边的人和事为主要内容，以人民群众最为熟悉的艺术形式传递正能量，收到了非常好的社会效果，场场演出都深受群众的欢迎。通过这种广泛的下基层演出活动，在广阔的"百姓大舞台"上接受群众检验，锤炼作品，也进一步提升了作品水平。优秀的群众文艺作品产生以后，应更注重广泛传播，深深吸引群众做到易学、易演。群众文艺创作离不开"根"，这个"根"就是广大人民群众，就是生活。坚持以人民为中心的创作导向，说群众心中的话，创作出群众喜欢的艺术作品，顺应潮流，在不断的创新中发展，把为人民服务作为创作永恒的课题，是群众文化工作者应当坚守的艺术信念。

（五）应用数字技术繁荣群众文艺创作

群众文艺创作要积极利用数字文化资源，增加群众文艺创作的展示资源量。在资源建设上，应该突出群众文艺创作的特色，举办各式各样网络群众文艺创作活动，比如网络摄影大赛、书法大赛、美术大赛，还有舞蹈、戏曲、音乐等大赛，吸引更多的年轻人参与。同时，也应利用网络数字化服务，进行有针对性的群众文艺创作的培训，做到群众需要什么就培训什么。利用数字化和网络，进行精准配送的文化服务，群众需求就配送什么，在配送过程中寻找新的活动源，淘汰群众不喜欢的方式，满足群众特别是广大青少年对群众文艺创作的需求。从总体规划、技术创新、绩效评估等入手，坚持政府主导，多方参与，统筹兼顾、动静协调的原则。有影响的群众文艺创作活动品牌，要逐步做到直播或者录播的方式，使群众文艺创作的传播途径拓宽，惠民面增多。

（六）多品种全方位繁荣群众文艺创作

要全方位多平台地举行优秀群众文艺作品的展示、研讨及推介活动。比如除演出、展览等展示外，对优秀的群众文艺作品进行出版发行，将优秀的群众文艺作品汇编出版，包括文字、图片、音像等各种形式；把群众文艺创作和公共文化服务数字化建设有机结合起来，在已经实施的文化信息共享、数字文化馆、公共电子阅览室等数字化工程基础上，陆续展示这些文艺作品和表演，进一步丰富公共文化服务的内容供给。

（七）继续实施群众文艺创作精品工程

群众文艺创作要搭建精品工程发布、传播平台，多途径多手段展示推介作品，让更多的群众更加方便快捷地欣赏到优秀作品，还可以发表作品、开展评价和推荐，交流切磋精品工程实施经验，推荐重点编导演，召开作品研讨会等。文艺作品不能只限于创作和表演，更应在理论方面进行梳理总结，邀请名家专家把脉辅导修改。此外，作者也应该扩展创作思路，更新传统观念。比如创作一些音乐剧、小话剧、小舞剧以及适应青年观众的实验话剧等，使我们舞台的表现形式更为丰富。

结　语

目前，中国文化馆协会主办的年会，已把群众文艺创作作为重要话题研讨。2016 年在银川召开的年会就有群众文艺创作专题论坛，这对群文创作逐步形成了一种关照和引领。现阶段，全国能力较突出的群文创作者还不能在全国产生更广泛的效应，创作出来具有"高峰"的作品还显得不多，迫切需要深入扎实地培养作者，帮助作者创新思维方式，融入现代创作意识。群众文艺评奖是重要的推动形式，但更重要的是，文化馆要借助公共文化服务这个大平台培养和推出人才，推出精品，这才是繁荣群众文艺创作的根本宗旨。

文化馆行业组织建设——
中国文化馆协会的探索与实践

赵保颖　李　斗[1]

随着我国社会主义市场经济的发展，加快转变政府职能、建设服务型政府已经成为我国行政管理体制改革的着力点和主要方向。党的十八届三中全会指出，要按照政企分开、政事分开的原则，理顺党政部门与其所属文化企事业单位之间的关系，推动政府部门由办文化向管文化转变。[2]文化部立足政府职能转变和文化体制改革要求，以公共文化行业协会组织为抓手，理顺行业组织与政府之间关系，逐步推动建立政府宏观管理和行业组织微观协调相结合的公共文化管理体制。在此背景下，中国文化馆协会（下文简称"协会"）应运而生。

一、政府职能转变，力促建立协会

作为中国特色社会主义文化事业的重要内容，党中央、国务院对文化馆站建设高度重视，摆在文化改革发展全局的重要位置。截至 2013 年（中国文化馆协会成立前），全国共设立各级文化（群众艺术）馆 3333 个，其中

---

[1]赵保颖，中国文化馆协会秘书长。李斗，中国文化馆协会干部。

[2]《十八届三中全会关于全面深化改革若干重大问题的决定》[EB/OL]. [2017-07-05] .http://www.cnrencai.com/zhongguomeng/103291.html.

省级 32 个，副省级 15 个，市县级 3286 个；设立乡镇（街道）文化站 40390 个。长期以来，各级文化馆站积极发挥公共文化服务体系主阵地作用，以公益性、基本性、均等性、便利性为原则，不断丰富服务内容，创新服务方式，提升服务效能，取得了显著成效。然而长期以来，文化馆工作网络一直缺少国家层级文化馆，也尚未成立全国性的文化馆行业组织用以指导和服务行业发展。成立中国文化馆协会，既是推动政府职能转变，实行政事分开和管办分开的重要突破口，也是填补文化馆六级工作网络空白，建立行业龙头，发挥引领示范带动作用的现实需要。在文化部、民政部大力推动下，2014 年 9 月 11 日，经国务院批复同意，中国文化馆协会正式成立。

成立中国文化馆协会，从行业建设的角度看，有利于建立统一的行业伦理和价值，整合行业力量，激发行业发展活力，增强行业的凝聚力，提升行业地位。从行业自律的角度看，有利于推动行业标准与规范的研究、制定和实施，强化行业自律，协调行业关系，维护行业利益，促进行业科学、规范、持续发展，更好地发挥文化馆站在公共文化服务中的骨干作用。从行业交流的角度看，有利于搭建行业交流的统一平台，在全国范围内开展工作交流、特色展示和经验推介，有利于在国际舞台上展现中国文化馆站的整体形象，展示丰富多彩的民族民间文化，促进对外文化交流与合作，增强国家文化软实力。

二、明确协会职能，完善组织建设

中国文化馆协会（China Public Cultural Centers Association, CPCCA）是由文化馆（站）、群众艺术馆、文化活动中心、与文化馆（站）相关的企事业单位、社会组织及个人组成的全国性、行业性、非营利性社会组织，在全国范围内发挥行业代表、行业指导、行业自律和行业协调的重要作用，搭建政府与文化馆站及其工作者之间的桥梁和纽带，开展行业管理、工作交流、特色展示和经验推介，代表文化馆行业参与国际交流，引导文化馆事业全面、科学、有序发展。

（一）业务范围

1. 受政府有关部门委托，组织制定文化馆行业发展规划，开展文化馆（站）评估定级，参与组织专业技术资格认定；加强行业自律，建立健全行业规则、标准和服务规范。

2. 促进文化馆（站）在宣传教育、群众文艺创作、艺术培训、群众文化理论研究、职业继续教育、民族民间文化保护以及公共数字文化惠民服务方面发挥引导性作用。

3. 组织文化馆（站）开展专业交流、业务培训和研讨活动；依照有关规定，经批准，开展文化馆行业的表彰奖励活动。

4. 协调会员关系，维护会员的合法权益，建立文化馆行业与政府有关部门的沟通渠道，发挥桥梁与纽带作用；促进文化馆行业与相关社会组织的联系、交流与合作，为文化馆（站）建设发展搭建平台。

5. 开展文化馆相关领域的基础和应用学科研究，组织新技术、新标准的推广；开展相关调查研究，为国家相关法律、法规和政策的制定提供参考咨询服务；依照有关规定，编辑、出版、发行文化馆行业相关的信息资料和文献。

6. 策划对外文化、学术交流活动，促进与国际业界的合作。

7. 承办政府有关部门委托的工作以及其他与协会宗旨有关的事宜。

（二）组织机构

按照民政部关于行业协会组织机构的建设要求，协会最高权力机构是会员代表大会，由全体会员组成；下设立理事会，作为会员代表大会执行机构，在会员代表大会闭会期间领导本会开展工作；常务理事会由理事会选举产生，在理事会闭会期间，部分行使理事会职能。截至 2016 年底，协会共有理事会成员 148 名，常务理事会成员 49 名。

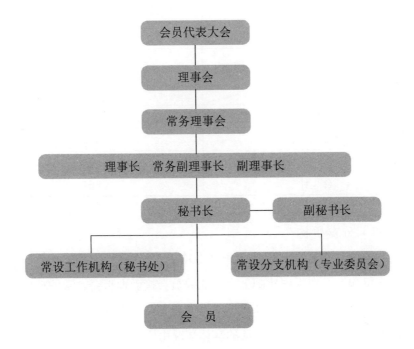

图1 文化馆协会组织机构

（三）会员

协会会员包括单位会员和个人会员两类。目前，单位会员主要以全国各级文化馆、文化站为主；个人会员以各级文化主管部门有关负责同志、公共文化服务研究领域专家学者为主。截至2016年底，已发展会员861个：其中单位会员678个，个人会员179个。

表1 会员发展情况统计表

类型	数量	会员数量
省级文化馆		32
副省级文化馆		15
市、县级文化馆		596

续表

类型　　　数量	会员数量
文化站	35
个人会员	179
企　业	4
合　计	861

（四）分支机构

为推动文化馆行业不同业务领域专项工作，协会设立了 10 个专业委员会（分支机构）。在组织建制上，专业委员会接受理事会、常务理事会的领导；在业务上，依协会授权开展活动。专业委员会不具有法人资格，其开展业务活动的法律责任，根据活动的具体情况由协会和挂靠单位分别承担。

表 2　分支机构设立情况一览表

序号	名称	成立时间	挂靠单位
1	理论研究委员会	2015 年 1 月 31 日	北京大学信息管理系
2	数字文化委员会	2015 年 3 月 14 日	江苏省苏州市公共文化中心
3	音乐创作委员会	2015 年 3 月 31 日	湖北省群众艺术馆
4	国际民间艺术交流委员会	2015 年 4 月 14 日	中央文化管理干部学院国际交流部
5	书画委员会	2015 年 7 月 25 日	陕西省艺术馆
6	舞蹈委员会	2015 年 10 月 10 日	江苏省南通市文化馆
7	文化会展委员会	2015 年 10 月 18 日	浙江省宁波市文化馆
8	合唱委员会	2015 年 11 月 6 日	湖北省武汉市群众艺术馆
9	培训委员会	2016 年 11 月 29 日	中央文化管理干部学院
10	文化志愿服务委员会	2016 年 6 月 28 日	广东省文化馆

三、发挥行业组织作用和功能，推动文化馆事业发展

协会成立以来，按照文化部关于构建现代公共文化服务体系的总体部署，积极承接政府转移的职能，围绕全民艺术普及和公共数字文化两条主线，大力推动文化馆行业建设和协会自身建设。

（一）以中国文化馆年会为抓手，搭建全行业展示、交流、研讨"大平台"

中国文化馆年会是文化馆行业规模最大、最具影响力的行业盛会。协会成立之初，就将行业年会的品牌打造作为工作重点，并于 2014 年在宁波市成功举办了首届中国文化馆年会。

2015 年中国文化馆年会于当年 10 月 30 日至 11 月 2 日在重庆市举行。年会由文化部、重庆市人民政府主办，中国文化馆协会、文化部全国公共文化发展中心、重庆市文化委员会承办，年会主题是"全民艺术普及——文化馆的责任与使命"，来自全国各地文化主管部门、各级文化馆（站）、相关社会组织代表以及专家学者约 3000 人参加了年会。年会邀请著名作家王蒙做了题为《传统文化与价值建设》主题演讲，举办了"全民艺术普及——十三五时期文化馆发展""创建国家公共文化服务体系示范区"等 6 场分论坛。年会配套举行的文化艺术博览会规模达到 5 万平方米，设有 10 个展区、3500 个展位，全方位展示了全国文化馆（站）行业发展的最新成果。

2016 年中国文化馆年会于当年 8 月 31 日至 9 月 2 日在银川市举办。文化部进一步创新办会方式，充分发挥行业协会和承办城市的主体作用，将"政府主办，承办城市、行业协会和相关单位承办"，转变为"政府指导、协会和地方城市主办、行业参与、市场运作"，即由中国文化馆协会和银川市人民政府主办年会。全国文化馆行业管理者、建设者，社会各界人士共计3500 多人参加年会。著名作家阿来做了《文化自信，首先是文化人自信》主题演讲；举办了 12 场主题论坛；博览会面积 3 万平方米，设置 5 大主题

展馆，18个特色展区，给举办城市创造文化、旅游、展览及产品交易收益近亿元。"文化共享工程·中国文化网络电视"通过互联网全程直播年会盛况，覆盖文化共享工程14000多个基层站点，超百万群众通过互联网共享年会精彩内容；年会期间举办的"美好银川"国际民间艺术节、五省区少数民族文艺展演、"大地情深"国家院团银川行、西北毗邻地区文化交流周、少数民族风情摄影展、清真美食文化节等系列活动，让年会凸显西部地域文化和回乡民族风采，营造了民族和谐团结的浓厚氛围。

表3　年会论坛活动一览表

2015年中国文化馆年会论坛		
序号	题目	申办单位
1	中华优秀文化数字化建设与传承计 ——戏曲动漫推广专题	文化部全国公共文化发展中心
2	"沃土新花"——群众文化艺术精品创作论坛	北京文化艺术活动中心（北京群众艺术馆）
3	文化馆期刊发展专题论坛	天津市群众艺术馆
4	国家公共文化服务体系示范区建设论坛	文化部国家公共文化服务体系建设专家委员会
5	"彰显文化 提升审美 舞出健" ——百姓广场舞发展专题研讨活动	中国文化馆协会
6	科技引领："互联网＋文化馆"建设论坛	中国文化馆协会数字文化委员会
7	全民艺术普及——十三五时期文化馆发展论坛	重庆市文化委员会

序号	2016 年中国文化馆年会论坛	
序号	题目	申办单位
1	广场舞的创作与推广	宁夏回族自治区银川市文化新闻出版广电局
2	文化馆＋互联网：助力全民艺术普及	文化部全国公共文化发展中心 中国文化馆协会数字文化委员会
3	非遗故事——文化馆与民族民间文化保护	广东省广州市文化馆
4	深圳市文化馆联盟："市、区联盟"共创文化馆行业发展新模式	广东省深圳市文化馆联盟（深圳市文化馆）
5	城市文化馆服务创新与实践探索	北京群众艺术馆、天津市群众艺术馆、上海市群众艺术馆、重庆市群众艺术馆
6	雅俗共赏的群众书法艺术创作	中国文化馆协会书画委员会、陕西省艺术馆
7	乡村春晚——乡村文化品牌与乡村公共文化服务供给侧设计	浙江省丽水市文化广电新闻出版局
8	实践与前瞻：公共文化服务的社会化、专业化	上海市浦东新区文化艺术指导中心、浦东新区群众文化艺术馆
9	从评价机制改革，看群众文艺创作走向	北京群众艺术馆、天津市群众艺术馆、河北省群众艺术馆
10	文化馆改革与发展：从群众文化到公共文化	宁夏文化馆
11	艺术让生活更美好——全民艺术普及的创新实践	浙江省宁波市文化馆、宁波市群众文化学会、中国文化馆协会文化会展委员会
12	国家基本公共文化服务标准体系建设研究课题	文化部全国公共文化发展中心

（二）以"欢跃四季"——全国百姓广场舞活动为突破，创建"互联网＋群众文化活动"新模式

为贯彻落实党的十八届三中、四中、五中全会精神，根据中办国办《关于加快构建现代公共文化服务体系的意见》和《文化部体育总局民政部住房城乡建设部关于引导广场舞活动健康开展的通知》的部署和要求，发挥行业协会引领带动作用，引导广场文化活动健康、规范、有序开展，实现公共数字文化惠民项目与群众文化需求有效对接，文化部全国公共文化发展中心和中国文化馆协会共同策划开展了"欢跃四季"——全国百姓广场舞活动，该活动是协会成立以来首次举办的全国性群众文化活动，被纳入第十一届中国艺术节公共文化展演项目，自 2015 年 11 月至 2016 年 10 月，历时一年，得到了各省文化馆和广大广场舞爱好者的积极响应，7 大片区，31 个省，共700 余部作品参加了活动。活动充分运用信息网络和新媒体手段，创新活动方式，借助中国文化网络电视、国家数字文化网、微信公众号等新媒体平台，对群众文化活动进行线上线下组织、需求对接、互动参与、多手段传播，突破了以往大型广场活动的地域限制，全国各地近 20 万人关注活动，赢得了830 万网络投票。北京"追梦在路上"、辽宁"山花闹"、重庆"黄杨扁担"、云南"马铃响来玉鸟唱"等优秀广场舞作品也在活动中脱颖而出，在全国各地基层群众中广为传播。

（三）以行业培训与研讨活动为牵引，带动行业人才队伍业务能力提高

开展行业培训和业务交流是协会面向广大会员提供服务的重要内容。根据近年来文化馆工作重点和人才队伍建设需要，协会开展了一系列培训与交流工作。

2015 年，协会举办了"彰显文化 提升审美 舞出健康"——百姓广场舞发展专题研讨活动，开展全国优秀广场舞教学片征集，从全国 87 个选送作品中推出 12 部优秀作品在国家数字文化网和公共文化交流平台上集中展

示；开展公共文化服务创新成果征集遴选，并举办了专题展览；举办了"群众文化艺术表演活动影像制作培训班""边疆少数民族地区群众文化艺术表演活动影像制作培训班""2015'文化中国'微视频征集活动"和"2015年春雨工程——文化志愿者边疆万里数字文化长廊行活动"。

2016年，协会进一步聚焦全民艺术普及，策划组织了"全国群众文化艺术表演活动影像制作培训班""2016年文化馆师资能力提高培训班""2016年西部地区文化馆师资能力提升培训班""文化馆师资能力提高培训班"和"2016春雨工程——西藏部分基层骨干培训班""全民艺术普及技能提升计划培训班""乡村文化艺术普及品牌（乡村春晚）百县联盟骨干培训班"以及"全国数字文化馆试点中期检查暨工作研讨培训班"，参加培训的人员覆盖了32个省，共计700余人。

（四）以全国各级文化馆和相关领域协会为依托，开展跨行业、跨地域合作

协会积极开展横向项目合作和纵向服务延伸，举办了一系列展演、展览活动。例如，与武汉市文化局共同主办"2016·琴台音乐节合唱艺术周"，以"唱响中国梦"为主题，受到音乐爱好者和广大群众的欢迎。由于协会的参与，参加展演的地域从武汉本地扩大至武汉城市圈以及哈尔滨市、杭州市、厦门市、重庆市、深圳市和上海市等，45支合唱团队、2100余名群众文艺爱好者参与其中。与中国农民书画研究会、中国动画学会联合举办的"运用农民画和动画宣传社会主义核心价值观"系列活动，以文化部2014年命名"中国民间文化艺术之乡"的26个农民画乡（县）为主体，以弘扬社会主义核心价值观、实现中国梦为主题开展优秀农民画作品创作交流，征集作品1013件，其中442件参加了第十一届中国艺术节"在希望的田野上——全国农民画精品展"。与四川省文化厅合作举办了"天籁之音·石海之约"第二届西南民歌展演系列活动，来自渝、滇、黔、藏、桂、陕6个省区市和四川16个地市州的基层群众，为观众带来精彩的视听盛宴。通过跨界合作，各地基层优秀群众文化品牌提升到全国层面，影响力和覆盖面进一步扩大；

各领域优势资源互补，让文化馆行业的整合辐射能力得到充分发挥。

（五）发挥行业管理作用，开展文化馆（站）标准化规范化研究与实践

协会向上承接文化部转移的行业管理职能，从行业评估、行业标准研制和理论研究入手，引导行业规范化发展。

1. 开展第四次全国文化馆评估定级工作。文化部首次将行业评估工作交由行业协会承办。为此协会组建了 11 个评估工作小组，对省级、副省级馆实地评估及地市级、县级馆评估情况进行抽查；对 32 个省、市、区以及新疆生产建设兵团 3100 余家文化馆的评估数据进行统计分析。评估定级工作突出三个"新"：第一，指标体系新，指标修订体现中央关于构建现代公共文化服务体系的要求，突出下一步文化馆建设重点，在文化馆改革创新、服务效能、数字化建设等方面增加了分值比重。第二，数据采集手段新。搭建基于互联网的评估数据收集平台，实现了分值自动计算和必备条件等级设定，方便了各级文化馆自查自评以及各省文化厅的数据审核。第三，统计分析方法新。与专业机构合作，对各级文化馆、各项指标数据进行深度挖掘和组合建模，最终形成《第四次全国文化馆评估数据分析报告》，为行业发展趋势分析与政府决策提供重要参考。

2. 开展理论研究与学术交流。2015 年至 2016 年期间，协会积极参与文化馆行业规划、管理办法、业务规范的研制；组织出版的《文化大视野——第十七卷》《文化大视野——第十八卷》以及《全面艺术普及——文化馆的责任与使命》《文化馆：改革发展　服务基层》等专著，成为文化馆从业人员发表个人理论研究成果的重要载体；承担国家社科基金《国家基本公共文化服务标准体系建设研究》子课题《基本公共文化服务评价标准研究》，并起草了"文化馆公共文化产品与服务情况调研"报告。

四、新形势新任务以及新机遇新挑战

中国文化馆协会是在我国文化馆事业发展相对滞后、文化馆"群龙无首"、

行业组织建设缺失的情况下成立的，是文化部政府职能转变，推动公共文化管理体制改革的重要举措。经过三年的实践与创新，协会逐渐探索出协调引领行业发展的有效路径和手段，取得了显著成效，但也面临着一些困难和问题亟待解决：第一，协会功能定位要进一步明确。协会的建立与发展是从承接政府职能转移任务起步，受到体制机制的影响和制约，带有较为浓厚的政府色彩，距离代表行业整体利益、自我管理、自我服务、搭建桥梁的办会理念与宗旨有一定差距。第二，协会自身建设要进一步加强。协会是具有独立法人资格的非营利性行业组织，要加强自身建设，特别是专业机构设立、会员发展、内部管理制度建设、工作基础平台搭建方面要进一步规范和完善。要具备独立造血能力，建立起可持续发展的运营机制。第三，协会业务范围需要进一步拓展。近年来，虽然协会在行业管理、交流、培训等方面作出很多有益尝试，但按照行业协会的职能定位，业务范围还亟待拓展，特别是面向行业提供专业咨询服务、行业标准化建设方面还存在空白。第四，协会的行业代表作用需要进一步提升，在文化馆行业的覆盖面和影响力、全社会的知晓度和参与度需要进一步加强。

随着我国文化体制改革的不断深入，现代公共文化服务体系建设进程的进一步提速，行业组织推动行业建设和发展的地位和作用也变得越来越重要，新形势新任务也给文化馆行业协会的长足发展带来新的机遇和新的挑战。

（一）进一步明确办会理念和办会思路

协会是具有独立社团法人资格的非营利性全国性社会组织，一方面要做好政府的参谋助手，在政府与行业之间发挥桥梁纽带作用，另一方面要做好文化馆人的"娘家"，真正承担起行业代表、行业服务、行业自律、行业协调功能。明确角色、找准定位、理顺关系，保持协会性质，在文化馆领域逐步建立政府规划布局、政策指引、运行监管、考核评估，行业协会规范运行、严格自律，文化馆各负其责、开展服务，社会力量积极参与、有序发展的宏观管理体制和微观运行机制，实现政府、行业协会组织、会员单位之间的良性互动。

（二）深入推进协会自身建设

加强协会自身建设，夯实协会发展基础，是协会履行职能的根本支撑。协会建设要立足中国国情，立足文化馆站功能定位和运行特点，明确重点，坚持特色，完善协会内部组织架构和管理制度，夯实协会发展基础。一是要加强协会自身组织建设。要根据协会章程规定和事业发展需要，完善协会内部组织，发展好地方性组织，形成权责明确、制度完善、运行有序的内部组织机制。二是要建立健全内部各项管理制度。结合文化馆站事业发展实际，借鉴国内外行业组织建设的经验，完善协会内部组织、人事、财务、运行等各项管理制度，使各项业务有矩可循、依规运行。三是要搭建行业发展的基础工作平台。要根据行业特点和发展需要，利用行业内外各种资源，逐步建立行业交流、管理咨询、技能培训、业务推广等基础性工作平台，形成完善的体现协会职能的工作架构。

（三）努力服务文化馆站事业发展

服务行业发展是协会的根本宗旨。协会要大力加强行业发展规划、组织指导、行为规范、队伍培训，尤其要抓紧搭建能够在全行业起到汇聚能量、提升能力、增进效益的综合性服务平台。一是发挥行业代表功能，围绕行业发展和会员单位所关注的热点、难点、焦点问题，开展广泛深入调研，倾听行业和会员诉求，加强与政府部门沟通。二是发挥行业指导功能，建立网络信息发布平台和会报会刊，及时汇集整理国内外公共文化行业发展的信息资料，推动业界政策理论宣传、行业信息发布、典型经验介绍和行业难题破解，为行业发展提供指导和咨询。三是发挥行业自律功能，制定行业规范，建立行业自律机制，督促指导会员落实党的路线方针政策和构建现代公共文化服务体系的要求，维护行业信誉。四是发挥行业协调和交流功能，依托协会各专业委员会，广泛组织开展文化馆站发展学术研究、业务培训、工作交流等活动，促进行业交流合作。

（四）加强宣传，提高协会的影响力和知名度

迄今，协会成立不满 4 年，社会各界的知晓、理解、接受的程度还不高，支持力度还不足，在文化馆行业的覆盖面和影响力还有待进一步提高。这就需要协会多做宣传工作，主动传播信息、说明情况、解疑释惑，在协会与政府之间、协会与公众之间、协会与媒体之间、协会与机构之间以及协会的内部组织之间，多沟通、多协调，争取各方面的理解、参与和支持。当前，要结合协会的成立，建立宣传平台，做好媒体宣传，营造良好的舆论氛围，扩大协会知名度，提高协会影响力。

全民艺术普及志愿服务的现状与发展

王惠君　刘　翔　杨伟庆　邓芸芸[1]

文化志愿服务是现代公共文化服务体系建设的重要内容，是推进基层文化队伍建设的有效手段，是培育和践行社会主义核心价值观的重要载体。自党的十七届六中全会将文化志愿服务纳入加强基层文化队伍建设的重要内容，明确提出"壮大文化志愿者队伍"以来，我国文化志愿服务事业蓬勃发展。回顾我国文化志愿服务事业的发展历程，2015 年以后，全国文化志愿服务进入制度化、社会化发展阶段。[2]

为认真贯彻党的十八大和十八届三中、四中、五中和六中全会精神，进一步建立健全志愿服务制度，推动文化志愿服务活动规范化、常态化发展，2015 年 1 月 20 日，文化部召开了 2015 年全国文化志愿服务工作推进会议，将 2015 年确定为"文化志愿服务制度建设年"，提出加强文化志愿服务制度化建设，提高文化志愿服务科学化、规范化、专业化和社会化水平，推动文化志愿服务事业规范有序、持续健康发展。2015 年 1 月 15 日，中共中央办公厅、国务院办公厅印发了《关于加快构建现代公共文化服务体系的意见》（中共中央办公厅发〔2015〕2 号），提出要"大力弘扬志愿服务精神，坚持志愿服务与政府服务、市场服务相衔接，奉献社会与自我发展相统一，社会倡导与自愿参与相结合，构建参与广泛、内容丰富、形式多样、机制健全

---

［1］王惠君，广东省文化馆馆长。刘翔、杨伟庆、邓芸芸，广东省文化馆干部。
［2］张永新，良警宇主编：《中国文化志愿服务发展报告（2016）》，北京：社会科学文献出版社，2016 年 11 月版。

的文化志愿服务体系",并提出要"完善文化志愿者注册招募、服务记录、管理评价和激励保障机制",进一步肯定了文化志愿服务制度化、社会化建设对构建文化志愿服务体系的重要意义,明确了相关具体建设要求。

2016 年 7 月,中宣部、中央文明办等八部委办的《关于支持和发展志愿服务组织的意见》(文明办〔2016〕10 号)要求,指明了我国志愿服务组织的发展方向,为志愿服务健康持续深入发展奠定了政策基础。2016 年 12 月,中宣部、中央文明办等 7 部门印发《关于公共文化设施开展学雷锋志愿服务的实施意见》(文明办〔2016〕22 号)[1],明确提出到 2020 年,基本建成公共文化设施志愿服务组织体系、志愿服务项目体系和志愿服务管理制度体系。其中,天津市群众艺术馆、福建省艺术馆、山东省文化馆、广东省文化馆、四川省文化馆被纳入公共文化设施开展学雷锋志愿服务首批示范单位。

在政府的主导和推动下,2015-2016 年,我国文化志愿服务工作呈现整体推进、快速发展的态势,着力在队伍建设、规范管理、品牌打造和服务领域拓展等方面进行了有效的探索和实践,取得了显著成效。

一、中国全民艺术普及志愿者活动发展成效

(一)文化志愿服务队伍和组织网络初步形成体系

根据中央文明办和文化部的工作部署,大力推进全民艺术普及文化志愿服务活动,各地文化部门积极构建文化志愿服务的组织架构,在全国初步形成了体系化的文化志愿服务队伍和组织网络。截至 2015 年底,全国已有 24 个省、275 个地级市正式组建了文化志愿服务工作机制,在各级公共文化机构和艺术机构注册的文化志愿服务团队达 32000 多支,注册文化志愿者人数发展到 87 万人,有效增加了公共文化服务供给,弥补了政府和市场公共服

---

[1] 中宣部、中央文明办、教育部、民政部、文化部、国家文物局和中国科协印发《关于公共文化设施开展学雷锋志愿服务的实施意见》(文明办〔2016〕10 号),2016 年 10 月 18 日印发。

务的不足，助推了现代公共文化服务体系建设。

例如，重庆市大渡口区在第一批国家公共文化服务体系示范项目创建中，推行"一个总馆＋多个分馆＋若干服务点"的"文化馆图书馆总分馆制"，实施总分馆"十百千"文化队伍组建计划，招募文化广场管理员 10 名，培养文化能人 200 名、文艺骨干 300 名，组建业余文艺团队 121 支，招募文化志愿者 1000 名。

江西省新余市结合创建国家公共文化服务示范区，在全省第一个推行了文化志愿服务网格化管理，制定出台了《关于开展公共文化服务网格化工作的实施意见》，在全市参照村（社区）网格化社会管理办法，建立了 1000 个文化志愿服务网格，招募了有各类特长的网格文化员 1000 名，并对网格文化员进行了广场舞、美术、书法、摄影、音乐、舞蹈、戏剧等专业培训。

此外，文化志愿者队伍人员结构不断优化。例如，上海市群众艺术馆为加强本市全民艺术普及志愿服务力量，通过资源整合，社会招募，与上海文广培训中心、上海师范大学、上海大学、上海社区文化服务中心等相结合，围绕重点文化场馆、文化节庆、文化培训活动，逐步建立起一支综合素质高、业务能力强的文化志愿者服务队伍，其中本科以上学历占 83%。志愿者以高校选派、社会招募为主，以大学生为主体，占总人数 66%，中青年文化志愿者为辅，占总人数 31%，其他占 3%。

（二）文化志愿服务的规范管理不断加强

随着各地文化志愿工作及全民艺术普及文化志愿活动深入开展，为建立文化志愿服务长效管理机制，提高公共文化志愿服务成效，促发各级文化行政单位、公共文化机构和文化类社会组织制定各自工作领域内的管理规章，促进文化志愿服务规范化建设，2015 年，文化部组织起草了公共图书馆、文化馆文化志愿工作规范等制度性文件，并于 2016 年 7 月印发了《文化志愿服务管理办法》，进一步加强对文化志愿者的规范管理和组织引导，推进了文化志愿服务制度建设。在此带动下，许多省、市、县等各级各类文化志愿服务组织和机构也纷纷出台了相关规章制度、工作手册等。截至 2015 年底，国内已有 12 个省级层面的文化志愿服务的规章制度先后制定或颁布,有力推动了文化志愿服务管理工作机制健全,促进了文化志愿服务队伍建设的规范化、常态化和制度化。其中,2015 年 11 月,杭州市拱墅区文广新局发布了《文化志愿服务管理规范》,这是目前全国首个文化志愿服务地方性标准。2016 年 6 月,为推进广东省行业志愿服务制度化建设,以文化行业为样板,广东省文化厅联合广东省精神文明建设委员会办公室制定印发了《广东省文化志愿服务规范指引》,明确了文化志愿者注册登记、培训管理、服务规范、考核评估和表彰激励等内容,并于同年底由广东省文化厅印发实施《广东省文化志愿服务事业发展"十三五"规划》,着力谋划"十三五"期间工作。

加强激励回馈,结合实际建立文化志愿服务激励回馈和嘉许制度,对于有良好服务记录的文化志愿者给予艺术观摩与培训、文化艺术消费、公益性文化服务等方面的优惠待遇。对服务时间较长、业绩突出、社会影响较大的文化志愿者、文化志愿服务团队和文化志愿服务项目给予褒奖。四川省文化馆在评优表彰的基础上,成立"文化志愿者爱心储蓄所",将参与者参加文化志愿服务活动的时间记录下来,建立文化志愿者个人的"爱心储蓄卡"。北京市文化志愿者服务中心举办"北京文化志愿者风采展示活动",在各区选择 20 名具有特点和代表性的文化志愿者,以他们的先进志愿服务事迹为内容,拍摄《我身边的文化志愿者》专题系列宣传片,每集约 3—5 分钟,分别在移动电视、城市电视及千龙网播出,如今作为固定专栏可供点击观看;每年评选优秀个人、团队,加大对先进人物、先进事迹的宣传力度,激励志愿者志愿服务,在社会上营造良好的舆论氛围;同时,探索适度的物质激励形式,针对志愿服务工作特点,开发制作了印有文化志愿者标识的服装,制作了徽章等纪念品,对志愿者产生了良好的激励效果。

在探索建立创新文化志愿服务组织管理模式方面, 2016 年 11 月 29 日,由广东省文化馆牵头正式成立中国文化馆协会文化志愿服务委员会,将在中国文化馆协会的指导下,从文化志愿服务工作领域探索文化馆职能的突破、向社会化扩展的发展路径,强化理论研究,推动文化志愿服务长效发展,搭

建交流平台，打造文化志愿服务资源共建共享机制。[1]此外，河北省推动省级文化馆、公共图书馆、博物馆、美术馆、艺术职业学校和演艺集团联合组建了全国首个在民政部门注册的省级文化志愿者协会，山东、云南、深圳、茂名等地也积极筹建文化志愿者协会，适应文化志愿服务社会化发展的趋势。

（三）文化志愿服务项目品牌化逐渐呈现规模

近年来，文化部、中央文明办积极推动各级文化部门、公共文化单位依托各级各类文化场馆、文化惠民工程、节日纪念日等，以"行边疆、走基层"为主要内容，深入实施"春雨工程"与"大地情深"两项示范性文化志愿服务活动；以"扎根基层、服务群众"为主要内容，广泛开展9个主题的基层文化志愿服务活动，着力打造文化志愿服务活动品牌，努力为广大人民群众提供了大量身边的日常性的文化志愿服务。

两年来，经专家认真审核，文化部表彰了一大批文化志愿服务示范项目和典型案例，以促进各地提升文化志愿服务水平、打造特色化的文化志愿服务项目，有效带动了文化志愿服务活动在全国蓬勃开展。2015年"春雨工程"——全国文化志愿者边疆行活动示范项目40个，"大地情深"——国家艺术院团志愿服务走基层活动项目15个，9个主题基层文化志愿服务活动典型案例100个。2016年共推出59个"春雨工程"和"大地情深"示范活动典型案例，100个基层文化志愿服务活动典型案例，52个文化志愿服务团队，59名文化志愿服务个人。其中，2项示范活动共实施了134个文化志愿服务项目，招募5000多名文化志愿者深入城乡基层，开展各类文艺演出、辅导讲座和文化展览500多场，受益群众近百万人次；各级公共文化服务机构和文化志愿服务组织发动广大文化志愿者为群众提供了大量身边的、日常性的文化志愿服务，受到群众热烈欢迎。

2015年，中央宣传部、中央组织部、中央文明办等部门联合在全国开

---

［1］中国文化馆协会文化志愿服务委员会在广东省文化馆成立 [EB/OL].[2016-12-05].http://www.gdsqyg.com/agdzyfw/newsinfo?id=2017041400000088.

展推选志愿服务"四个100"先进典型活动[1]，文化部系统的中国美术馆文化志愿服务队、国家博物馆志愿者协会入选最佳志愿服务组织，北京、河南、江苏、湖南的4项文化志愿服务活动被评为"最佳志愿服务项目"，河南、湖南的3名文化志愿者被评为"最美志愿者"。由中央宣传部、中央文明办等11部门组织开展的2016年宣传推选学雷锋志愿服务"四个100"先进典型活动[2]中，中国国家博物馆志愿者协会、广东省文化志愿者总队、甘肃省博物馆志愿者团队等被评为最佳志愿服务组织，国家图书馆"网络书香"阅读推广志愿服务活动、辽宁省图书馆"对面朗读"文化助残志愿服务项目、云南省图书馆少数民族古籍抢救修复文化志愿服务项目等被评为最佳志愿服务项目。

此外，为充分发挥文化志愿者在村级公共文化建设方面的积极作用，缓解村级公共文化人才队伍不足，服务效能不高的问题，进一步增强村级公共文化内生发展动力，2016年文化部、中央文明办组织实施了"阳光工程"——中西部农村文化志愿服务行动计划，在中西部22个省（区、市）和新疆生产建设兵团集中招募1200名农村文化志愿者，配备到1200个行政村，开展为期一年的文化志愿服务。各省（区、市）文化厅（局）结合村级综合性文化服务中心建设，在本地区开展农村文化志愿者招募配备工作，逐步实现村级公益文化岗位全覆盖。文化部项目办对每名文化志愿者按照每月500元（每年6000元）的标准发放工作性补助，用于文化志愿者的误工、误餐、交通、通信等，并给予每名文化志愿者每年83元的保险补助。

（四）服务领域和服务范围不断拓展

近年来，各级文化部门不断拓展文化志愿服务地域和服务领域，服务范围不断拓宽。一是服务地域不断拓展，文化志愿服务活动从最初服务于边疆

［1］推选志愿服务"四个100"先进典型活动 [EB/OL].[2017-04-30].http://archive.wenming.cn/jingtai/sg100/index.shtml.

［2］2016年宣传推选学雷锋志愿服务"四个100"先进典型活动 [EB/OL].[2017-02-28.http://www.wenming.cn/specials/zyfw/4g100_39622/gongshimingdan/.

民族地区，不断推进到服务于全国的老少边穷地区、广大的基层社区，从城市地区推进到农村地区，实现了文化志愿服务活动在全国范围内开展，促进优质文化资源在城乡之间、地区之间的均衡配置。二是服务领域不断扩展，除依托图书馆、文化馆（站）、博物馆等公共文化机构为群众提供艺术指导、知识普及和文化宣传等形式多样、内容丰富的阵地服务外，还积极探索将文化志愿服务引入文化产业、文化市场和非遗保护等领域。三是服务范围不断拓宽，依托各级公共文化设施、重点文化惠民工程、重要节日纪念日、对边疆民族地区对口支援工作，组成文化志愿服务小分队，深入社区、农村，将文化服务送到基层群众身边，特别是为孤寡老人、留守儿童、农民工和残疾人朋友提供了针对性服务，保障了特殊群体文化权益，实现公共文化服务均等化。

例如，由文化部全国公共文化发展中心与中国文化馆协会联合相关文化共享工程省级分中心、省级文化馆（群艺馆）开展的"2015年春雨工程——文化志愿者边疆万里数字文化长廊行活动"，通过"三大一小一传递"（大舞台、大讲堂、大展台、小分队以及活动旗帜传递）的形式开展。活动自5月22日在黑龙江抚远县启动后，文化志愿者队伍以黑龙江为起点，兵分两路，一路沿西北、西南边疆而下，另一路沿华北、华东、华南、东南沿海而下，将印有文化共享志愿者标识的旗帜作为纽带依次传递，深入边境市县，为基层群众、边防官兵等开展文艺演出、专题讲座、流动培训、专业辅导、主题展览、资源更新、技术维护等一系列的数字文化志愿服务，最终两路队伍于12月在海南省顺利会师。此次活动共开办基层骨干培训班近200期，开办面向群众的专题讲座800余期，举办文艺演出100余场，举办展览200余期，为边疆地区基层服务点检修设备600余台，下发资源800多TB，投放配备中国文化网络电视机顶盒、数字文化一体机等4000余台，还面向社会各界开展了以"魅力边疆"为主题的摄影作品征集活动。

此次活动较之往年的服务，在深度与广度上提升显著，主要体现在：活动区域广，从以往活动聚集在几个地区，拓展到沿边海疆的18个省区市和新疆生产建设兵团；活动时间长，服务人群多，从5月至12月历时7个月，累计有 50 余万名基层群众参与了相关活动；首次引入省级文化（群艺）馆加入，丰富了活动内容；助力国防宣传教育建设，通过推进边疆万里数字文化长廊，为边（海）疆边防一线军民送去大量的公共数字文化服务。多途径、多形式、多手段的宣传服务活动吸引了基层群众的广泛参与，有力促进了边疆地区现代公共文化服务体系建设。

（五）服务形式创新与服务效能提升效果明显

各级文化部门结合地方实际，立足群众需求，着眼文化民生，积极探索具有地方和行业特色的文化志愿服务工作模式和工作方式。积极探索"互联网＋文化志愿服务"，推动智能移动终端建设和数据库建设，有效利用手机客户端、微信公众号等手段，及时有效匹配文化志愿服务供给与需求，组织开展"菜单式""订单式"服务，变"送文化"为"种文化"，借助电子信息平台，把文化信息送下去，把文化需求兜上来，建立起文化志愿服务供求"大数据"，盘活资源，从而精准制定文化志愿服务项目，开展分类、分群文化志愿服务，打造特色品牌活动。例如广东省文化志愿者总队建立了"广东文化志愿者信息管理服务平台"、微信公众服务号、手机 APP 等数字化渠道之外，结合打造"广东公共文化云"项目，提前规划、设置"文化志愿服务"板块，搜集全省各地文化志愿服务数字化相关资源和需求，利用数字化手段进行资源整合、需求分类、优化服务，将线下一系列繁琐的登记、核实、记录、存档工作转接到文化志愿者信息管理服务平台，实现网上实名制注册、在线活动报名、云服务记录等，有效解决了文化志愿者注册报名及服务记录清单、服务供需对接等问题，实现资源共享、服务共建。

区域交流合作方兴未艾，跨区域全民艺术普及志愿服务活动蓬勃发展。2016 年福建省艺术馆成立了福建省文化馆志愿者联盟。同年，重庆市正式成立主城区文化馆联盟、渝东北片区文化馆联盟、渝西片区文化馆联盟、泛渝东南地区文化馆联盟。各联盟举办了"艺术普及 全民共享"区域交流演出、展览，以及全民艺术普及成果为主题巡演活动等各具特色的全民艺术普及志愿服务活动，在文化物联网跨区县配送、打造具有区域性特色全民艺术普及

志愿服务方面已经取得初步成绩。

北京市文化志愿者服务中心开展品牌示范项目评审，从包括演出、展示、辅导、服务类品牌性项目中，评出不同等级的扶持项目，对这些项目予以不同程度的支持，并在各大媒体上进行统一宣传，重点推进示范志愿项目建设，逐步形成各具特色的服务品牌。

（六）文化志愿服务队伍专业化、交流培训体系化

在基层公共文化工作中，文化志愿者是文化部门开展文化工作的重要助手，如何加强文化志愿者队伍整体素质，在推动现代公共文化服务建设中起着至关重要的作用。各级文化部门利用文化系统的资源优势，大力培育和发展专业型文化志愿服务队伍，引导文化志愿者提供专业化、高质量的文化志愿服务，切实提高针对性、实效性。建立有效培训体系，按年度做好培训计划，按照实际情况定时开展针对文化志愿者的分层次、分步骤的培训学习，以适应新形势、满足新要求。

2016年7月，深圳市承办文化部主办的"全国文化志愿服务工作现场经验交流会"，与全国各省汇聚一起，共同交流对过去五年文化志愿服务工作进展情况，交流经验，谋划"十三五"时期文化志愿服务工作等。同年8月，在东莞市举办了"2016年全国文化志愿服务机制建设培训班"，全国文化志愿服务领域的著名专家现场授课，全国各省文化志愿服务管理者一起学习交流。

嘉兴、杭州、宁波、温州等11个市已建立文化志愿服务组织骨干和文化志愿者专题培训、特色项目培训和注册志愿者基本理念培训相结合的培训体系，以注册文化志愿者为重点，开展志愿者理念培训和专业技能培训。

2016年底，广州市文化馆和广州义工联合作，成立了广州市首个文化志愿者培训基地，培训基地每月定期开展两场培训，内容涵盖文化志愿者通识类课程（沟通、礼仪培训、情绪管理培训、应急、急救培训等），特色专题类课程（会展培训、导赏培训、TOT演讲培训等）和志愿者提升类课程（骨干志愿者培训）。

成都全民艺术普及市民艺术培训学校公益培训活动主要由成都市文化馆市民艺术培训学校牵头实施，建立以成都市文化馆为总校，区县文化馆为分校，街道乡镇文化活动中心为辅导站，村（社区）文化活动室为基层辅导点的"总分校机制"，其中成都市文化馆总校作为龙头引领、负责总分校机制的统筹管理，统一注册招募近万名艺术骨干文化志愿者担任专业培训教师，以"工作统筹部署、绩效统筹评估、人员统筹培训、师资统筹交流"的"四统筹"运作模式，指导推进全市总校、22所分校和315个辅导站开办公益性文化艺术培训全民艺术普及工作。两年间，全市艺术骨干志愿者共负责35476个艺术类免费公益培训班的授课，涉及培训项目28个、培训科目97个，培训学员728146人。

河南省在全民艺术普及的实践中，陆续举办了"全省阳光工程文化志愿者培训班""全省文化志愿队伍规范化建设培训班""部分县市文化志愿队伍建设培训班"，对28个省辖市、省直管县文化馆负责文化志愿队伍建设人员、60个贫困村阳光工程文化志愿者、42支文化志愿队伍负责人展开培训。湖南省文化馆组织开展"播撒艺术的种子"精准文化扶贫计划，对贫困地区进行文化帮扶，做到文化艺术的"精准滴灌"。活动周期为两年，拟为6个国家级贫困县的山区留守儿童开办各类艺术课堂、搭建阳光舞台，为山区文化干部开办群星讲座与培训。辽宁省群众艺术馆秉承"深入生活，扎根人民"的服务宗旨，面向基层、面向农村、面向农民，旨在关注、扶持生活在农村，有固定的群体，长期坚持开展文化活动的民间艺术团体，将其打造成"农民品牌团队"，并对"农民品牌团队"进行培训辅导及组织展演。

二、中国全民艺术普及志愿者活动发展中存在的问题

我国全民艺术普及志愿者活动蓬勃开展，为群众共享公共文化发展成果做出了积极的贡献，促进了现代公共文化服务体系建设，有效弥补了政府和市场文化服务不足。但是，当前中国全民艺术普及志愿者活动迅速发展中也存在一些突出问题。

一是管理机制还不完善。部分地区尚未制定系统规范的绩效考评制度和培训制度，不能有效地优化志愿者队伍人才结构。激励机制力度不够大，导致文化志愿者组织无法吸引和留住高素质的优秀人才，影响志愿者参与志愿服务活动的热情和积极性。

二是地区之间发展不均衡。全民艺术普及文化志愿者活动发展在地区之间、城乡之间还不均衡，东部省份发展迅速，建立了较为完善的网络组织体系，而欠发达的偏远农村、贫困地区和边疆地区发展较为缓慢，文化志愿服务队伍的组建也刚刚起步或还未起步。

三是社会参与还不多。文化志愿服务经费筹措渠道有限，在一定程度上制约了文化志愿者组织的发展及文化志愿服务活动的开展。对社会力量参与文化志愿服务的准入机制还不健全，亟需整合各种社会力量参与到文化志愿服务中来。

三、中国全民艺术普及志愿者活动发展面临的机遇与任务

党的十八大以来，中央高度重视志愿服务工作，党的十八大和十八届三中、四中、五中全会都对开展志愿服务活动提出了明确要求。党中央的高度重视和重要部署，为包括文化志愿服务在内的各项志愿服务事业长远发展指明了正确方向、提供了基本遵循。《中华人民共和国公共文化服务保障法》专门就鼓励公民、法人和其他组织参与文化志愿服务做出了明确规定。

"十三五"期间，按照中央提出的"认识新常态、适应新常态、引领新常态"，文化志愿服务工作将继续围绕现代公共文化服务体系建设的任务，用"新理念、新思路、新举措"推动经济社会转型发展的要求，为全面推动文化志愿服务事业繁荣发展，着重抓好以下工作。

（一）完善服务网络，发展壮大文化志愿服务队伍，是拓展和深化文化志愿服务的基础和保证。通过加强工作网络建设、壮大志愿者队伍、培育文化志愿服务组织等工作，千方百计为文化志愿者施展才华搭建平台、创造条件。

（二）加强能力建设，不断提升文化志愿服务科学化专业化水平。通过实施项目化运作、强化专业化支撑、加强信息化管理等手段，强化文化志愿服务的专业化能力。

（三）围绕现代公共文化服务体系建设重点任务，发挥文化志愿服务的功能作用。通过围绕提高公共文化设施服务效能发挥作用、围绕文化惠民工程发挥作用、面向贫困地区和特殊群体发挥作用，充分发挥文化志愿服务在整合资源、弥补政府服务和市场服务不足等方面的优势，进一步发挥作用，增强服务实效。

（四）组织开展示范性导向性活动，建立基层文化志愿服务活动长效机制。以"春雨工程""大地情深"和"阳光工程"等示范活动为引领，结合地方实际，立足群众需求，着眼文化民生，通过创新载体、培育品牌、扩展领域，进一步推动基层文化志愿服务活动广泛开展。

（五）加强规范管理，促进文化志愿服务健康发展。实现制度化是文化志愿服务持续健康发展的长远之策、根本之策。各级文化部门要进一步完善文化志愿服务机制建设，推进文化志愿服务规范化发展，具体包括规范招募注册、加强培训管理、完善服务记录和加强激励回馈等[1]。

---

[1] 文化部党组副书记、副部长杨志今 2016 年 7 月 21 日《在全国文化志愿服务工作现场经验交流会上的讲话》。

文化馆总分馆制的实践与探索

彭泽明[1]

总分馆制建设是文化馆体系发展的现实需要，是文化馆服务方式和组织机制的创新，是推进文化馆公共文化服务标准化、均等化的重要措施。

一、中央文件的相关规定

2015年1月，中办、国办印发《关于加快构建现代公共文化服务体系的意见》提出："以县级文化馆、图书馆为中心推进总分馆制建设，加强对农家书屋的统筹管理，实现农村、城市社区公共文化服务资源整合和互联互通"。

2015年11月，文化部等7部委印发的《"十三五"时期贫困地区公共文化服务体系建设规划纲要》强调：贫困地区"采取试点先行、逐步推广的方式，到2020年初步形成以县级公共图书馆、文化馆为总馆，乡镇（街道）综合文化站为分馆，村（社区）综合性文化服务中心（农家书屋）为流通服务点的总分馆体系"。

2016年12月29日文化部、新闻出版广电总局、体育总局、发展改革委、财政部下发《关于推进县级文化馆、图书馆总分馆制建设的指导意见》（文公共发〔2016〕38号），对全面推进文化馆总分馆制做出了总体的制度安排，

---

[1]彭泽明，重庆社会科学院公共文化研究中心主任。

是文化馆总分馆制建设的纲领性文件。意见明确提出到 2020 年，全国具备条件的地区因地制宜建立起上下联通、服务优质、有效覆盖的县级文化馆、图书馆总分馆制。目前，我国已经全面开启了文化馆总分馆的探索。

二、文化馆总分馆制实践的典型案例

文化馆总分馆制实践起步较晚。2011 年重庆市大渡口区在创建第一批国家公共文化服务体系示范项目时，率先提出了"文化馆总分馆制"的思想并加以实践。随后浙江嘉兴、新疆克拉玛依、江苏张家港等地对文化馆总分馆制建设进行探索。

（一）重庆市大渡口区文化馆总分馆制

重庆市大渡口区文化馆总分馆制的探索，始于 2011 年 6 月，是参照国内外公共图书馆总分馆制的成功做法，结合创建第一批国家公共文化服务体系示范项目而开始的。文化馆按照"一个总馆 + 多个分馆 + 若干服务点"的模式，让分馆成为总馆的有机组成部分，让若干基层服务点成为分馆的延伸或补充，实现了公共文化服务有效覆盖。[1]

根据建设一体化、管理一体化和服务一体化的总体要求，大渡口区的主要做法是有以下几个方面。

1. 文化馆总分馆组织机制的创新探索

第一，建立工作协调机制。成立大渡口区"文化馆总分馆制"工作组，定期研究解决建设中的困难和问题；成立大渡口区文化馆总分馆制业务协调组，文化馆总分馆业务由文化馆总馆负责统筹。

第二，实行双向委托机制。在不改变现有行政体制的前提下，通过签订委托协议，实现总分馆上下联动运营。分馆委托总馆对其业务建设进行策划指导，对分馆工作人员业务进行培训辅导，分馆馆长由街镇选派文化专职干部担任，分馆业务副馆长由总馆统一选派业务干部轮岗派驻。总馆委托分馆

[1] 孙道进 . 重庆大渡口实施文化馆总分馆制 [N]. 中国文化报，2013-04-24.

对业务副馆长和所辖区域公共文化设施设备进行统一的统筹管理。分馆接受总馆和街镇的双重管理。

第三，建立双重考核机制。建立总馆对分馆和分馆馆长、业务副馆长、工作人员，街镇对分馆和分馆馆长、业务副馆长、工作人员的双重考核机制。总馆对分馆、分馆馆长和工作人员的考核结果作为街镇年度目标考核的重要依据；街镇对业务副馆长的考核结果作为其个人年度评先评优、分配绩效工资的重要依据。

第四，建立经费统筹运行机制。设立总分馆制运行管理专项基金，用于总分馆日常业务工作基本运行，由总分馆制业务协调组进行统筹管理，确保基金的高效调配使用，并以项目申报及绩效考核等方式，按照《文化专项资金申报管理办法》进行分配，充分调动总分馆开展各项工作的积极性。

2. 文化馆总分馆"五个统一"服务模式探索

第一，统一规划布局。完善总馆、分馆、社区（村）三级公共文化服务网络。以文化馆总馆为龙头，在巩固现有文化馆设施设备的基础上，做大文化馆总馆，建设现代化数字文化馆；打造街镇分馆，建设8个各具特色的主题文化馆分馆，每个街镇建设1个特色文化广场，有条件的社区（村）建设中小型文化广场；全面建成标准化社区文化室，依托现有社区（村）文化室，建设居住小区的楼道文化服务点、社区市民艺术学校作为分馆的末端。打造流动文化馆，把演出、辅导、展览等免费开放文化服务项目送到学校、企业、社区、广场、工棚等群众聚集地，实现从"馆内"向"馆外"延伸。

第二，统一资源调配。文化设施调配使用，将三级公共文化设施设备登记造册，建立文化设施设备数据库，文化馆总馆统筹运营，形成总分馆之间、分馆之间的联动，规范总馆、分馆、社区（村）文化室设施设备标准并统一上墙公示。文化专职干部调配使用，实施"1+N"业务副馆长派驻制，即：每个分馆由总馆两年一轮相对固定派驻1个业务副馆长，其他N个总馆专业干部根据各街镇需要配合协助各分馆业务副馆长开展业务指导工作，实现专业人才的有序流动。

第三，统一服务内容。统一活动组织策划，由总馆牵头组织策划总分馆常年节庆活动、"梦想舞台"活动及特色文化广场等文化活动。统一辅导培训，以"星火人才培训计划"为载体对全区的文化专职干部、文化管理员、文艺团队、文化志愿者进行统一辅导培训，提高文化队伍综合业务素质。统一文化交流，组织总分馆专业干部、文艺团队进行总馆与分馆、分馆与分馆以及区外的横向纵向文化交流。统一文艺创作，由总馆牵头，结合各街镇分馆特色，深入挖掘义渡文化、抗战文化及非遗文化等特色区域文化，开展各具特色的群众文艺精品创作。统一数字服务，将文化馆的文化服务和文化产品与数字技术相结合，开发网站系统、APP 应用系统、线下展示系统，拓展和延伸服务功能。

第四，统一服务标准。制定文化馆总馆、分馆、服务点三级服务标准。

第五，统一管理体系。制定文化馆总馆、分馆、服务点三级公共文化服务机构工作职能职责；制定总馆长、分馆长、业务副馆长的岗位职责和行为规范；制定考核管理、资源调配等一系列管理制度，实现文化馆总分馆管理制度化、规范化。

（二）浙江省嘉兴市文化馆总分馆制

2013 年，嘉兴市借助创建第二批国家公共文化服务体系示范区的机遇，对构建文化馆总分馆服务体系进行了创新性探索，并取得突破性发展。

2015 年 4 月，嘉兴市人民政府办公室出台《关于构建城乡一体化文化馆总分馆服务体系的实施意见》，明确了"以基层为重点，以改革为动力，加强统筹协调，优化资源配置，提高服务效能，发挥文化馆系统的整体优势，建立城乡联动机制，打通公共文化服务'最后一公里'，构建覆盖城乡、便捷高效、保基本、促公平，具有嘉兴特色的城乡一体化文化馆总分馆服务体系"的指导思想，以及"坚持政府主导、坚持城乡一体、坚持效能优先、坚持创新发展"的基本原则，提出到 2015 年底，以县域为基本单元，构建以县（市、区）文化馆为总馆，镇（街道）综合文化站为分馆，村（社区）文化活动中心（文化礼堂）为支馆的"设施成网、资源共享、人员互通、服务联动"的文化馆总分馆服务体系；到 2016 年底，在嘉兴市范围内形成以嘉兴市文化馆为中心馆，以"统一网点布局、统一服务标准、统一数字服务、统一效能评估、统一下派上挂"为主要特点的"中心馆—总分馆"服务体系，不断提升文化馆服务的标准化、均等化水平，满足群众的基本文化需求。

嘉兴市文化馆总分馆制建设的主要做法有以下几点。

1. 加强市文化馆中心馆建设

嘉兴市文化馆既是面向公众提供公共文化服务的市级文化馆，又是总分馆服务体系的中心馆。除履行好现有地区馆职能外，重点加强中心馆职能建设，调整内设机构，承担起规划协调中心、业务支持中心、人才培训中心、创新研究中心和数字服务中心等五大职能，规范服务标识，建设数字平台，加强辅导培训，优化资源配置，不断提升文化馆总分馆体系的服务效能。

2. 强化县级文化馆总馆建设

各县（市、区）文化馆是面向公众提供公共文化服务的县级馆，又是县域范围内文化馆总分馆服务体系的总馆。各地除履行好现有县级馆职能外，重点要强化总馆的职能，设置相应的工作机构。总馆要在中心馆指导下全面参与全市各类文化活动，主动接受全市范围的资源调配，同时实施文化员下派上挂，协调各分馆之间的资源配送，开展文艺骨干培训、活动策划统筹、数字文化服务等，为分馆开展公共文化服务提供支持，开展对分馆的绩效评估。

3. 完善文化馆镇（街道）分馆建设

文化馆镇（街道）分馆以镇（街道）综合文化站为依托，除履行好免费开放等职能外，在总馆的指导下全面承担文化艺术辅导、文化活动实施、文化项目承办、特色文化建设等分馆职能，加强村级文化专职管理员配备和管理，指导、支持村级支馆建设和活动，开展延伸服务。

第一，规范形象标识。镇（街道）文化站增挂县（市、区）文化馆XX镇（街道）分馆牌匾，统一标有嘉兴市文化馆总分馆服务体系形象标识，并做到服务时间公开、服务项目公开、服务内容公开。

第二，明确机构人员。各镇（街道）分馆馆长，原则上由文化站站长或符合条件的文化下派员及其他人员担任，具体由当地政府征求县级文化部门意见后聘任。文化下派员及其他人员担任分馆馆长的，在岗期间享受该镇（街道）中层副职待遇。文化下派员兼任镇（街道）分馆联络员。各镇（街道）分馆建立与总馆相对应的内部工作机构，所辖村级专职文化管理员由分馆进行业务管理，在村（社区）文化活动中心（文化礼堂）开展工作。

第三，统一运行模式。镇（街道）分馆与县总馆互联互通、资源共享，通过创新管理方式，落实总分馆运行机制，承担总馆部署的各项任务，策划、组织本地特色文化活动和培训、辅导、创作，协调好所辖村级支馆之间的文化资源配送，吸引社会力量广泛参与，形成常态化的工作机制。

4. 推进文化馆村（社区）支馆建设

村（社区）文化活动中心（文化礼堂）是文化馆总分馆服务体系的支馆。各村（社区）专职文化管理员任支馆干事。支馆在分馆的指导下开展服务，加强对村级公共文化设施的管理，确保文化阵地长期正常开放、免费开放，创作编排具有本地特色的文艺节目，根据村（居）民需求组建培育村（社区）各类文艺团队，组织开展健康有益的文体活动，丰富基层群众业余文化生活。

5. 推动文化馆总分馆体系化运行

嘉兴市文化馆作为服务体系的中心馆，充分发挥辐射带动作用，在深化与总馆会议联席、活动联办、培训联做、平台联建、场地联用"五联"工作机制的基础上，进一步强化统筹协调，编制《嘉兴市文化馆事业发展规划》，制订文化馆总分馆的服务标准和服务规范，统筹全市性群众文化活动，整合全市范围内文化馆系统的数字资源、人才资源和节目资源，完善效能评估，建立协调机制、激励机制，促进各类资源在体系内流动，最大限度地实现文化馆服务的均衡发展。县级文化馆作为服务体系的总馆，充分发挥龙头和枢纽作用，进一步密切与中心馆、分馆的联系，建立起县域范围内的文化馆总分馆运行机制，统筹协调本地区的演出、展览、培训等活动及设施设备，为分馆提供资源、服务、技术、资金等支持，对分馆开展绩效考核。基层分馆、支馆既要参与落实总馆的各项任务和活动项目，又要挖掘地方特色，策划、组织各类群众文化活动，组建培育业余文艺团队，丰富活跃基层群众文化生活。通过体系化运行，实现嘉兴市文化馆总分馆"统一网点布局、统一服务

标准、统一数字服务、统一效能评估、统一下派上挂"，提高服务效能。

6. 强化文化馆总分馆建设保障措施

第一，加强组织领导。各地、各部门要把构建城乡一体化文化馆总分馆服务体系作为全面深化改革，转变政府职能，加快构建现代公共文化服务体系的重要内容，纳入议事日程，明确目标责任，抓好工作落实。各县（市、区）要抓紧制订实施方案，明确时间表、路线图，加快推进实施。

第二，加大投入保障。市财政部门加大扶持力度，确保中心馆数字文化馆等项目建设、全市文化馆资源调配和体系化运行的资金保障；县级财政部门落实总分馆标准化服务和运行经费的投入；各镇（街道）政府（办事处）统筹规划，把分馆、支馆的运行经费纳入财政预算，确保工作顺利推进。各级政府部门重视多元投入，积极引导社会资本、民间资本等参与公共文化服务体系建设。

第三，健全制度体系。健全调查研究、工作例会、法人治理、绩效评估、考核激励等相关制度。制定了《嘉兴市文化馆总分馆服务体系标准》，实现了文化馆总分馆的制度化、规范化管理。

三、文化馆总分馆制建设存在的问题

文化馆总分馆制是一个全新服务模式，尽管已经开始探索，但亟待破解的制度难题还没有完全解决。

（一）现行体制不适应

我国现行行政管理和财政管理体制与文化馆总分馆制建设要求存在不相适应之处。在行政分级管理、财政"分灶吃饭"的体制下，我国基本上是一级政府建设并管理一个文化馆。不同层级的文化馆之间资源共享互通经常遇到体制壁垒。由于事权与财权不统一，乡镇政府管理文化站的人、财、物，总馆对文化站的管理权限十分有限。各级文化馆、文化站只是业务上的指导和被指导关系，总馆难以对文化站人财物进行统筹调配，一定程度上造成总馆权威性不强，决策不畅通，执行力不高。

（二）财政保障不足

实施总分馆制需要大量的运行、维护经费，虽然市级和县财政拨付了一些经费，但实际运行中资金缺口还是较大。部分地区部分馆在总分馆建设中需要按标准进行重新建设或购买设备，总分馆制建设的日常运行管理、设备更新维护、活动组织等经费严重不足，尤其是中西部地区经济发展相对滞后，有限的文化经费不能满足总分馆体系的正常运转。

（三）人员队伍薄弱

总体上讲，文化馆（站）人员队伍短缺，人员结构单一，人员流动性大，按照现在的用人机制，难以满足文化馆总分馆服务体系的人才需求。文化馆（站）工作人员综合素质有高有低，缺乏专业、统一的业务和技能培训，服务意识不强，服务水平参差不齐，总分馆人员的专业素质和专业水平亟待提高。

（四）发展不平衡

由于全国各地经济社会文化发展不均衡，文化馆（站）的建设区域差距较大，经济欠发达地区文化馆（站）设施较为薄弱，资源分散，设施利用率低，难以形成统一的运行机制，这给文化馆总分馆制的推行带来现实困难。

四、文化馆总分馆制建设的对策建议

在总结国内文化馆总分馆制实践探索的基础上，提出推进文化馆总分馆制建设的建议。

（一）明确基本原则，推进科学建设

1. 坚持政府主导建设。明确县级政府是文化馆总分馆制的建设主体，由县级文化行政部门牵头，相关部门通力合作，打通文化馆总分馆制建设的瓶颈；明确总馆是文化馆总分馆制的实施主体，各分馆共建共享。

2. 以县域为单元建设。原则上以县级为基本单元实施，以现有的文化

馆为总馆，选择有条件的乡镇（街道）综合文化站、村（社区）综合性文化服务中心及工、青、妇、教育等系统的文化设施为分馆，建设纵横联通、线上线下互动的一体化总分馆工作体系。

3. 明确建设组织形式。文化馆总分馆制是一种业务组织形式，而不是行政组织形式。文化馆总馆与分馆的目标任务和服务目的是一致的，但又有不同的工作重点和服务方向。文化馆总分馆制建设要按照业务组织形式的规律进行建设，不能简单地用业务组织形式代替行政组织形式，用行业管理代替政府管理，而是要充分发挥好现有单位的作用，调动各方积极性。

4. 坚持资源共建共享。发挥总馆的统筹功能和分馆的纽带作用，实现所有权与经营权相分离，整合文化馆总馆和分馆的人、财、物和服务、管理等相关资源，实现区域内公共文化资源联通共享和合理配置，提高资源的有效利用。

5. 选择多种建设模式。各地在文化馆总分馆制探索中形成了不同的建设模式，每种建设模式有其自身的优势，也存在不足。各地在文化馆总分馆建设中，要以县级为单元，因地制宜，选择适合本地实际的建设模式，严禁"拉郎配"或"贴牌式"。鼓励各地探索创新，形成新的建设模式。

（二）明确重点任务，保证建设实效

1. 合理规划分馆布局。要按照加快构建现代公共文化服务体系的总体要求，以及服务人口和服务半径、网络设施、工作基础等条件，在充分调研的基础上，以县为单元，依托现有的政府举办和社会力量兴办的公共文化设施，制定本地总分馆制建设规划，努力实现公共文化服务全覆盖。

2. 加强总馆和分馆建设。做大做强文化馆总馆，发挥业务组织和管理的龙头带动作用；做亮做实文化馆分馆，发挥好直接服务基层的作用。文化馆总馆要强化现有阵地建设，搭建统一的数字服务平台，在承担起本馆服务职能的同时，成立专门机构，全面组织实施好分馆设施网络化、业务标准化、管理规范化等统筹协调工作，总馆相关业务部门各负其责；分馆要在总馆的业务架构下，主动自觉接受总馆的业务指导、资源调配、工作安排等。实行

"群文活动统一组织、群文资源统一调配、统一服务标准、统一服务政策",实现总馆和分馆一体化建设和文化馆总分馆体系化发展。

3. 推进服务创新。推进文化馆图书馆总分馆融合发展,尽管文化馆和图书馆总分馆制有自己不同的建设内容和实现形式,但是有的建设内容和实现形式又有着联系,可以探索讲座、展览及区域文化流动等的融合发展。以县级为单位,探索群众文艺创作、群文培训辅导、文艺演出、群文展览讲座等新的实现方式和手段,开展菜单式、网格化、文化走亲、区域联动等服务。同时,要积极主动加强同县域内相关文化机构和社会力量的合作,切实提高建设实效。

4. 提高服务效能。深入推进文化馆(站)免费开放工作,用好用活用够现有公共文化设施,充分发挥设施最大使用效益。

(三)制定扶持政策,提供保障条件

1. 加大财政投入。按照基本公共文化服务标准,结合总分馆体系运行的实际,科学测算所需经费,保障总分馆体系运行经费的投入,县级财政可以统筹与文化馆总分馆体系建设相关的中央财政和省级财政转移支付资金。同时,各级要重视多元投入,积极引导社会资本、民间资本等参与公共文化总分馆体系建设。

2. 加大统筹力度。县级编制、财政、人社、文化部门要积极支持文化馆总馆具有在县域内统筹调配乡镇(街道)文化专干及职称评定、年终考核、资源配置的职权,以增强文化馆总馆的调控力。总馆的人财物资源要加大向分馆流动。同时,总馆、分馆要主动接受有关行政部门的监督检查。

3. 加强标准编制。要根据文化馆(站)建设标准、文化馆(站)评估定级标准及国家基本公共文化服务指导标准、各省基本公共文化服务实施标准,结合当地经济、社会、文化发展实际和财政承受能力,制定文化馆总分馆服务体系标准,厘清总馆和分馆服务标准和业务规范,同时鼓励开展特色服务。同时,要建立总馆和分馆资源统筹调配、服务效果评价的双向机制,纳入现有的免费开放绩效评价内容。引入社会第三方开展公众满意度测评。

文化馆法人治理结构：政策、进展与思考

巫志南[1]

推动包括文化馆在内的公共文化单位建立健全法人治理结构，是党和国家全面深化改革的一项重要任务，是加快建构现代公共文化服务体系的重要内容。文化馆建立法人治理结构，健全决策、执行、监督基本功能，吸收社会各界特别是公众参与决策，对于优化内部治理、提高服务效能、实现公益目标具有重要意义。

一、中央文件、相关法律的规定和要求

（一）中央相关文件精神

党的十八届三中全会《关于全面深化改革若干重大问题的决定》指出，"按照政企分开、政事分开原则，推动政府部门由办文化向管文化转变，推动党政部门与其所属的文化企事业单位进一步理顺关系。建立党委和政府监管国有文化资产的管理机构，实行管人管事管资产管导向相统一"，"明确不同文化事业单位功能定位，建立法人治理结构，完善绩效考核机制。推动公共图书馆、博物馆、文化馆、科技馆等组建理事会，吸纳有关方面代表、专业人士、各界群众参与管理。"

---

[1] 巫志南，国家公共文化服务体系专家委员会委员，上海社会科学院研究员。

中办、国办《关于加快构建现代公共文化服务体系的意见》（中办发[2015]2号）指出，"加大公益性文化事业单位改革力度。按照关于深化文化体制改革和推进事业单位分类改革的要求，理顺政府和公益性文化事业单位之间的关系，探索管办分离的有效形式。进一步落实公益性文化事业单位法人自主权，强化公共服务功能，增强发展活力，发挥公共文化服务骨干作用。全面推进人事制度、收入分配制度、社会保障、经费保障制度改革。创新运行机制，建立事业单位法人治理结构，推动公共图书馆、博物馆、文化馆、科技馆等组建理事会，吸纳有关方面代表、专业人士、各界群众参与管理，健全决策、执行和监督机制。完善年度报告和信息披露、公众监督等基本制度，加强规范管理。加强和改进公益性文化事业单位党组织建设，充分发挥基层党组织的战斗堡垒作用和共产党员的先锋模范作用。"

中共中央、国务院《关于分类推进事业单位改革的指导意见》（中发〔2011〕5号）指出，"面向社会提供公益服务的事业单位，探索建立理事会、董事会、管委会等多种形式的治理结构，健全决策、执行和监督机制，提高运行效率，确保公益目标实现。"

（二）公共文化服务保障法的相关规定

《中华人民共和国公共文化服务保障法》第二十四条规定，"国家推动公共图书馆、博物馆、文化馆等公共文化设施管理单位根据其功能定位建立健全法人治理结构，吸收有关方面代表、专业人士和公众参与管理。"

（三）相关文件和法律的明确要求

1. 政事管办分开。政府文化部门与文化馆理顺关系，政府文化部门由办文化馆向管文化馆转变，相关公共文化服务的具体事务交由文化馆负责。

2. 明确功能定位。根据文化馆特点，科学确定区别于其他公益性文化单位的功能定位，为长期健康持续发展夯实基础。

3. 完善法人治理。文化馆建立法人治理结构，健全决策、执行、监督功能，使之真正成为法治社会条件下的合格主体，强化法人自主权。

4. 强化公益目标。吸收有关方面代表、专业人士、各界群众参与管理，实行公开透明决策，确保公益目标得到实现。

5. 增强发展动力。主动适应公共文化服务社会化发展要求，在不断扩大开放的环境中增强发展活力，发挥骨干作用，带动社会发展，促进文化消费。

6. 健全内部管理。配套推进人事、收入分配、社会保障、经费保障、绩效考核、信息披露等制度改革，以便政府原有关于文化馆的内设机构、经费使用、人事聘任、绩效考评等"办"的职能顺利转移至文化馆。

7. 加强党的领导。探索和创新党委和政府对文化馆"管人管事管资产管导向"的实现形式，注重发挥文化馆党组织的核心作用。

二、文化馆建立法人治理结构所要解决的突出问题

（一）政事不分

党的十八大以来，公共服务型政府建设向纵深推进，"小政府、大社会"建设迫切要求政府部门与文化事业单位理顺关系，改变过去文化事业领域政事不分、政府包办的旧格局。长期以来，文化馆处于以政府文化部门为主的多个"婆婆"管理之下，文化馆长由党委组织部门或政府文化部门直接任命，文化馆办馆资金大多由政府财政支持并由文化部门负责管理使用，文化馆人事由政府编办、人社和文化部门管理，文化馆工作任务则由党委宣传部门和政府文化部门分派、安排和管理。多头管理、多方负责、多项任务、多种要求，使文化馆长期处于零敲碎打、浮光掠影、无所适从、依附性强的基本状况；而文化馆主体角色、主要职责、主营业务、主攻方向不明，又往往导致文化馆因人、因时、因地而异，呈现出随机偶然、波动性大、续存性差、屡遭质疑的尴尬境地。

（二）定位不准

改革开放以来，文化馆的业务越来越复杂、任务越来越繁重，大多承担

了地方政府大量庆典或演出活动，宣传文化部门大量"演出下乡"惠民活动，还有大量自身举办的各种文化艺术培训业务。相当一部分文化馆长天天忙忙碌碌、全年无休，但却说不清楚自己的功能定位和主营业务，其主要原因在于：为政府或有关部门配套的那些服务，可能只是临时委派、调用、抓差，常常被认为可以随时被其他社会主体取代；自己开办的艺术培训服务还难以与社会艺术培训机构类似行为完全区分。

（三）权责不清

截至目前，从拥有"法人机构代码证"角度看，文化馆似乎都已经作为独立的法人单位而存在，但考察各地文化馆通行的章程可以发现，在章程"举办单位的权利"中都规定：核准章程及章程修正案；组建理事会；聘任馆长；监督、考核各项工作；法律、法规和规章等规定的其他权利。这些规定实质是将一切权力归举办单位，文化馆理事会没有真正意义上的决策权，文化馆长因为聘任关系只需要向上级主管部门负责即可。权责不明必然导致的结果是，一方面政府事实上承担着无法推诿的无限责任，另一方面文化馆无法自主决策、管理和运行。

（四）公益不明

文化馆本属于社会公益文化单位，其前身可以追溯到1912年的"通俗教育馆"或"民众教育馆"，设置时的初衷是为了全面推行社会文化艺术教育，用"以美育代宗教"的方式，丰富国民文化艺术生活，提升全体人民的文化艺术素养。当时的"民众教育"与学校教育并行不悖、双轨齐驱，以致80％的社会人口，有能够经常性接受文化艺术教育的主渠道。而今，文化馆虽然作为现代公共文化服务体系的重要组成部分，但公益社会文化艺术教育主渠道的功能已然淡化，社会教育转化为群众艺术，意味着提高国民文化艺术素养的普遍性、深层次严肃文化艺术教育，变异为简单填补公民闲暇时光的"唱唱跳跳"。文化馆过于简单的"唱唱跳跳"行为模式，在一些地区甚至被肤浅地理解为等同于免费的麻将棋牌。

三、文化馆推进法人治理实践案例分析

（一）嘉兴模式分析

1. 基本概况。2014 年初，嘉兴市按照党的十八届三中全会关于推进公益性文化单位法人治理结构建设的指示精神和文化部相关工作要求，结合浙江省公益性文化单位建立法人治理结构试点，把嘉兴市文化馆建立法人治理结构摆在嘉兴市创建第二批国家公共文化服务体系示范区各项工作的重要位置。2014 年初，嘉兴市文广局为稳步推进公共图书馆、文化馆、博物馆法人治理结构，下发了《关于开展市属文化系统法人治理结构试点工作的通知》，明确了试点工作的实施范围、组织保障、工作步骤和有关要求，并制定了市公共图书馆、文化馆、博物馆法人治理结构试点工作实施方案。随后，嘉兴市积极发挥现代公共文化服务体系建设协调机制作用，嘉兴市文广局牵头，会同编委、财政、人社等部门成立试点工作小组，市文化馆全面配合，以建立文化馆理事会为重点加强问题研究和顶层设计。经过将近一年的研究和设计，2014 年 11 月 14 日嘉兴市文化馆理事会正式成立，建立起以理事会为决策层、馆领导班子为执行层、监事会为监督层的具有嘉兴特色的文化馆法人治理结构。

2. 具体做法。一是制定章程。制定了《嘉兴市文化馆章程》，对文化馆的宗旨、业务范围、组织机构、理事会、监事会、职责、运作方式、文化馆人事、资产管理等做出明确规定。《章程》规定了理事会决策权、监事会监督权，规定了文化馆长执行理事会决议、接受理事会和监事会监督、负责日常管理运行的基本职责，规定了文化馆领导班子建立基本管理制度、编制年度工作计划、制定财务预算及年度报告、聘任内部管理人员和专业技术干部等重要职责。二是建立理事会。在嘉兴市文化局指导下，嘉兴市文化馆理事会由 13 名理事组成。其中，市文广局代表 1 人，市文化馆主要负责人 1 人，市文化馆职工代表 1 人，县（区）文化馆总馆主要负责人 1 人，镇（街）文化馆分馆主要负责人 1 人，村（社区）"文化礼堂"负责人 1 人。其余 7 名经市文广局向社会公开招募遴选产生，市文化馆第一届理事会中7名社会理事分别为：市政协文化界委员1人，市律师事务所法人（兼市级人大代表）1人，企业法人（兼省级人大代表、市级政协委员）2人，媒体代表1人，社区文化活动室负责人1人，辖区学校负责人1人。三是建立政府主导、社会共治的决策机制。理事会采取由举办单位委派代表和社会公开招募的理事相结合的方式，结构性地体现了广泛的社会代表性，形成了利益相关方共同治理格局。与此同时，合理安排政府代表在理事会表决中有条件地拥有"一票否决权"，即为了维护政府作为出资方的权益，在涉及文化馆坚持导向、遵纪守法、干部选任、绩效考评、国有财产监管等关键决策中，举办单位委派理事可以使用一票否决权。四是建立理事长产生规则。理事长由举办单位提名，经理事会审议通过产生，理事长连任不超过2届。五是建立文化馆长产生规则。文化馆行政领导班子是理事会的执行机构，馆长为事业单位的法定代表人，馆长由主管部门市文化局党委提名，并经局党委考察，提交理事会审议通过后，按干部管理权限由市文化局任免。六是明确管理层职责。实行馆长负责制，管理层由行政负责人及其他主要管理人员组成，包括馆长、副馆长等，是理事会决议的执行机构，负责文化馆的业务、财务、人事日常管理。馆长为拟任法定代表人人选，经嘉兴市事业单位登记管理局核准登记后，取得本单位法定代表人资格。副馆长由馆长提名，报文广局审批后任用。七是明确馆长权利。馆长根据《章程》及理事会决议，全面负责本单位业务工作与行政管理；负责管理本单位日常事务、负责本单位的人事、财务、资产等管理、组织实施文化馆年度工作计划、组织编制年度工作报告、行使法定代表人的职权、签署本单位重要文件和其他应由单位法人代表签署的文件、参与理事会决策、按照理事会决议主持开展工作以及行使法律法规和《章程》规定的其他职权。

3. 突出亮点。一是建成了具有决策功能的理事会，在理事会性质和构成上，符合中央关于"要明确事业单位决策层的决策地位"，"直接关系人民群众切身利益的事业单位，本单位以外人员担任的理事要占多数"等方面规定。二是"政府主导"有了制度安排，政府向理事会委派一名享有"一票

否决权"的理事,理事长和馆长经举办方提名产生等,可确保文化馆始终坚持正确导向。三是决策、执行、监督"三权"分置,既科学配置、各司其责,又通力协作、监督配合,有利于文化馆长期健康、规范运行。四是以公开招募的方式吸收社会各界人士、群众代表参与决策,既体现了程序公正、操作透明,又有助于文化馆公益目标的顺利实现。

(二)张家港模式分析

1. 基本概况。2014 年 9 月,张家港市在全国率先探索建立文化馆总分馆体系,以张家港市文化馆为总馆、各镇(街)文化站为分馆、各村(社区)文化中心为支馆、各文化网格为服务点,形成 4 级节点、全面覆盖、统一规范、一体运行。张家港市目前已建成具有"10 进制"特点的总分体系,即 1 个文化馆总馆,14 个镇(街)文化站分馆,113 个村(社区)支馆,1072 个文化网格,全面解决了基层公共文化资源分散、各自为政、孤岛运行带来的公共文化服务不均等、小众化、效率低等问题。为进一步完善文化馆总分馆服务体系,2014 年 10 月 20 日,张家港文化馆总分馆理事会正式成立。为进一步强化张家港市文化馆"总馆"功能和龙头作用,2017 年 2 月 18 日,张家港市文化馆理事会正式成立。

2. 具体做法。一是明确市文化馆总分馆理事会为全市文化馆总分馆服务体系的决策机构。二是结合市文化馆总分馆整个组织体系和运行特点确定了 23 名常务理事、19 名个人理事和 7 家单位理事,其中严格按中央要求包括了相关单位代表、专业人士、各界群众以及基层网格文化员。三是明确市文化馆总分馆理事会理事长由市文广新局副局长兼任。四是依托文化馆总分馆理事会由社会各界构成的优势,带动全市群众文化资源、各级公益性文化场馆的整合、管理和利用。五是张家港市文广局和张家港市文化馆邀请公共文化服务专家担任理事长,以便加强文化馆各项研究和创新工作,并严格按照中央有关规定建立了理事会。

3. 突出亮点。一是在文化馆总分馆体系上建立理事会,广泛吸收基层文化组织、群众代表参与决策,对于提高文化馆总分馆服务体系的完善度和运行效能具有重要意义。二是坚持政府主导，政府文化主管部门分管领导担任理事长，加强了政府对整个文化馆总分馆服务体系建立、指导、管理和支持职能，也符合中央关于公益性文化单位理事长任职的相关要求。三是吸引相关文化专家进入理事会，既符合中央关于吸引"专业人士"参与决策的要求，也有利于加强和提升文化馆研究和创新能力。

四、文化馆建立法人治理结构的基本要点

（一）理顺政府与文化馆的关系

公共文化服务是政府基本公共服务之一，属于政府的基本职能，所以"政府主导"是由公共文化服务的基本性质所决定的。政府主导不是一时，而是始终，无论政府采取直接提供公共文化服务，委托公益性文化单位提供公共文化服务，还是面向全社会购买公共文化服务等方式，都不能"掉链子""甩包袱"。在"政府主导"的前提下，文化馆作为公益性文化单位，作为公共文化服务体系的骨干之一，主要承接政府面向全体人民的群众性文化艺术服务。文化馆在整个公共文化服务体系中，既要"独当一面"，履行好满足人民群众基本文化艺术需求、提升全民文化艺术素养的特殊责任，又要时刻遵循党和政府对公共文化服务的原则和要求。

（二）重建文化馆社会文化教育主渠道

与公共图书馆在世界范围内呈现出存在形态的普遍性、基本属性的明确性、核心功能的同一性、服务规范的统一性不同，文化馆更具有中国的独特性，与中国主流意识形态有着无法分割的紧密联系，甚至属于中国特色社会主义文化在公共服务领域的基本配置，显现出党和政府文化阵地的鲜明属性。因而在中国，公共图书馆可以遵循国际惯例在公共文化服务体系中作为"重点单列"，而文化馆则更具有中国特色社会文化教育"主渠道"的特性。在现阶段，社会基层思想文化日趋复杂，公众文化艺术素养亟待提升，文化馆

尤其迫切需要正本清源、准确定位，从"唱唱跳跳"回归社会文化艺术教育本位，逐步恢复、重建和完善党和政府教育社会、淳化环境、弘扬正气、提升素养的主渠道。

（三）制订文化馆章程

深化文化馆体制机制改革，推动文化馆建立法人治理结构，需要从制订文化馆章程入手。其中，关于文化馆的功能定位，文化馆举办单位权利，文化馆理事会职责，文化馆理事、理事长和馆长产生办法等是需要确定的重点内容和关键环节。研究制定文化馆章程的思路是：立足于建立完善的文化馆法人治理结构，在时代发展的高起点上，明确文化馆社会文化艺术教育主渠道功能定位，坚持正确导向和政府主导，按照政事分开、管办分离的要求，逐条梳理举办单位和文化馆理事会权利，围绕确保公益目标实现科学设定理事会组成结构和产生办法，合理划分举办单位和文化馆决策、日常管理运行等方面具体事项权限。

（四）因地制宜选择文化馆建立法人治理结构的路径方式

目前，各级各类文化馆建筑面积、从业人数、服务功能等方面存在较大差距，文化馆总分馆服务体系建设进度也不一致，客观上需要分类推进文化馆法人治理结构建设。省（市、自治区）级文化馆规模大、人数多，组织指导、课题研究、资源建设、"非遗"保护、队伍建设、活动开展、系统管理等功能较为明确和稳定，宜严格按照中央要求建立具有决策、执行和监督功能的理事会、管理层和监事会，进而建立完善的管理制度和评价体系。地市级文化馆属于区域中心馆，重点聚焦区域群众文化艺术发展，围绕更好地发挥区域中心馆职能建立法人治理结构，在这方面，嘉兴模式具有借鉴意义。县域群众文化艺术事业的特点是建立总分馆服务体系的体量适中，开展社会文化艺术教育的基层服务性强，统筹资金投入、资源建设、队伍建设、服务规范和绩效评价等方面的要求十分迫切，比较适宜将县文化馆建立法人治理结构与县域文化馆总分馆服务体系建设紧密结合，在做强县馆的同时带动县域群众文化艺术服务体系提升，推进整个县域群众文化艺术服务的有效覆盖和均衡发展。

（五）做好政府放权的工作部署

文化馆建立起较为完善的法人治理结构之后，政府应当秉持深化改革、扩大开放的精神，切实放权，加大对文化馆自主管理运行的支持力度。建议政府文化部门以试点方式逐步下放相关权力，包括：一是经费使用权，原由政府文化部门代管的公共财政支持文化馆建设、管理、运行定向拨付的各项资金，可逐步交由文化馆理事会决策。二是内设机构权，文化馆根据形势变化需要调整内设机构，可由文化馆长研究制定内设机构调整方案，提交理事会讨论通过，报主管部门备案后予以实施。三是人事聘任权，文化馆人事聘任存在较大的特殊性，文化、人事主管部门应予以更多支持，逐步扩大文化馆长对急需人才、特殊人才的聘任权限。四是内部考评权，为提高文化馆理事会和领导班子运行管理效率，应下放现由文化主管部门掌握的文化馆人员考核权限，逐步交由文化馆理事会和馆长实施。五是奖惩激励权，文化主管部门应逐步下放与内部考评权相衔接的奖惩、激励权限，交由理事会和馆长实施。

（六）充分发挥文化馆党组织核心作用

中共中央国务院《关于分类推进事业单位改革指导意见》强调要"全面加强事业单位党的建设"，"充分发挥党组织在促进事业发展、完成本单位中心任务中的领导核心或政治核心作用，保证党的基本路线方针政策在事业单位的贯彻执行"。中宣部、文化部等七部门《关于深入推进公共文化机构法人治理结构改革的实施方案》，把加强党的建设作为改革的主要内容之一，明确要求举办单位要加强对公共文化机构党建工作的领导，落实意识形态工作责任制，完善"双向进入、交叉任职"的配备方式，凡涉及公共文化机构改革发展稳定和事关职工群众切身利益的重大决策、重要人事任免、重大项目安排、大额度资金使用事项，党组织必须参与讨论研究，理事会做出决定

前，应征得党组织同意。文化馆说到底是党和政府服务群众、教育人民、推动社会发展的重要文化阵地，文化馆建立法人治理结构必须有利于加强党的领导，有利于将党的意志转化为文化馆具体的决策和行动。

区域文化联动与全民艺术普及

徐 玲[1]

一、区域文化联动的兴起

"区域文化联动"这一理念和模式最早由江苏省苏州市吴江区提出。2003年，吴江在全国率先启动区域文化联动，活动以电影联演、书画联展，优秀社团联评、文艺创作联动和理论研究联动为主要内容，以广场文化活动的方式开展巡回演出，建立区域内文化交流、互动、互惠、共建、共创、共荣的机制和格局。至2016年，吴江区域文化联动已连续举办13届。10多年来，吴江不断拓展区域文化联动的活动内容，努力提升品牌影响力。从最初的"三镇联动"起步，到后来的"十镇联动""长三角区域联动"京杭大运河沿线联动、太湖区域联动再至2015年举办的"中国民间文化艺术之乡"民歌山歌展演全国联动，吴江区域文化联动已成为国内外颇具影响力的公共文化服务品牌。

吴江区实施的"区域文化联动"，集聚全社会的力量，以提升参与区域公共文化服务能力为直接目的，有效地整合了区域文化资源，促进了区域内外文化的交流与融合，丰富了公共文化产品的供给，提高了公共文化服务效能，促进了基层文化的繁荣和发展。

---

[1] 徐玲，北京文化艺术活动中心理论部主任。

通过区域文化联动，吴江在公共文化设施建设、群众文艺创作、业余文艺团队建设、非遗保护等各个方面取得重大进展。吴江区域文化联动先后获评"全国特色广场文化活动""全国第三届文化部创新奖""国家文化创新工程项目""农民工文化服务示范项目"等，并作为先进经验在全国推广。

从全国范围来看，很多省区市的公共文化机构、团队之间很早就开始各个层级、各个区域之间的交流合作，如四个直辖市群众艺术馆组织的"京津沪渝"都市风采展示活动等有着多年的历史。随着近年来现代公共文化服务体系构建步伐的加快，从国家顶层设计角度，加大了推动区域文化联动的力度，并与国家公共文化服务体系示范区（项目）创建工作紧密结合起来。

二、区域文化联动与国家公共文化服务体系示范区（项目）创建

（一）国家公共文化服务体系示范区（项目）创建工作

2011 年，文化部、财政部共同实施了国家公共文化服务体系示范区（项目）创建工作，主要目的是推动落实地方党委、政府的主体责任，研究和解决公共文化服务体系建设面临的突出矛盾和问题，为推进现代公共文化服务体系建设探索路径、积累经验、提供示范。按照工作安排，示范区创建以地市级人民政府为主体，示范项目创建以地级市文化行政部门为主体，用 6 年时间分 3 个批次创建 90 个示范区、100 多个示范项目，覆盖、带动全国 1/3 以上的市县，整体推动全国现代公共文化服务体系建设。

国家公共文化服务体系示范区（项目）创建工作自开展以来，2011 年第一批 28 个示范区、28 个示范项目；2013 年第二批 32 个示范区、57 个示范项目；2015 年第三批 30 个示范区、54 个示范项目获得创建资格。各创建城市（地区）党委、政府高度重视，创建工作全面扎实推进，形成了一批具有借鉴推广价值的制度设计成果、典型经验和特色做法。

（二）公共文化示范区区域文化联动的目的和范围

为充分发挥示范区（项目）的典型示范带动作用，促进示范区（项目）创建城市之间及与其他城市之间"互学、互看、互促"和优秀公共文化资源交流共享，文化部决定在全国范围内组织开展区域文化联动活动。2015、2016 年，文化部下发了关于组织开展国家公共文化服务体系示范区（项目）创建城市区域文化联动活动的通知（办公共函〔2015〕402 号，办公共函〔2016〕129 号），由文化部牵头，按照东北（辽宁、吉林、黑龙江）、华北（北京、天津、河北、山西、内蒙古）、西北（宁夏、新疆、青海、陕西、甘肃、兵团）、华东（山东、江苏、安徽、浙江、福建、上海）、华南（广东、广西、海南）、西南（四川、云南、贵州、西藏、重庆）、华中（湖北、湖南、河南、江西）七个片区，各示范区城市和示范项目单位结合本地特色，开展以大舞台、大讲堂、大展台为主要形式的区域文化联动。

文化部通过举办区域文化联动活动，统筹全国同类型示范区（项目）创建城市的公共文化资源，组织开展多层次、多类型的区域文化交流和联动，促进优秀公共文化资源共建共享。各地围绕国家公共文化服务体系示范区（项目）创建中的创新实践和亮点特色精选活动主题，精心策划活动项目和内容，鼓励交流形式多样和内容创新。同时各级政府加大宣传力度，采取多种形式、多渠道宣传示范区（项目）创建取得的经验和成效，发挥示范区（项目）的辐射带动作用。各地区总结推广典型经验，交流分享创建成果，取长补短，优势互补，共同促进全国现代公共文化服务体系建设。

（三）公共文化示范区区域文化联动的主要形式

区域文化联动的开展主要分两个层级。一是由文化部牵头，在全国范围内组织开展专题经验交流活动。专题经验交流活动采取分类型、分主题的方式进行。由开展同类型研究或同主题实践的示范区（项目）创建城市围绕主题进行交流研讨，研讨主题包括公共文化服务标准化、均等化、社会化、数字化、群众文化活动开展、基层人才队伍建设、服务效能提升、体制机制创

新等，示范区（项目）创建城市交流分享创建经验，展示创建成果。二是由各省（自治区、直辖市）文化厅（局）牵头，以示范区（项目）创建城市为主体，组织开展本省（区、市）示范区（项目）之间以及跨省（自治区、直辖市）示范区（项目）之间的区域文化联动，加强示范区（项目）创建城市之间的互动交流。

文化部组织开展的专题经验交流活动主要采取"听、看、评"方式进行。"听"，主要听取开展同类型研究或同主题实践的示范区（项目）创建城市介绍经验；"看"，主要现场考察示范区（项目）创建城市的创建成效；"评"，主要是邀请专家分析点评，互相学习借鉴。

各地根据实际，自行策划并组织实施区域文化联动，主要有几种类型：一是联盟。鼓励组建区域公共文化建设联盟，签订区域间经常性活动合作协议，建立长效合作机制，促进区域间优秀公共文化资源共建共享。二是创建成果推广会议，组织召开国家公共文化服务体系示范区（项目）创建工作成果推广会议。三是讲座。组织文化专家学者、艺术人才和技术人才等就示范区创建、文化策划、文艺辅导等内容开展专题讲座，开展交流研讨。四是展览。鼓励运用现代信息科学技术和传播手段，采用实体与网络、固定与流动相结合的方式，就示范区（项目）创建成果、城市文化、文化传承等内容开展文化展览活动。五是演出。结合各地群众文化品牌活动的开展，组织优秀文化资源和群众文艺精品深入基层一线，为群众提供生动活泼、形式多样的文艺演出。

（四）公共文化示范区区域文化联动的效果评价与机制框架

区域文化联动的综合评估结果分别纳入第一、二批国家公共文化服务体系示范区（项目）动态管理、复评成绩和第三批创建国家公共文化服务体系示范区（项目）验收评审中。

国家公共文化服务体系示范区（项目）创建工作领导小组办公室对区域文化联动工作进行总结，根据综合评估结果，对表现优秀的国家公共文化服务体系示范区（项目）创建城市给予表扬和奖励。

区域文化联动是国家对示范区进行过程管理、阶段性总结的重要手段，示范区创建城市之间开展区域文化联动，在文化联动中既看到各自的创建成绩和工作亮点，也看到各自的文化差异，互相交流，取长补短。公共文化服务体系示范区（示范项目）之间的区域文化联动，打破传统的行政区域局限，发挥了示范区（示范项目）的示范作用和辐射功能，推动了我国公共文化服务体系示范区建设的整体水平。

区域文化联动当前已经形成由文化部公共文化司主办，三批示范区、示范项目创建城市负责承办，各省（自治区、直辖市）文化厅（局）、其他城市广泛参与，国家公共文化服务体系建设专家委员会协助参与的多层次、常态化的交流渠道和工作机制，为全国公共文化服务体系示范区（示范项目）创建提供了工作交流、经验分享的平台，为中央与地方、政府与学界共同推动公共文化建设搭建了互动平台。

（五）公共文化示范区区域文化联动案例

山东省青岛市把示范区区域联动项目列入"2015 东亚文化之都—青岛文化活动年"系列主题活动，邀请上海、天津、成都、西安等示范区创建城市参与，以市民喜欢的草根选秀形式，展开"歌王""舞王""戏王""琴王""秀王"的选拔和角逐，将区域文化联动打造成接地气、连民心的文化惠民项目。

2015 年 10 月 14 日，在宁夏石嘴山市文化艺术中心，"舞动石嘴山·百姓大舞台"区域文化联动群众文艺演出精彩上演，为 2015 年国家公共文化服务体系示范区（项目）创建城市区域文化联动西北片区经验交流活动画上了圆满的句号。来自陕西、甘肃、新疆以及宁夏等省区的 16 个创建城市的代表，以现场会的形式交流了创建心得，并实地考察了石嘴山市的公共文化设施，了解了他们的创建成果。

2015 年 10 月 21 日，在哈尔滨市南岗区，东北地区的 24 个国家公共文化服务体系示范区（项目）创建城市，共同签署了战略合作协议，建立起合作联盟，并达成 5 项工作共识：开拓创新，构建区域性公共文化建设的重要

支撑；资源共享，实现全方位的文化艺术互动；互通信息，搭建公共文化服务信息平台；优势互补，定期开展公共文化工作交流；健全制度，建立联盟长效合作机制，努力将联盟打造成区域文化交流的新典范、沟通合作的新平台。

三、各地开展区域文化联动掠影

（一）2015 年

2015 年，全国各地城市或组建联盟文化联动，或在省内开展区域联动，逐渐形成多种形式的联动模式。

2015 年新春之际，西宁举办"文化动车——丝路情·夏都行"为主题的《乔你到西宁过大年》春节文化活动（乔，青海方言为"请"的意思），来自"5+1"联盟单位（西宁市群艺馆、陕西省艺术馆、延安市文化艺术中心、宁夏银川市文化艺术馆、甘肃敦煌市文化馆和新疆奎屯市文化馆）的民间艺术家们为广大市民奉献了具有民族特色、地域特色、时代特征的文艺作品，标志着"文化动车"正式从西宁出发。"文化动车"分别开进陕西铜川和宁夏银川开展文化交流演出；8 月，"文化动车"赴新疆敦煌，参加丝绸之路非物质遗产传承保护（敦煌）研讨会暨首届敦煌民俗文化节非遗活动周。

2015 年 12 月，西宁市群众艺术馆与青海省文化馆、海东市以及海西、海北、海南、黄南、玉树、果洛州群众艺术馆结为首批"青藏高原现代化中心城市文化旅游发展省、市、州文化（群艺）馆'8+1'战略联盟"。

从"5+1"联盟到"8+1"联盟，都以建立联盟联席会议制度为基础，每年由联盟方轮流组织举办活动，共同打造群众文化活动交流平台、民族民间美术与非遗展示平台、群众文艺创作与理论研究平台、群众文化人才培养与资源共享平台，共同提升区域文化馆公共文化服务能力和管理水平。

为了提升公共文化服务能力，开创群文工作新局面，促进事业发展，本着"艺术交流，注重实效，项目合作，共同发展"的原则，天津市滨海新区塘沽、汉沽、大港文化馆分别与北京市石景山区文化馆、内蒙古自治区锡林郭勒盟群众艺术馆、河北省易县文化馆缔结友好馆，建立馆际联系机制，启动专业技术干部培训、交流工程，建立开展活动联动机制。11月30日，"京津冀蒙文化馆馆际合作签约仪式暨京津冀蒙友好馆书画摄影作品联展"在滨海新区大港文化馆隆重举行，这是"四地"充分发挥区域文化资源优势和区位优势，开启文化馆跨区域交流合作的创新之举。

（二）2016 年

2016 年，各地建立区域文化联盟等方式，搭建了多层次、常态化的交流平台，推动全民艺术普及工作的深入开展。

由沈阳、长春、哈尔滨三市群众艺术馆联合举办的东北三省省会城市"群星绽放闹元宵"专场文艺演出在沈阳举行，这是三个城市群众文化工作者在正月十五期间为沈阳市民奉献的一场文化大餐。自沈阳、长春、哈尔滨三市的区域文化联动项目正式启动以来，三市的文化志愿者们已为广大群众奉献了多项文化精品演出，深受好评，进一步促进东北三省省会城市文化的交流合作，推动区域公共文化融合发展。

北京市东城区以区域化创新合作理念，积极贯彻京津冀协同发展国家战略建设，联手北京市朝阳区、天津市和平区、河北省秦皇岛市等11个市、区，打造"京津冀公共文化服务示范走廊"发展联盟先行先试平台，合作互补、协同发展。通过编制专题发展规划，放大示范效应，推动形成集中连片的公共文化示范区域，促进京津冀公共文化服务体系建设全面合作、深度交流、整体提高。

文化部"春雨工程"——湘鄂文化志愿者区域文化联动，推动了湘鄂两地艺术交流，促进了两地文化志愿服务工作学习交流。通过区域联动，增进两地友谊，提升文艺水平，推动艺术普及。

河南省郑州市群艺馆联合中国书画院、河南大学郑州校友会书画院、河南当代中国书画院等10余家画院组成"中原书画院艺术联盟"，为打通书画院相互交流渠道，进行了有益的探索。联盟成立后组织了"豫韵丹青"国画展系列活动，展览赴北京、广州、武汉等市进行巡展。

公共文化流动服务与全民艺术普及

武俊平[1]

一、公共文化流动服务的概念、类型及特点

公共文化流动服务，是指为了满足固定文化设施服务难以覆盖的人群的公共文化需求，根据农村、偏远山区、牧区和海岛等地方地广人稀的特点，而开展的流动性的公共文化服务方式。

公共文化流动服务的类型，根据服务的内容与载体，可以划分为如下类型。

一类是依托公共图书馆的流动服务，亦称"流动图书馆"。二类是依托文化馆（站）的流动服务，亦称"流动文化馆（站）"。三类是依托各级博物馆的流动服务，亦称"流动博物馆"。四类是依托数字文化工程的流动文化服务，亦称"流动数字服务"。五类是依托农村电影放映工程的流动文化服务，亦称"流动电影院"。

相对于固定公共文化设施而言，公共文化流动服务机动灵活、简便易行、便捷高效，服务内容丰富、形式多样、贴近百姓、接地气，资源可以有效整合，互联互通，在全民艺术普及中起着不可或缺的重要作用。公共文化流动服务实质上是一种"上门服务"，体现了公共文化服务的主动性和亲和力，

---

[1] 武俊平，内蒙古群众艺术馆研究馆员，内蒙古群众文化协会秘书长。

104

推动了全民艺术普及向基层延伸。

二、公共文化流动服务的政策导向与独特优势

（一）公共文化流动服务的政策导向

由于我国各地情况不同，欠发达地区与发达地区、边疆与内地差别很大，依靠固定文化设施开展文化服务不能满足本地区农民群众的文化需求。我国的流动文化服务由来已久，1957年诞生于内蒙古大草原的乌兰牧骑就是流动文化服务的典型例子。

2014年5月，文化部专门下发了《关于加强流动文化服务工作的意见》，强调了加强流动文化服务工作的重要性和必要性，明确了加强流动文化服务工作的指导思想、基本原则和主要目标，提出了加强流动文化服务工作的重点任务是完善流动文化服务网络、创新流动文化服务运行方式、丰富流动文化服务内容、培育流动文化服务品牌、健全流动文化服务工作机制。2015年1月中共中央办公厅、国务院办公厅印发《关于加快构建现代公共文化服务体系的意见》明确提出："大力开展流动服务和数字服务，打通公共文化服务'最后一公里'。推进城乡'结对子、种文化'，加强城市对农村文化建设的帮扶，形成常态化工作机制。" 目前，流动文化服务已与阵地服务、数字化服务一起，成为公共文化服务的重要组成部分。

（二）我国公共文化流动服务的独特优势

近些年来，我国各地结合实际，在公共文化流动服务方面取得明显成绩，流动文化服务在现代公共文化服务中体现出独特优势：一是流动文化服务提升了公共文化服务效能，弥补了阵地文化服务的局限，扩大了公共文化服务半径，进一步保障了基层群众的基本公共文化需求。二是流动文化服务和数字文化服务一样，都是固定文化设施功能的拓展和延伸；从效果上来看，对于地广人稀的地域，流动文化服务的覆盖比固定设施的覆盖更经济。文化大

篷车、流动图书馆、流动博物馆等流动文化服务，把优质的文化资源输送到最基层，盘活了各地文化存量，对于文化输入地而言，又是新的文化增量，丰富了公共文化产品的有效供给。三是流动文化服务不仅可以向下流动，同样可以向上流动。带有浓郁乡土气息、民族特点、民俗特色的"文化进城"，可实现文化反哺，与"文化下乡"双向互动，实现公共文化服务城乡一体化。四是流动文化服务打破地域和行业界限，实行跨部门、跨行业、跨地域公共文化资源的整合，推进公共文化机构互联互通，实现区域文化共建共享。

三、我国公共文化流动服务的典型案例

（一）内蒙古鄂尔多斯市的流动文化服务

鄂尔多斯市地处内蒙古自治区西南部，面积 8.7 万平方公里，人口 194 万，是以蒙古族为主体、汉族为多数的地广人稀的少数民族地区。鄂尔多斯市在创建国家公共文化服务体系示范区工作中，流动文化服务创新，成为创建工作的显著特色。

苏木（苏木来自蒙古语，指一种介于县及村之间的行政区划单位。在内蒙古自治区，一般来说，镇是工业区，乡是农业区，而苏木则是牧业区）乡镇体制改革后，综合文化站数量减少，文化服务点与农牧民的距离拉大，文化阵地活动逐渐与农牧民疏远。牧区一个苏木镇有的面积达到 6000 多平方公里，公共文化服务覆盖面和便利性遇到了新问题。鄂尔多斯文化行政部门意识到解决这一问题的最好办法就是发展流动文化服务，把文化送到离农牧民最近的地方。其主要做法：

1. 政府主导，建立流动文化设施体系

鉴于过去的文化车已不适应当前的新情况，2012 年，鄂尔多斯市政府一次性投入 8000 万元，统一购置 111 辆机动文化车、74 台流动电影放映车和 1030 套乐器、灯光、音响设备配送到市、旗区、苏木乡镇、嘎查村等全市各公共文化单位，为发展流动文化服务提供了有利条件。全市普遍建立了

流动图书馆、流动文化馆、流动文化站、流动博物馆和流动电影站。

流动文化车带上图书报刊、展览、电影、文艺演出队、文化科技普及资料以及各类专业技术人员深入到基层，深入到各地举行的"节庆文化日""农牧民文化日"以及敖包祭祀、那达慕会等，开展丰富多彩的文化活动，并进行文艺辅导、乐器修理、文物鉴赏等工作，使流动文化服务成为鄂尔多斯文化建设的一个亮点。流动文化车不仅成为农村牧区文化传播的载体，而且成为党和人民群众的纽带，深受人们的欢迎。

2. 流动文化服务走向规范化、制度化、常态化

在构建现代公共文化服务体系进程中，鄂尔多斯市群艺馆作为公共文化服务龙头单位，多年来坚持为基层农牧民服务，长期活跃在基层，每月派出流动文化车到各旗区进行一次巡回服务。市群艺馆发挥业务人员一专多能的特点，节目种类丰富，突出民族风格、地区特色和时代精神，开展"演出、宣传、辅导、服务"等方式开展流动文化服务。开展流动文化服务，深入基层精心指导，鄂尔多斯各地逐步形成了一批具有民族风格特色、地域文化特点的文化品牌活动，打造出了漫瀚调艺术节、阿尔寨文化节、响沙文化旅游节、阿拉格苏力德文化节和萨拉乌苏民间艺术节等一大批有较大社会影响的文化品牌。

3. 发挥民间文化组织和家庭文化户在流动文化服务中的作用

近年来，鄂尔多斯市一方面得益于经济建设的突飞猛进，牧民物质生活的提高，另一方面又基于雄厚的文化底蕴，一大批家庭文化户脱颖而出，鄂尔多斯市党政部门发挥民间文化组织和家庭文化户在流动文化服务中的作用，对这些家庭文化户予以政策和资金上的扶持、奖励，活动开展上的引导和规范。如乌审旗的"文化独贵龙"，他们中有农民诗人之家、牧民文艺之家、藏书户、农牧民自建的图书馆、自办的妇女学校等。政府在充分肯定这一文化现象的同时，做出了在全旗各苏木镇嘎查村中组建"文化独贵龙"的决定，并相继出台了《示范文化户文化独贵龙民间文艺团队资助及管理办法》《文化独贵龙管理办法及标准》，有效地推动了"文化独贵龙"的发展。

（二）浙江衢州市的"流动文化加油站"

近年来，浙江省衢州市推出了"流动文化加油站"，深入山区农村开展流动文化服务，得到各级领导的充分肯定。据统计，常年活跃在衢州基层的"流动文化加油站"每年赴基层送书 10 万册、送戏 1000 场、送电影 2 万场、送培训辅导 2000 次、送讲座展览 1000 次，受益群众达 500 多万人次。

衢州市流动文化服务起始于"农家乐"文化大篷车，从 2005 年开始，衢州便购置了送戏演出的专用车辆，每年到农村送戏演出 200 多场，并在具体实践中形成了"文化加油站、精神新家园"的主题思路，相继推出了"流动文化馆""流动图书馆""流动电影院""流动博物馆""流动青少年宫""96811 流动图书馆"等服务载体，将市、县两级文化馆、图书馆、博物馆经常性举办的展览、讲座、培训等系列公共文化服务，有计划主动送到农村，送到乡村人口聚集区，极大地延伸了公共文化服务的触角，实现了行政村全覆盖。

在做好公共文化服务全覆盖的同时，衢州将流动文化服务的重心向农村倾斜、向边远山区倾斜、向特殊群体倾斜。针对留守儿童比较多的村镇，为留守儿童服务的"暑期电影欢乐送""手拉手结对留守小伙伴"等活动，让农村的孩子也能享受丰富多彩的文化生活。针对残障人士、农民工等特殊群体，衢州也开展不同特色的流动文化服务。市图书馆依托浙江省视障信息无障碍联盟的图文资源，主动联系市残联，根据掌握的市区视障人士的信息，上门送去文学、按摩、推拿等方面的盲文书籍。

与此同时，衢州市"流动文化加油站"建设以有场所、有活动、有队伍、有机制"四有"为基本标准，公益式、直通式、多元式、播种式"四式"为基本途径，通过统一规划、分步实施，在全市逐步建成了以城区公共文化服务设施为源泉，各类流动文化服务载体为驱动，农村文化礼堂为辐射服务区，公共文化服务覆盖全市行政村的公共文化均等化服务体系。参与"流动文化加油站"服务活动，对衢州市的文化工作者来说，既是送服务，也是到群众中受教育；既是展示才华，也是采风找灵感积累素材；既是丰富群众的文化生活，也是充实自己的精神世界。

衢州市实现了固定的文化馆、文化站与流动文化服务的有机结合，由文化馆在业务上提供辅导、培训，乡镇文化站成为文化进村的中转站；将专业艺术团与义工艺术团结合起来，激发了普通百姓的参与热情，整合了流动文化服务资源。衢州市在流动文化服务形式、服务内容、考核标准等方面，形成全市统一的规范和制度，建立完善流动文化服务的经费投入、激励考核、共建共享等保障机制。

（三）四川成都市的"百姓故事会"巡讲活动

2012 年 2 月底，四川省成都市全面启动"百姓故事会"巡讲活动。"百姓故事会"与"法制大讲堂""全民太极拳"一起，被成都市委确定为构建社会主义核心价值体系、深化基层宣传工作的三大活动。

"百姓故事会"巡讲活动紧紧围绕扎实推进社会主义核心价值体系建设，以"传播主流价值、丰富文化生活、提升文明素养、展示成都精神"为目的，内容包括基层现场故事会、百姓故事会 PK 赛、百姓网络故事会等五个主题活动。其主要做法：

1. 建立健全组织机构，形成环环相扣的工作体系

自 2012 年开始，成都市委先后多次发文，制定出台开展百姓故事会活动的实施意见。市委宣传部会同有关部门和各区（市）县，提出了"有组织领导、有活动场地、有经费保障、有骨干人员、有提炼故事、有活动现场背景、有活动记录"的"七有"要求。全市还建立故事资源库，编印《百姓故事会》月刊。市委宣传部委托专业调查机构对"百姓故事会"的社会影响力进行调查评估。

2. 重心下移，活动通过三个圈层，波及到了最基层的村和社区

"百姓故事会"重心下移，活动通过三个圈层，波及最基层的村和社区，成都的一圈层通过"故事会结对"的方式，向县市的二圈层流动，乡镇三圈层承上启下，向最基层的四圈层村级流动。成都市文化馆创办的《成都百姓故事》全部免费发放到村文化室，发行量上万册。为了培养乡土故事员，他

们采取了"三级网络联动式"的培训，通过活动层层选拔出县级优秀故事员，经过规范、严格的培训；培训后的故事员又深入下去，对乡镇故事员进行培训；村级故事员又由乡镇故事员培训。培训的方式也非常新颖活泼，有现场示范讲解、现场互动讲述、视频学习等多种方式。

3. 以生活化、灵活性为特色，调动群众广泛参与

成都"百姓故事会"活动以生活化为特色，旨在调动群众广泛参与，让"身边人在身边讲身边事"。活动因内容的生活化而丰富多彩，既有传统段子，也有现代故事；既可有备而来，也可现场发挥；既可以讲自己，也可以讲别人。由于故事会的内容随群众的需求而定，因而带有灵活的随机性，实现了常讲常新，令群众百听不厌。"百姓故事会"的活动形式不受场地限制，因此哪里都可以是听故事的场所，为乡村、社区开展此项活动提供了极大的方便。

四、公共文化流动服务的实践启示

（一）公共文化流动服务是实现全民艺术普及目标的重要举措

受城乡二元结构的影响，我国的公共文化服务在城市和乡村出现了两极分化现象，城乡公共文化服务水平的落差既反映了城乡经济社会发展水平的差距，又助长了城乡差别的持续扩大。因此，打破城乡二元结构，分阶段实行均等化，最终实现一体化，将贯穿我国城乡一体化进程的始终。同时，我国幅员辽阔，东西部经济社会发展程度差距很大，特别是边疆少数民族地区，固定的公共文化设施很难做到服务人群的全覆盖。城市同样存在公共文化服务的盲区，比如农民工和老弱病残者的公共文化服务。

全民艺术普及，因其主体的多样性、复杂性，需要充分运用多种载体，搭建多种平台。而公共文化流动服务，因其灵活性、便捷性、开放性，在全民艺术普及中起着重要作用。开展公共文化流动服务，实现与固定设施服务、数字服务的相互补充、有机结合，有利于实现全民艺术普及全覆盖，特别是

有利于解决老少边穷地区以及老年人、未成年人、残疾人和农民工等特殊群体艺术普及的难题。因此，流动文化服务是有效扩展全民艺术普及覆盖面的重要手段。

（二）公共文化流动服务是实现跨部门、跨行业、跨地域全民艺术普及资源的整合流动和互联互通、共建共享的有效手段

中共中央办公厅、国务院办公厅印发的《关于加快构建现代公共文化服务体系的意见》明确指出，要开展公共文化巡展巡讲巡演服务，实现区域文化共建共享。当前全民艺术普及存在着资源不足与资源浪费并存的现状，对于当下我国全民艺术普及而言，其根本症结不在于资源匮乏，而在加大投入、加强建设的同时，必须先解决文化系统及全社会资源如何有效整合、提高效能的问题，通过公共文化巡展巡讲巡演促进全民艺术普及是行之有效的手段。

（三）公共文化流动服务是传承地域文化、加强公共文化单位之间相互交流的有效载体

传承地域文化，是全民艺术普及的重要内容。吴江区域文化联动活动，不仅把喜闻乐见、精彩纷呈的"文化大餐"送到了乡镇，优化整合了吴江市乡镇的特色文化资源，丰富和繁荣了农村群众文化，更关键的是区域文化联动逐步走出本地小区域，向长三角地区扩展，为传承吴越文化，推进长三角区域文化融合作出了积极的努力。把吴江特色的传统的优秀文化奉献给更大范围社会区域的同时，让吴江更多地看到、学到别人在构建公共文化服务体系，开展新农村文化建设的经验。县市互动、市镇联动、镇村齐动，区域文化联动的扩展，不仅是对本区域新农村的建设，还是更大区域范围内的共同发展，无疑是一项具有积极意义的好举措。

第十七届群星奖评奖活动概览

徐北文[1]

群星奖是文化部为繁荣群众文艺创作、促进群众文化事业繁荣发展而设立的国家文化艺术政府奖。至 2002 年期间每年举办一届，每届群星奖评选一至两个门类。2004 年开始群星奖评奖纳入中国艺术节中。

第十七届群星奖是文艺评奖制度改革后开展的首次评奖。依据 2016 年新修订的《群星奖评奖办法》，群星奖评奖每三年一届，在中国艺术节期间举行决赛和颁奖。群星奖评奖对象是指由群众文化工作者和群众文艺爱好者创作和表演的音乐、舞蹈、戏剧、曲艺类作品。除专业文艺院团演员和专业艺术院校在校师生外，均可参加作品的创作和表演。

一、第十七届群星奖概况

根据第十一届中国艺术节总体安排，文化部 2016 年组织开展了第十七届群星奖评奖工作。公共文化司依据新修订的《群星奖评奖办法》，秉持"精品、惠民、节俭、可持续"的原则，2016 年 3 月至 10 月，先后组织开展初选、复赛和决赛，顺利完成群星奖评奖工作。

第十七届群星奖评奖包括音乐、舞蹈、戏剧、曲艺四个艺术门类，采取专家评审和群众评审相结合的方式进行。共有来自全国各省（自治区、直辖市）和军队、武警、工会系统共 35 家报送单位的 5000 多个作品参加初选，

[1] 徐北文，北京群众艺术馆副研究馆员，中国文化馆协会理论研究委员会委员。

268 个优秀作品进入复赛，84 个优秀作品入围决赛。群星奖决赛于第十一届中国艺术节期间在陕西省举行，最终评选出 20 个获奖作品，其中音乐、舞蹈、戏剧、曲艺 4 个艺术门类作品各 5 个（名单见附件）。2016 年 10 月 30 日，在西安市举行了群星奖颁奖仪式及历届获奖精品展演。

二、第十七届群星奖评选活动的亮点

（一）群众文艺创作活力迸发

习近平总书记文艺工作座谈会重要讲话发表两年多来，广大群众文化工作者在讲话精神的指引和鼓舞下，牢记自身使命和责任，群众文艺创作活力迸发，创作出了一大批传递正能量、特色鲜明、群众喜闻乐见的优秀文艺作品。专家评委们一致认为，本届群星奖参评作品题材广泛，紧扣时代脉搏，具有浓郁的生活气息，充满正能量，体现了较高的思想水准和艺术水平，代表了近两年来群众文艺创作的优秀成果。

参评作品覆盖面广，各省（自治区、直辖市）、各系统均有作品入围决赛。获奖作品来自 16 个省份和武警部队，既有藏族、土家族、傈僳族、彝族等少数民族歌舞，也包括了评剧、秦腔、京韵大鼓、淮河琴书、谐剧、故事等不同艺术形式的作品，充分体现了群星奖的地域特色和民族特色。

（二）群众文艺评奖风清气正

根据全国性文艺评奖制度改革要求，文化部修订了《群星奖评奖办法》，大幅压缩评奖项目和数量，完善评奖机制。评奖坚持公平公正公开，严格评奖标准，规范评奖程序，严肃评奖纪律，对专家评委、群众评委、工作人员、报送单位、参评单位均提出明确纪律要求，坚决杜绝腐败行为；对参评作品资格严格把关，发现不符合参评条件的作品，立即取消其参评资格。评奖全程接受纪检部门监督和社会监督，确保整个评奖过程和评奖结果经得起各方面的检验。从整个评奖过程到获奖作品公示后社会反响来看，本届群星奖得到了各方普遍认可，评出了大家一致公认的好作品。

（三）群众文艺精品全民共享

群星奖将文化惠民贯穿于创作和评奖全过程，参赛作品明确要求必须深入基层进行规定数量的演出。初选过程中，各地共举办展演选拔 1.43 万场，观众达 1083 万人次。决赛作品赴陕西各地开展 20 场惠民演出，覆盖陕西全省，观众达 5 万多人次。群星奖决赛、历届群星奖获奖精品展演、全国广场舞展演等活动均进行了网络视频直播，在线观看人次超过 120 万。在扩大群星奖社会影响力的同时，检验了节目质量，惠及了基层群众，让作品接受广大群众鉴赏与评判，实现了群众文艺作品从群众中来、到群众中去、为群众服务的评奖目的。

（四）群众文艺创作特色鲜明

强调群众文艺作品要充分体现思想性、群众性、艺术性和公益性，尤其注重作品的群众性和公益性，这是群星奖区别于其他专业文艺奖项最根本的特点。本届评奖从修订评奖办法，完善评奖标准，指导各单位初选，增加群众文化领域专家评委和基层群众评委等方面入手，引导带动群众文艺创作扎根人民、扎根生活。从具体实践来看，参评作品均坚持源自群众原创，有生活、接地气，讲述百姓故事，反映多彩生活，群众文艺特色突出。

如获奖作品《阿婶合唱团》以合唱排练课场景为依托，以独特的调度方式和极具个性的舞蹈语言，展现了日常群众文化生活，让观众在快乐中感受到邻家大婶的亲切；谐剧《一分不能少》，用最朴素、最简单的方式讲述了一个重庆棒棒的故事，具有浓郁的生活气息，小作品折射大道理，给观众留下非常深刻的印象。

三、第十七届群星奖评选活动的启示

（一）坚持以人民为中心的创作导向是繁荣发展群众文艺的基本遵循

群众文艺作为我国社会主义文艺的重要组成部分，在丰富群众精神文化生活、改善群众生活质量、提升社会文明程度方面具有重要作用。群众演、演群众、演给群众看的特点，决定了群众文艺必须扎根人民、扎根生活，创作为人民抒写、为人民抒情、为人民抒怀的优秀作品。近两年来，广大群众文化工作者深入学习贯彻习近平总书记文艺座谈会重要讲话精神，坚持以人民为中心的创作导向，静下心来、精益求精搞创作，在提高原创能力、聚焦现实题材、突出中国梦主题、关注和记录伟大时代方面加大力度，努力提高作品质量，不断提升作品的精神高度、文化内涵、艺术价值，结出了累累硕果。从本届群星奖来看，坚持以人民为中心的创作导向已经成为广大群众文化人的自觉意识，成为繁荣发展群众文艺的基本遵循。

（二）提高公信力和影响力是评好群星奖的关键所在

在大幅压缩奖项数量的前提下，提高群星奖评奖的公信力和影响力成为评好群星奖的关键。通过纪检部门全程监督，主动接受社会监督，严明纪律要求，严格标准和程序，保密评委名单，增设群众评委，向社会公示获奖作品及主创、表演、辅导人员名单等举措，保证了评奖的公信力；通过加强新闻宣传、网络直播、惠民展演等形式提高了评奖的影响力。据统计，艺术节期间，关于群星奖和公共文化系列活动，中央主要媒体刊发新闻报道近千篇，微博超过 5000 篇，微信超过 3000 条，群星奖影响力持续扩大，受到各方关注和好评。

（三）发挥引领带动作用是国家级文艺评奖的重要使命

群星奖作为评奖制度改革后保留的中国文化艺术政府奖，担负着引领群众文艺方向、彰显作品价值导向的重要使命。本届群星奖参评作品坚持唱响主旋律、传递正能量，大力弘扬社会主义核心价值观，集思想性、艺术性、观赏性于一体，产生了一大批无愧于时代的优秀作品。获奖作品中既有表达中华民族对小康社会追求的表演唱《一条叫做"小康"的鱼》，也有展现长征精神的京韵大鼓《丰碑》，还有反映一线环卫工人的群舞《扫街》、诉说母女亲情的现代小品《亲！还在吗》，以及展现军嫂情怀的《军婚药方》。

评奖使群星奖品牌效应更加凸显，对群众文化工作者的激励更加有力，对创作生产的导向更加鲜明。本届评奖首次引入了专家点评会，充分体现文艺评论的价值，凸显了群星奖的导向性，有助于提升作品质量，提高主创人员水平，推动群众文艺发展进步；也有助于参评单位端正态度，正确认识评奖意义，更好地发挥了国家级文艺评奖的导向作用。

（四）推动公共文化服务体系建设是开展群星奖评奖工作的根本要求

党的十八届三中全会明确提出构建现代公共文化服务体系战略部署以来，群众文化工作取得了新发展，场地设施人员经费大幅改善，群众文化工作迎来了春天。群星奖评奖是群众文化工作的检阅场，群众文化人风采展示的大舞台，也是各地现代公共文化服务体系建设成效的一次集中展示。通过群星奖评奖，加强群众文艺创作，产生一批群众文艺精品，有效增加了公共文化产品供给，丰富了公共文化资源，活跃了群众文化生活。让广大群众在参与群众文艺创作表演和观赏群众文艺演出中共享丰富的公共文化发展成果，普及文艺常识，提升文艺素养，增进群众文化参与感、获得感和幸福感。群星奖已经成为推动公共文化服务体系建设的重要抓手。

四、未来发展新维度：发挥群星奖示范引领作用，全面繁荣群众文艺创作

（一）组织开展群星奖作品全国巡演

组织开展群星奖获奖作品全国巡演活动，组织群星奖获奖作品和优秀参评作品深入基层进行演出，并将其纳入各级政府购买公共文化服务范围，是评奖工作的题中应有之义。鼓励各地自主开展省内巡演和省际交流巡演，让巡演覆盖全国、贯穿全年，服务基层群众，进一步扩大群星奖的覆盖范围和影响力。

（二）推动优秀群众文艺作品走出国门

统筹国内国际两个大局、两种资源，依托对外文化交流品牌项目和海外中国文化中心等平台，向海外推广群众文艺精品。计划选调部分群众文化精品参与"欢乐春节"活动，探索群众文艺走出去的路径，向海外观众展示中国群众文化魅力，助力对外文化交流工作。

（三）加强群众文艺人才队伍培养

依托全国基层文化队伍培训计划，加强对群众文艺骨干队伍和创作人才的培训培养，建立一支扎根基层、综合素质高的基层文化队伍，推动形成鼓励创作的工作氛围，为群众文艺精品的产生创造丰厚土壤。举办"群众文艺创作专题培训班"等示范性培训，开展公共文化巡讲和远程培训，对群众文艺管理、创作、表演人员等分别开展专题培训，全面提升各级群众文化工作者的艺术素养，指导各地群众文艺创作，引领带动群众文化工作者创作出更多深刻表现生活，叫得响、传得开、留得下的精品力作。

（四）搭建更多交流展示平台

从长远考虑，努力搭建多样化的群众文化作品交流展示平台，为下一届群星奖储备优秀作品。中国文化馆年会从 2017 年起，将专门增加群众文化作品展示板块，展示各地群众文艺精品。同时，探索推动各地建立区域交流展示平台，鼓励片区内开展群众文艺精品交流展示，提升各地群众文艺创作演出水平，为新创作的优秀群众文艺作品提供更多交流展示、打磨提升机会。

附录

第十七届群星奖获奖作品名单

音 乐 类

序号	作品名称	表演形式	报送单位	演出单位	主创、表演及辅导人员	
1	一条叫做"小康"的鱼	女声表演唱	江苏省文化厅	江苏省文化馆、苏州市公共文化中心·苏州市文化馆、苏州工业园区唯亭街道文化体育站	主创人员	作词：刘鹏春 作曲：吴小平
					表演人员	章甜、贾春梅、徐琼、董瑶、尤雅静、曹莉平
					辅导人员	王欲明、周向红、史东音、王文明
2	山东梆子腔	唢呐、板胡与乐队	山东省文化厅	山东省济宁市文广新局	主创人员	编曲：曹学占、马玉金 编导：刘凤来、刘奉涛
					表演人员	杨玉贺、刘礼平、解磊、孙树敏、王长雪、轩辕子斌、刘凤林、陆鹏、李振亚、赵兴强、周雷凤、贾园园、冯月霞、马胜利、杨维义、张建忠
					辅导人员	张嫒嫒
3	敲起琴鼓劲逮逮	表演唱	湖北省文化厅	湖北省宜昌市群众艺术馆、秭归县文化馆	主创人员	作词：甘茂华 作曲：林鸿 编导：唐静平、谭斌
					表演人员	胡承忠、连鹏程、倪华锋、宋苗苗、向新成、谭学江、罗乔、颜秦华、王雷、周健雄、彭业凯、王明铭、王辉涛、向辉、汪逸云

续表

序号	作品名称	表演形式	报送单位	演出单位	主创、表演及辅导人员	
					辅导人员	王原平、李煜林、梅春莲、周江崚
4	瓦器器	无伴奏混声小合唱	云南省文化厅	云南省维西县文化馆	主创人员	改编：周国庆、李玥锜
					表演人员	和丽春、和银春、余春海、段慧、谢文斌、温龙飞、王志虎、王子驯、李斌、李青美、彭蕊、和万莲、李清、林娟、陈芳、王香
					辅导人员	郭怀志、王秋萍、段爱周
5	丝路欢歌	板胡与鼓	陕西省文化厅	陕西省艺术馆、陕西省榆林市府谷县文化馆	主创人员	编导：邵怡、赵维娟
					表演人员	车佳蓉、温和平、苏培锋、王孝存、赵贵、郝惠斌、杨伟、王永魁、刘洋、段广平、拓炜、杨鹏程、张妮、杨丽娜、郭继刚、李富林
					辅导人员	张新怀、宋雅杰、张璐、薛亮、张昊、张勇
					辅导人员	无

119

舞 蹈 类

序号	作品名称	表演形式	报送单位	演出单位	主创、表演及辅导人员	
1	扫街	群舞	山西省文化厅	山西省绛县文化馆	主创人员	编导：陈建立、徐艺 作曲：张建波
					表演人员	蔡星明、张强、赵龙、朱东革、王烽皓、贾峰、牛辉、张帅、原慧君、安泽、赵志浩、任晓云、周艳跳、徐艺
					辅导人员	赵洁
2	阿婶合唱团	群舞	浙江省文化厅	浙江省宁波市海曙区文化馆	主创人员	编导：谢培亮 作曲：张全武
					表演人员	桑运达、丁忠莉、陆方、朱燕萍、杜蕾、竺亚芳、邵霖、梁黎明、章海萍、励锡娜、郑丽、连敏雅、毛兰、叶莉君、田璐婕、唐洁丽、周怡、金颖华、曹冕、王燕、董伟、韩晓军
					辅导人员	顾炯
3	爸妈我想你	少儿舞蹈	广东省文化厅	广东省中山市文化广电新闻出版局、中山市石岐中心小学	主创人员	编导：朱东黎 作曲：刘洛宏
					表演人员	张浩坤、王思喆、程思宇、钱紫婧、陈玉麟、钟昕言、谢贝希、何春玲、石伟基、李施颖、刘筱婕、张轩齐、邓迪朗、罗匀彤、李沁柏、罗诏文、许多、梁景宇
					辅导人员	邹琴、马红

续表

序号	作品名称	表演形式	报送单位	演出单位	主创、表演及辅导人员	
4	我的弦	群舞	四川省文化厅	四川省凉山州文化馆、凉山州会理县文化馆	主创人员	编导：陈草 作曲：陶勇
					表演人员	马秀丽、格绒娜姆、商蓉、任婷、唐启莉、蒲媛、夏丹丹、陈一嘉、卢成玉、古燕、杨子璇、刁新玥、谢馨、王雅倩、张海燕、陆嫆、杨婷、付艾、刘鹩、林梦娜、益西祝玛、益西曲珍、韩露娅、高倩
					辅导人员	陈草
5	妙音踏舞	群舞	西藏自治区	西藏自治区日喀则市拉孜县民间艺术团	主创人员	编导：扎西旺拉、次仁琼拉
					文化厅	曲珍、次仁群增、旦增平措、尼玛占堆、贡嘎扎西、索朗、坚参、欧珠、确扎、达瓦次仁、落追次仁、吉拉、德吉、次旦皮拉、贡确、白玛曲珍、白玛、格桑卓玛、拉珍、次卓拉
					辅导人员	扎西旺拉

戏 剧 类

序号	作品名称	表演形式	报送单位	演出单位	主创、表演及辅导人员	
1	月缺月圆	评剧小戏	河北省文化厅	河北省群众艺术馆 石家庄市藁城区文化馆	主创人员	编剧：马维彬、王景恒 导演：刘凤霞、董培英、石大光
					表演人员	樊红霞、白俊生、刘颖、杨泽亮
					辅导人员	王磊、刘颖、黄洁云

续表

序号	作品名称	表演形式	报送单位	演出单位	主创、表演及辅导人员	
2	一定要找到你	小品	黑龙江省文化厅	黑龙江省黑河市逊克县文化馆	主创人员	编剧：汤艳庭 导演：汤艳庭、胡建华
					表演人员	裴恩超、代宏坤、宋思颖
					辅导人员	马明泽、边文杰
3	亲！还在吗	小品	上海市文化广播影视管理局	上海市静安区文化馆	主创人员	编剧：杨迥 导演：杨迥、顾攀
					表演人员	王萌、王秀霞、李源
					辅导人员	栾岚
					表演人员	吴肖华、杜玉珍、焦卫华、孙娟
					辅导人员	吴肖华
4	占座	小品	重庆市文化委员会	重庆市大渡口区文化馆、大渡口八桥镇人民政府	主创人员	编剧：鲁广峰 导演：黄秋节
					表演人员	杨树强、黄秋节、黄帝豪、孙毅、朱文雯、王志敏
					辅导人员	无
5	哎呀呀	秦腔小戏	陕西省文化厅	陕西省渭南市临渭区文化馆	主创人员	编剧：李红、甘婧 导演：李宏安 编曲：陈强胜、李莉
					表演人员	闫雪玲、柯文博、刘志政、焦俊博、张小让、叶少华
					辅导人员	吴根邦、谭建春

曲 艺 类

序号	作品名称	表演形式	报送单位	演出单位	主创、表演及辅导人员	
1	丰碑	京韵大鼓	北京市文化局	北京市西区第一文化馆	主创人员	作者：刘亚辉
					表演人员	唐柯、王晶、白金鑫、柴旺里、金睿
					辅导人员	种玉杰、孙洪宴
2	轧狗风波	淮河琴书	安徽省文化厅	安徽省阜县文化馆	主创人员	作者：庄稼 编曲：韩玲、刘亚非
					表演人员	孟影、刘柱、韩玲、刘霞、王利影、朱晓丽、王秋婷
					辅导人员	李跃、刘亚非
3	羊续悬鱼	群口快板书	广东省文化厅	广东省东市文化馆、东莞市清溪镇文广中心	主创人员	作者：唐安东 导演：彭海燕、宋展
					表演人员	刘迪、刘延璐、张云晖
					辅导人员	林秋虹、吴仁龙
4	一分不能少	谐剧	重庆市文化委员会	重庆市文化委员会、重庆市渝北区文化委员会、重庆市沙坪坝区文化委员会	主创人员	作者：鲁广峰、张静婷 导演：鲁广峰、张静婷、凌淋
					表演人员	凌淋
					辅导人员	鲁广峰、张静婷
5	军婚药方	故事	中国人民武装警察部队政治工作部宣传局	武警部队	主创人员	作者：武秀征
					表演人员	武秀征、沈莹
					辅导人员	谢克

Ⅲ

地方经验

宁波市"一人一艺"全民艺术普及工程的探索与实践

林 红[1]

浙江省宁波市"一人一艺"全民艺术普及工程是贯彻落实《中华人民共和国公共文化服务保障法》《关于加快构建现代公共文化服务体系的意见》的创新实践，是宁波市探索新形势下公共文化事业的新模式。加快形成全民艺术普及宁波模式、国家样板是宁波不懈的努力和追求。

一、背景及发展

为贯彻落实中央关于加强公共文化服务体系建设的系列决策部署，树立党的十八届五中全会提出的"创新、协调、绿色、开放、共享"发展理念，在《关于加快构建现代公共文化服务体系的意见》对"积极开展全民艺术普及"要求提出不久，宁波市文化馆第一时间结合宁波近年来的公共文化服务实践，提出"一人一艺"全民艺术普及工程设想并形成统一认识，以文化馆转型升级、全民普惠共享为目标，踏实探索、大胆突破。2016 年 8 月，宁波市人民政府办公厅发布《关于"一人一艺"全民艺术普及工程建设的实施意见》，标志着宁波市已经初步完成"一人一艺"全民艺术普及工程的顶层设计和具体实施方案，并在全市开始部署实施。

[1] 林红，浙江省宁波市文化馆馆长。

二、主要架构

"一人一艺"全民艺术普及工程以人民群众的文化艺术需求为导向，制定了四个主要任务和两个专项任务（见表1）。

表1 "一人一艺"全民艺术普及工程主要架构

任务类型	一级内容	二级内容	详细说明
主要任务	全民艺术知识普及	编印艺术图书	组建全民艺术普及丛书编委会，编辑出版有宁波地方特色的全民艺术普及书籍；各级公共图书馆采购全民艺术普及类图书
		开展艺术讲座	围绕艺术知识普及，以"东亚文化之都"为主题，举办系列讲座
	全民艺术欣赏普及	举办文艺演出	通过政府采购、政府补贴方式加大文艺演出类文化产品的供给
		开设艺术展览	以市博物馆、美术馆、展览馆为龙头，县（市）区公益展厅为骨干，聚集社会各类艺术创作室、画廊、艺术空间等，形成公益展厅联盟；通过举办规范化、品牌化、综合效益明显的艺术展览、展示活动，形成全民艺术展览体系
	全民艺术技能普及	实施技能培训	整合全社会师资、场地设施和网络资源，采取现场教学和远程培训方式，组织开展表演技能、创作技能、制作技能等各类艺术技能培训
		创新"慕课"教学	形成涵盖戏曲、音乐、舞蹈、诗歌、小说、书法、绘画、摄影、民间文学、非物质文化遗产等艺术门类的在线课程体系

任务类型	一级内容	二级内容	详细说明
		开展文化活动	组织形式多样的广场文化活动；开展各项节庆文化活动；拓展"阿拉音乐节""阿拉非遗汇""天一讲堂"等文化品牌
		建设文艺团队	鼓励群众自发组织、参与业余文艺团队，开展艺术创作、表演等活动；开展形式多样的才艺比赛活动
		实施"十进"活动项目	围绕戏曲进校园、非遗进生活、歌声进家庭、舞蹈进商圈、名师进礼堂、讲座进社区、书画进客厅、书房进街区、展览进场站、慕课进手机等"十进"形式适时开展各类文化艺术活动
专项任务	中小学生艺术普及专项	开展艺术辅导	各级公共文化机构定期开设"艺术公开课"，为中小学生提供校外美育辅导；学校合理设置中小学生艺术普及教学方案、课题标准、教学指导纲要
		组织艺术活动	各级公共文化机构利用课余时间，向中小学生定期提供各类艺术培训、讲座、体验等；帮助学校开展校内专项汇报演出，为中小学校艺术活动提供艺术指导
		举办艺术赛事	各级公共文化机构利用寒暑假和重大节庆活动，联合中小学校承办中小学生艺术普及才艺展示系列大赛
	特殊群体扶持专项	扶持残疾人群	文化、残联等部门联合开发具有就业技能的文化艺术培训课程；针对残疾人特点定制文化艺术服务；组建残疾人艺术团队

任务类型	一级内容	二级内容	详细说明
		扶持老年人群	文化部门帮助老年大学、老年俱乐部设置更多适合老年人特点的艺术普及课程；深化"老年艺术节""老年文化艺术周"等老年文体活动
		扶持贫困家庭	落实贫困家庭免费参加艺术技能培训、艺术技能优先就业等相关政策

三、具体做法

（一）整合外部资源助力普及实践

宁波市文化馆坚持专家共商、基地共建、管理共议的顶层设计三原则。在专家共商方面，宁波市文化馆邀请国家公共文化领域专家和主管领导多次到宁波调研、论证，最终形成集科学性、创新性和规范性于一体的"一人一艺"全民艺术普及工程实施方案。在基地共建方面，宁波市文化馆联手国家公共文化发展中心、北京大学信息管理系，建立北大公共文化研究宁波实践基地，并以基地为依托，建立宁波"一人一艺"创新研究团队，先后荣获浙江省首批公共文化创新团队和宁波市第四批文化创新团队的荣誉称号。在管理共议方面，由宁波市政府发文，成立全民艺术普及中心，作为全民艺术普及主要实施机构。2016年7月，宁波市建立了全民艺术普及联席会议制度，由文化广电新闻出版局牵头，联合文化、教育、广电、工会、共青团、妇联、科协等13个政府部门，开展跨部门、跨行业、跨区域的合作，全面推动全民艺术普及工作的开展实施。

（二）动员社会力量提供艺术普及产品和服务

聘请艺术专业人士为广大市民提供艺术普及公益课，同时，文化馆为艺术专业人士提供美术等艺术展览场地和平台。2016年8月8日，"一人一艺"全民艺术普及工程启动仪式上，第一批社会艺术联盟成立，并开始免费向社会提供优质的公共文化服务，目前，联盟机构数已达100余家。宁波市政府为社会力量参与全民艺术普及工作提供场地、资金、政策扶持，并采取政府购买服务方式鼓励社会力量参与全民艺术普及工作，带动了社会艺术机构和文化消费双发展。

（三）互联网 + 艺术普及

充分利用互联网在交流方面的便利性、及时性，建立"互联网 + 艺术普及"的创新性全民艺术普及模式。开发"一人一艺"云平台，形成文艺培训、艺术鉴赏、文艺活动信息、文化场馆预约、在线学习、预约演出于一体的综合性、一站式数字服务平台；建立117艺术中心数字展厅，让大众实地享受中外海量艺术精品资源；制作并上线大规模开放的艺术培训在线课程——"艺术名家慕课"，并通过宁波电视台、宁波地铁、微信平台等多渠道、多途径为市民提供服务。

（四）设置艺术普及量化指标

《"一人一艺"宁波市全民艺术普及工程实施方案》中设计了一整套全民艺术普及量化考核指标（见表2），用以考察和衡量全民艺术普及工作实施情况。

表 2　"一人一艺"全民艺术普及工程量化指标

指标名称	指标说明	目标
全民艺术普及综合参与率	通过各种渠道（参与文化馆站组织的艺术普及活动、社会艺术机构培训、行业及社会组织艺术活动等）、各种方式（培训、创作、展演、交流及其他活动等方式）参与艺术普及活动人数占全市常住人口的比率	80%
全民艺术普及培训参与率	参与文化馆站、社会培训机构举办的艺术普及和辅导培训课程的人数占全市常住人口的比率	50%
掌握艺术技能者的比率	达到"宁波市'一人一艺'文化艺术普及技能测评指标"要求者占比	30%
群众文艺团队增长率	经各级文化馆站管理台账正式登记的各门类群众艺术团队数量增长的比率	30%
群众文艺创作增长率	各门类群众文艺创作数量增长的比率	50%
群众文化艺术活动增长率	市、区（市）、街（镇）举办的群众文化艺术活动数量增长的比率	10%
区域文化艺术联动增长率	市、区（市）、街（镇）开展的"文化走亲"活动数增长的比率	50%
"东亚文化之都"国际文化艺术交流活动增长率	宁波市以日、韩东亚文化之都为重点，包括协同国内各"东亚文化之都"开展的国际文化艺术交流活动数量增长的比率	50%
引进国际文化艺术精品增长率	世界各国文化艺术精品到宁波展览展演的数量增长的比率	30%
宁波文化艺术"走出去"增长率	宁波本土特色的文化艺术精品走向世界各国的展览展演数量增长的比率	30%

说明：表内的"目标"指宁波市拟在"十三五"期间达到的目标。

（五）激励市民参与艺术普及活动

宁波市以市民卡、文化艺术卡制度为基础，全面推行"积分"激励制度，并制定《宁波市群众文艺团队星级评定办法》《宁波市艺术普及考级办法》等，形成一整套面向群众文艺团队及市民个人艺术素养的评定和激励机制。

（六）针对性均衡发展措施

政策方面，出台《宁波市基本公共文化服务标准（2015—2020）》《宁波市基本公共文化服务保障标准（2015—2020）》《"一人一艺"全民艺术普及服务规范》等地方标准。基础设施方面，构筑"十五分钟文化活动圈"，实现 100% 全覆盖广播电视节目。体制机制方面，建立城乡演出院线制，由宁波逸夫剧院牵头对部分乡镇的剧场实施全市统一的专业化、连锁式运行管理；从 2008 年开始，委托专业调查公司开展群众文化生活满意度和文化需求测评工作；出台基层文化设施建设服务的地方标准，开展对公共文化机构的日常巡查和暗访测评，对公共文化服务机构等级评定；逐步完善《"一人一艺"考级评定标准》《宁波市艺术普及培训机构评级与扶持办法》等多个制度。具体措施方面，推行菜单式服务；推动文化资源向基层和农村倾斜；推进城乡联建"结对子""种文化"，加强文艺志愿服务，组织专业文艺工作者到基层教学帮带，引导城市文化资源向农村地区流动；做好面向老年人、未成年人、残疾人、农民工、生活困难群众的公共文化服务；实施"广播电视进渔船"工程，保障海上作业渔民的基本文化权益。

（七）文化馆体制机制改革

宁波市文化馆结合"一人一艺"全民艺术普及工程的提出与实施，转变自身的功能和定位，通过组织重组和职能重组等方式，实现文化馆的转型升级，旨在成为开放的、现代的公共文化组织中心、服务中心和系统中心。此外，宁波文化馆利用互联网、大数据等新技术建设数字文化馆，进一步提升了服务效能。

四、发展趋势

宁波市"一人一艺"工程得到市政府的大力推进和支持，在宁波文化、经济、社会发展中占据重要位置，并在国家大力建设公共文化服务体系以及"一带一路"提出的重大历史机遇下，有了更为广阔的国际舞台，其实施恰逢其时，前景可观。

未来，宁波将在进一步推进文化馆服务体系优化、加强艺术与科技深度融合、实现艺术与市场相得益彰、打造"一人一艺"全民艺术普及国际名片、助推公共文化服务均等化、确立全民艺术普及理论中心等方面下大力气，为公共文化服务的理论和政策研究提供新的素材和样本。

江苏省镇江市开展全民艺术普及工作的创新实践

江苏省镇江市文化广电新闻出版局

2015 年 1 月，中办、国办印发了《关于加快构建现代公共文化服务体系的意见》，要求"积极开展全民艺术普及"。开展全民艺术普及是党和政府在新时期文化工作的一项重要任务。2015 年以来，为贯彻落实好这项重要任务，更好地保障人民群众的基本文化权益，镇江市加强顶层设计，积极探索，创新实践，扎实推进全民艺术普及工作，切实提高全市人民的艺术素养和审美水平，力争实现"一人一艺"，全面提升群众的文化获得感和幸福感。

一、加强顶层设计，建立工作机制

2015 年下半年，镇江市邀请省、市专家出谋划策，积极开展全民艺术普及工作的顶层设计，并将全民艺术普及工作列为"十三五"期间重要的文化惠民工程项目之一。2016 年初，镇江市政府下发了《关于加快推进全民艺术普及工作的意见》，召开了全市全民艺术普及工作动员大会，印发了《镇江市"艺术之光"全民艺术普及 2016-2018 三年行动计划》，明确了 2016-2018 三年推进全民艺术普及工作的目标任务和实施步骤。与此同时，镇江市政府还建立了全市全民艺术普及工作小组，明确了文化、教育等各部门职责分工，建立了联络员制度，确立了联络员会议、信息报送制度和全民艺术普及工作考核评价机制，科学评估工作效果，努力在全市建立城乡互动、部

门联动、社会参与的全民艺术普及工作机制，初步形成全民艺术普及的目标体系、评价体系和制度体系，从而推进全民艺术普及工作的目标任务落实到位。

二、明确目标任务，推进工作分步实施

镇江市将全民艺术普及明确为"八大计划"任务，即全民艺术知识普及计划、全民艺术欣赏普及计划、全民艺术技能普及计划、全民艺术精品普及计划、全民艺术活动普及计划、全面艺术普及数字传播计划、全民艺术普及品牌塑造计划、全民艺术普及队伍培育计划，在此基础上，扎实开展全民艺术普及进社区、进校园、进农村、进企业、进机关、进军营活动的开展。

（一）围绕五个重点方面，实施"一十百千万"计划

围绕全民艺术知识、全民艺术欣赏、全民艺术技能、全民艺术精品和全民艺术活动等五个重点方面的普及工作，从 2016 年起，镇江市计划分三年稳步实施"一十百千万"计划："一"是推行一项工程，即艺术普及数字化传播（推广）工程，组织相关门类的专家开设艺术普及微课堂、培训、讲座，并将其录制成音视频资料，借助镇江公共文化数字服务平台和镇江"淘文化网"以及"文化镇江"微信、微博客户端，方便市民通过网络享受便捷的艺术学习、艺术欣赏服务；"十"是打造 10 个有影响力的全民艺术普及品牌；"百"是培育 100 支全民艺术普及社团；"千"是培养 1000 名艺术普及骨干推广人；"万"是开展 10000 场艺术普及活动。通过实施这一计划，力争使镇江市的艺术普及率在"十三五"末达到 80% 以上。

（二）开展"六进活动"，拓展普及覆盖面

紧扣"全民"和"普及"这两个关键词，镇江市积极开展全民艺术普及"六进活动"，即推动全民艺术普及进农村、进社区、进学校、进企业、进机关、进军营，进一步拓展艺术普及的覆盖面。在普及的对象上，既涵盖了

老、中、青、少等四大类人群，又关注了新市民和各类弱势群体的文化需求。在普及的艺术门类上，既有动态的音乐舞蹈、戏剧曲艺等，又有静态的书画、摄影等，满足了市民在艺术学习上的不同需求。在普及的形式上，不仅有培训、辅导、讲座，还有文艺演出、展览展示等活动，力求创新形式和载体，不仅通过普及艺术知识，让群众在活动中了解艺术常识，提高艺术欣赏水平，还通过普及各类艺术技能，增加广大市民艺术技能的实践和体验机会，力求"一人一艺"，提高市民艺术兴趣和艺术感知能力。

三、组建公益培训联盟，营造社会参与氛围

2016 年以来，镇江市通过政府购买公共文化服务的方式，积极组织和发动社会培训机构参与全民艺术普及活动，充分利用社会资源，组建镇江市公益培训联盟，突破艺术技能普及的发展瓶颈，让老百姓在家门口就能享受到高质量的免费艺术培训。公益培训联盟实行统一标识、统一宣传招生、统一教学管理、统一评估考核。截至 2016 年 12 月，全市已有 56 个社会艺术培训机构加入公益培训联盟，公益培训教学点覆盖镇江主城区和丹阳、句容等辖市，已有超过 16000 人次参加公益艺术培训活动。

在公益培训联盟的影响和带动下，镇江市教育部门、总工会、科协、团市委、妇联等相关单位也积极开展相应活动。市教育部门结合艺术素质教育，打造书法、剪纸、泥塑、京剧、扬剧等艺术特色学校，在各学校发展艺术兴趣小组、组建合唱队、舞蹈队等文艺社团，邀请专家开办合唱艺术、非遗传承等培训讲座；市总工会举办职工诗词吟诵和摄影创作培训班；市科协、妇联等单位联合市美术馆开展青少年科技绘画培训。各辖市区和乡镇（街道）也纷纷组织所属公共文化机构制定全民艺术普及工作计划，开展公益艺术培训，在全市上下营造了全社会参与全民艺术普及的良好氛围。

四、强化活动普及，打造活动品牌

在全民艺术普及五个方面的工作中，艺术活动的普及工作是十分重要的

一环。镇江市在推进工作中十分重视这项工作，一方面，对接群众需求，认真做好全年艺术普及活动的策划工作；另一方面，由市政府召开年度全民艺术普及活动项目的新闻发布会，通过"文化镇江"微信客户端和镇江市各大媒体及时发布各项活动信息，提高艺术普及活动的社会知晓率。2016年，镇江市市直文化系统共发布65个全民艺术普及活动项目，主要利用设施、场地、网站、微信、讲座、培训、展览、演出等各种载体平台，为群众及时、快捷地提供艺术欣赏普及服务。此外，镇江市文化馆从2016年开始面向普通市民开展全年不少于15个门类60个班的文心公益培训，实行零门槛，让参与市民达到2万人次，并结合文化广场创建，开展全年50场的文心艺术普及展示舞台，参与市民达到10万人次；面向市民和文艺爱好者开展全年不少于12期的文心艺术讲座和12期文心剧场演出，参与市民人次达0.9万人次。在此基础上，全市面向残障人士、新市民等特定人群开展艺术培训辅导，全年不少于10个班，演出展览不少于4次，参与人次不少于0.6万人次；镇江市美术馆全年举办8场以上书画艺术展览和4场以上书画艺术培训（讲座）；镇江民间文化艺术馆全年举办古琴演奏、剪纸、烙铁画、泥塑等非遗技艺传承培训班等等。与此同时，镇江市精心打造"文心系列""金山艺术展演月""节日展风采"广场主题文化活动等艺术普及活动品牌，结合传统节日和重大节日，组织开展群众性节日民俗活动、戏曲活动以及非物质文化遗产展示活动；广泛开展艺术展演展示、艺术沙龙、艺术展览等各类全民艺术普及活动；结合政府购买公共文化服务和文艺创作，加大艺术精品在淘文化网、文化广场演出、下乡演出的比重，提升了艺术普及活动的水准和质量。

2016年，镇江市文化系统组织开展全民艺术普及"六进"活动300场，惠及市民20余万人次。如：镇江画院"灵秀镇江画展"走进扬中市和镇江新区社区展出；镇江民间文化艺术馆与镇江市青少年活动中心以及崇实女中、江南中学、香江花城小学等学校合作，面向全市青少年开办了扬州评话、古琴艺术、面塑、剪纸、太平泥叫叫以及中国结编织等非遗培训班；镇江民间文化艺术馆还与润州区凤凰家园社区合作，开办公益书场，邀请省级代表性传承人黄俊章表演扬州评话全本《八窍珠》；镇江民间文化艺术馆与江苏大学合作，在艺术学院开办了镇江市非遗传承研修班，邀请乱针绣、扎染画缋、铜版彩绘、太平泥叫叫四个项目的代表性传承人作为特聘教师，面向艺术学院的学生传授非遗技艺；镇江市艺术创作研究中心组织专家走进江苏大学、江苏科技大学举办戏剧创作辅导讲座；镇江市美术馆组织书画艺术培训进机关；镇江市文化馆组织送戏进军营，送"淘文化"文艺演出进农村、进社区活动；镇江市博物馆组织流动博物馆展览进企业等多项活动。这些丰富多彩的艺术普及活动，极大地丰富和活跃了全市城乡群众的精神文化生活，受到了城乡群众的热烈欢迎和好评。

五、工作保障

（一）加强组织领导

建立健全城乡互动、部门联动、社会参与的全民艺术普及工作机制，成立镇江市全民艺术普及工作领导小组。各辖市区各有关部门把全民艺术普及工作作为全面深化改革，转变政府职能，加快构建现代公共文化服务体系的重要内容，明确目标责任，制订实施方案，进一步明确工作时间与进度，确保全民艺术普及三年行动计划落到实处。

（二）加强经费保障

按照政府购买公共文化服务的相关要求，对全民艺术普及活动项目进行媒体公示和采购，进一步提升公共文化服务的水平和质量。

（三）加强监测评价

发挥专家学者组织策划、业务指导、价值引领等方面的作用，依托第三方专业调查评估机构，开展全民艺术普及绩效测评，为评选考核提供依据，形成科学的测评体系，确保全民艺术普及三年行动计划取得预期成效。

（四）加强舆论氛围

充分发挥报纸、期刊、广播、电视、网络、手机等各类新闻媒体的宣传引导作用，针对全民艺术三年行动计划的实施情况和社会效果进行宣传，积极营造浓厚的全民艺术普及舆论氛围。

"百姓大舞台 有艺你就来":
群众文化活动模式创新

湖南省长沙市文化广电新闻出版局

为了深入贯彻落实党的十八大和十八届三中、四中全会和习近平总书记系列重要讲话精神，按照中办、国办印发的《关于加快构建现代公共文化服务体系的意见》对"积极开展全民艺术普及"和推进国家公共文化服务标准化试点工作的部署和要求，2015 年 5 月，湖南省长沙市率先在全国推出《长沙市全民艺术普及工程实施方案》，提出力争到 2020 年基本实现"一人一艺，全民参与"的目标。"百姓大舞台，有艺你就来"千团万户百万市民才艺大赛，就是在此背景下推出的一项群众文化活动，旨在通过搭建展示群众才艺的新舞台，激发百姓艺术激情，让更多人亲近艺术，学习艺术，从而提升全民艺术素养，带动相关行业的蓬勃发展，加快长沙市全民艺术普及工程的步伐。

一、主要做法

（一）全域发动，全情参与，成就文化盛宴

1. 10 万人参赛，老百姓成群众文化主角

"百姓大舞台，有艺你就来"千团万户百万市民才艺大赛，面向全体市民，不分城区，不分艺术类别，不分年龄，不分团队个人，只要市民愿意，

就可以上台进行展示。全市按六区、两县、一市分九个赛区，各区县市又划分为城区和乡镇等多个片区，进行初赛、复赛、赛区决赛等层层选拔，最后市一级进行总决赛。"百姓大舞台，有艺你就来"举办两届以来，10万普通市民走上舞台，成为舞台的主角，真正实现了全员发动，全域覆盖，实现了长沙群众的文化大联欢。

2.365天不落幕，各区县市群众文化活动精彩纷呈

在"百姓大舞台，有艺你就来"的带动下，全市群众文化活动蓬勃发展。2015年，全市举行各类才艺竞技展示活动800余场，参与人数超过10万；各区县市也都打造出专属自己的活动品牌：芙蓉区的"牵手芙蓉"、天心区的"欢乐天心"、岳麓区的"走进新岳麓"、开福区的"湘江韵律"、雨花区的"魅力雨花"、长沙县的"五彩星沙"、望城区的"相约斑马湖"、浏阳市的"广场月月乐"、宁乡县的"周末我登台"等深入人心；180多个乡镇（街道）和400多个村（社区）的文化活动各具特色，实现了"一区县（市）一精品、一乡（街）一优品、一村（社区）一成品、一行业一精品"。

（二）政府支持，媒体造势，打造群文品牌

1. 政府高度重视，"舞台"更有保障

一是出台政策。长沙市先后出台《长沙市全民艺术普及工程实施方案》《关于加快构建现代公共文化服务体系的实施意见》《关于推进基层综合性文化服务中心建设的实施意见》《关于做好政府向社会力量购买公共文化服务工作的实施意见》等，为推进公共文化服务体系建设提供强有力的政策保障。此外，长沙市文广新局还联合市财政局、市发改委、市体育局制定下发了《长沙市2016年度30个示范性乡镇（街道）综合文化站建设实施方案》和《长沙市2016年度100个示范性社区（村）基层文化服务中心建设实施方案》，对乡镇（街道）、村（社区）文化阵地的建设目标、建设面积、功能布局、公共服务、队伍建设等提出明确要求，并召开现场推进会。

二是建设场馆。十多年来，长沙市着力完善四级公共文化设施网络体系。市级标志性工程方面，在原有的田汉大剧院、湘江风光带、市群众艺术馆、

妇女儿童活动中心、实验剧场等一批重要文化设施的基础上，又投入 20 亿元，建立了三馆一中心；各区县（市）累计投入近 20 亿元，建设文体中心 6 个。此外，还开展了乡镇综合文化站、社区（村）文化活动室示范工程，已建成建筑面积 500 平方米以上、设施设备先进、服务功能齐全、示范性乡镇综合文化站 98 个，建筑面积 200 平米以上、功能齐全的示范性社区（村）文化中心 290 个。

三是培养人才。长沙市持之以恒狠抓群众文化队伍建设，从 2004 年起，定期在城市文化广场上举行文艺演出，并组织评选长沙市十佳文艺团队；2007 年开始，开展了覆盖城乡的群众文艺百团评选及汇演、展演活动，历时多年，逐渐形成品牌。为了支持全民艺术普及，长沙市还不断加大人才培养投入力度，2015 年，长沙市财政设立 2000 万元专项资金用于政府向社会力量购买公共文化服务，市财政每年拿出 200 万元用于扶持和奖励文艺团队，各区县（市）财政此项投入均在 400 万元以上。另外，长沙市建成了群艺馆为总校、所有基层网点为分校的"长沙公益培训总分校体系"，开设以基础普及型培训为主、内容丰富的免费艺术培训班，有效提升了团队文艺水平。同时，长沙市注重发挥群众文化骨干、群众文化能人、专业文艺人才的积极作用，组建了一支扎根基层、服务群众的文化志愿者队伍，他们与各级文化馆（站）的业务骨干一起深入社区、乡村，给予群众文艺团队专业辅导，带动其文艺水平不断提高。

2. 群众基础浓厚，"舞台"更有味道

长沙被称为文化之城、娱乐之都。在长沙，只要舞台搭起、音乐响起、帷幕拉起，便有成千上万的市民从四面八方赶来，热情地投入活动之中，投入多彩的生活之中。《快乐大本营》《越策越开心》《爸爸去哪儿》《我是歌手》等电视节目红遍全国；两年一届的"艺术长沙"，吸引国内顶级当代艺术家纷纷参展；春秋两季的文物交流会，成为全国市场的"风向标"；长沙国际雕塑文化艺术节、梅溪湖国际文化艺术周，给这座城市打上"国际、高雅、时尚"的标签；"雅韵三湘"高雅艺术走进寻常百姓家，让长沙人每天都有演出可欣赏。活跃的文化氛围使长沙的群众文化活动有了非常好的基础。

3. 媒体宣传造势，"舞台"更有气势

"百姓大舞台，有艺你就来"一开始就非常注重媒体的宣传和造势。2016年，该活动以政府购买服务的方式与传媒联姻。长沙广播电视台全媒体（电台、电视台、新媒体）给予宣传推广，其下属女性频道安排专门团队负责活动的策划实施，录制、播出50场比赛实况。同时，在女性频道的倾力执行下，《百姓大舞台》创新了宣传方式：首先，智慧长沙APP进行了全程网络直播，省内影响力大的微信公众号辅以专题推送；其次，启动全媒体联动宣传，30秒活动宣传片在长沙广电主流媒体的新闻频道、政法频道、女性频道、经贸频道滚动播出两个月，每周晚间19:00的女性频道《花样生活》栏目对赛事进行4天、每天15分钟的精彩节目展播；再次，宣传侧重策划，中秋节特别策划制作了40分钟的《百姓大舞台》特别节目，针对红军长征胜利80周年组织了特别专场。通过媒体的全程介入，群众舞台从"现场"走进了荧屏和网络。

（三）产业带动，影响深远，共享文化成果

1. 推动长沙的文化消费

长沙通过百姓大舞台这个品牌活动的打造，有力地推动了市民的文化消费。2015年，全市演艺娱乐行业实现主营业务收入12.92亿元，吸纳就业近5万人；城镇居民人均文化娱乐消费为2510元，比2014年人均增加322元，占全部消费支出的15%，文化消费成为拉动经济发展的新亮点。2016年，长沙被确定为第一批"国家文化消费试点城市"，其中，群众文化消费占了半壁江山。

一是艺术培训蓬勃发展。全市各级文化馆（站）每年年初制定公益培训计划，针对普通民众开设内容丰富的免费公益培训，并开设公益艺术培训分校，逐步扩大文化馆培训的范围。入门级的公益培训为各艺术培训机构的专业艺术培训打下基础，激发出市民的潜在求知欲。据不完全统计，长沙全市艺术培训机构共有3000多家，常年参与艺术培训的市民达到50万人次以上，这些培训促进了市民艺术素养地提升，促进了文化消费。

二是促进了服装、道具等衍生品的租赁和销售。以"百姓大舞台，有艺你就来"为代表的群众文化活动，热闹非凡。一次初选就有三四百个节目，每个节目的演员都需要服装、道具，群众文艺活动的繁荣，给服装、道具等衍生品市场带来非常大的商机，促进了消费。

2. 提升老百姓艺术素养

"百姓大舞台，有艺你就来"的零门槛让很多市民有了登台的机会和勇气，极大地激励了身边人在舞台上进行表现，进而改变了一些市民的生活习惯，使他们离开麻将桌走上舞台，走出家门参加公共文化活动的人越来越多。

3. 促进群众文艺团队建设

为了参加"百姓大舞台，有艺你就来"的比拼，各个群众文艺团队卯足了劲，激发出团队加强队伍建设、创作和排练新节目的活力与激情。对于在全民艺术展示中涌现出的特别优秀的文艺团队，长沙市还安排了专项资金，以民办公助的形式进行扶持，先后扶持组建了长沙人艺话剧团、民族乐团、合唱团、舞蹈团、朗诵团等 10 家民办公助的文艺团体。

4. 增强老百姓文化获得感

能够走上舞台展现自己，全程都有媒体的深入报道，有电视台的录制播出，还可以参加免费的艺术培训，提升自己的艺术修养等等，这一切都让老百姓有了充分的文化获得感，能够享受长沙文化发展繁荣的成果。

二、下一步工作

"百姓大舞台，有艺你就来"开展得红红火火，品牌效应已经显现，为长沙推进全民艺术普及工程立下了汗马功劳，但仍有很大提升、完善和创新的空间。

（一）建立政府主导、社会参与的机制

政府要继续加大投入力度，要加强社会参与度，使活动更贴近老百姓，根据老百姓的需求，让老百姓自己策划活动、搭建平台，实现艺术梦想，让

老百姓真正成为舞台的主角。要充分运用新媒体的力量，开设网上展厅、网上舞台、给老百姓更多的展示空间。另外，在艺术培训上开通网上微课，实现线上线下相结合，让老百姓随时随地都可以接受艺术的熏陶。

（二）加强公共文化与文化产业融合发展

要加大对社会培训机构的规范和管理，使其理念更新颖、教学更专业、管理更规范，在更好地为老百姓服务的同时，创造出更好的经济效益；对于相关的服装、乐器等衍生产业提早规划、科学发展，进一步提高艺术服务领域的就业率，促进演艺娱乐等相关产业的发展，使公共文化带动经济增长。

（三）广泛吸纳社会力量投入公共文化服务

未来，长沙市要进一步调动全社会力量，让那些有条件的文化企事业单位、商业空间机构都能够参与到公益艺术培训中来，通过设立"公众开放日"的形式，给老百姓的艺术培训提供更多的场地和资源，并将艺术培训和文化活动的服务触角最大程度地延伸到农村各个角落，让"百姓大舞台，有艺你就来"成为长沙市文化活动的统领，全面提升长沙市的全民艺术素养。

"福建艺术扶贫工程"现状、特点与展望

林　彦[1]

"福建艺术扶贫工程"开始于 2004 年，定点、定时、定员为偏远贫困的农村小学提供免费艺术启蒙教育。目前，福建艺术扶贫基地从最早的 6 个试点学校发展到 220 多个基地。"福建艺术扶贫工程"从一个文化群体的爱心善举，发展成为一项民心工程，一张文化惠民的名片，成为福建省文化馆系统规模最大、范围最广、持续时间最长的公益性行动，先后荣获文化部第三届创新奖、国家文化创新工程、第十五届群星奖等荣誉，入选全国首批创建国家公共文化服务体系示范项目。

一、主要做法与成效

（一）调研接地气，以"关注农村、关注贫困、关注教育"为视角开启福建艺术扶贫工程

2004 年 2 月，福建省艺术馆深入农村开展文化调研，走访了 3 个县、9 个乡镇、20 余个村。福建省艺术馆针对调研中发现的很多边远山区小学没有配备专业艺术教师，也没有开设艺术课程的现状，提出以"关注农村、关注贫困、关注教育"为视角，选定距离福州市 50 公里左右的闽侯白沙镇马

---

[1] 林彦，福建省艺术馆办公室主任。

坑小学、大目溪小学、大目埕小学三所山区小学作为试点，每周安排一定时间开设美术、音乐、舞蹈、写作等兴趣小组课程，为山区学童免费开展艺术启蒙教育。试点工作开展后，受到学校、学生、家长和当地政府的热烈欢迎和一致好评。

2005年4月，福建省艺术馆向全省文化馆发出一同参与艺术扶贫的倡议，并将活动定名为"福建艺术扶贫工程"，得到了全省各级文化馆的热烈响应，近百名文化馆馆长在倡议书上签名。各级文化馆设立了艺术扶贫工作领导小组及专职负责人，形成了依托全省各级文化馆、组织联络广大专兼职群文工作者参与的省、市、县（区）三级联动、覆盖全省各地的艺术扶贫工程服务网络。

（二）突出公益性，以志愿服务、奉献爱心为纽带构建覆盖全省的艺术扶贫工作网络

"福建艺术扶贫工程"是一项免费提供艺术培训教育的公益性工程。全省文化馆始终坚持志愿服务，采取"自愿报名，分批下点"和"不搞陪同、不准吃请、不拿报酬"的原则，把艺术扶贫当作一项责任和一种自觉行动，使其成为传递爱心的民心工程，众多文艺界专家、企业家、军人、社会志愿者以捐资助学、捐款捐物、担任艺术扶贫教学等不同方式加入到艺术扶贫行列中来。

2015年以来，福建省艺术馆在艺术扶贫基地开展"传统戏曲文化进艺术扶贫基地"活动，各设区市艺术馆（群艺馆、文化馆）在条件具备的艺术扶贫基地设立具有当地特色的地方戏曲艺术扶贫示范点。目前，全省已有24所艺术扶贫基地学校开展传统戏曲进校园活动，共有17个剧种进入艺术扶贫基地学校，并为每所示范点拨付5万元经费，用于各所学校全年聘请非遗戏曲项目传承人教学、辅导及节目创排。福建省艺术馆与各设区市艺术馆（群艺馆、文化馆）还签订了协议书，共同推动戏曲文化遗产的保护、传承和发展。

2016年，由福建省艺术馆牵头，联合各设区市及平潭综合实验区艺术

馆（群艺馆、文化馆）组成了"福建省文化馆志愿者联盟"，完善全省艺术扶贫的队伍建设管理。一是健全工作机制，促进文化志愿服务规范化。建立起省文化馆志愿者总队——市（县）文化志愿者分队、乡镇文化志愿者服务队的组织架构，出台《福建省文化馆志愿者联盟章程》。二是统一管理模式，推动文化志愿服务常态化。建立了"福建省文化馆志愿者联盟"网站，实现资源共享、服务共建。建立了文化志愿者艺术团体和个人团员注册系统、人才档案库等。三是完善培训体系，增强文化志愿服务专业化。2016 年，举办了全省文化馆志愿者骨干培训班和两期"福建艺术扶贫工程舞蹈师资培训班"，聘请国家公共文化服务和文化志愿服务研究工作领域的有关领导和知名专家授课。四是加强宣传引导，助推文化志愿服务品牌化。利用"福建省文化馆志愿者联盟"网站，对各地进行文化志愿服务宣传。目前，全省已有281 支志愿者队伍，人数达 1 万余人。各级文化馆设立了艺术扶贫志愿服务工作领导小组及专职负责人，形成了依托全省各级文化馆、组织联络广大专兼职群文工作者参与的省、市、县（区）三级联动、覆盖全省各地艺术扶贫工程服务网络。

目前，全省已有 88 个文化馆、600 多位专业人员、1 万多个来自文化馆志愿者联盟的志愿者参与这项工程，在 221 所边远乡村学校建立了艺术扶贫基地，举办各类艺术兴趣班 460 多个，受益学生达百万人次，1000 多名艺术基地校学生参与各类演出，700 多名孩子在各类艺术比赛中获奖。其中，根据福建艺术扶贫工程真人真事改编、由艺术扶贫基地校师生共同演出的福建省艺术馆原创作品《带我起飞》于 2014 年在第十二届华东六省一市戏剧小品大赛中荣获大奖。

（三）扩大受益面，以创新发展理念拓展深化艺术扶贫内涵外延

一是艺术扶贫的内涵从向边远乡村小学开展艺术启蒙教育扩展到为重点贫困县培养音乐、舞蹈表演和非遗传承等文学艺术专业人才。福建省文化厅统筹部署，依托福建省艺术职业学院、福建省歌舞剧院的优质办学资源，通过举办艺术扶贫基地班，实现文化精准扶贫项目招生。向全省 23 个重点扶

贫县小学六年级应届毕业生招收六年制全日制中等职业教育层次的音乐和舞蹈表演二个专业学生，减免在学期间所有学费、住宿费和代办费，并积极争取社会力量为家庭经济困难的品学兼优学生给予生活补助。

二是艺术扶贫的范围不仅从边远乡村小学扩大到海岛小学，还走进未成年管教所、省女子监狱等，让失足人员通过艺术教育感悟真善美，激发向善向上力量。2016年，福建艺术扶贫工程启动服刑人员艺术帮扶工作，授予省未成年犯管教所、省女子监狱"艺术扶贫基地"，为该所服刑人员开设艺术课程。此外，组织艺术扶贫基地的学生积极参与相关展览活动，并特地委派非遗传承人对基地学生进行创作辅导。

三是艺术扶贫的触角从边远乡村延伸到城市艺术教育薄弱的社区。安泰社区合唱团自2012年福建艺术馆与福州鼓楼区安泰街道共建以来，依托省艺术馆专业人才优势，坚持每周排练，培育了团员60余人。2015年至今，该团完成103课时，先后参加第六届福建艺术节激情广场合唱比赛、"纪念中国人民抗日战争暨反法西斯战争胜利70周年大型歌会"等展演活动。

二、主要特色

"福建艺术扶贫工程"从局部试点到全面实施，再到八闽大地开花结果，是一个不断探索、创新发展的过程。十多年来，福建省艺术馆着眼于创造基层公共文化服务常态长效的"福建样板"，推动艺术扶贫在公共文化服务领域开创一个先例、创设一个典范、形成一种机制、铸就一个品牌。

一是将文化惠民与精准扶贫相结合。以文化馆自身资源为主体、汇聚社会各界爱心力量，把城市文化资源无偿输入边远乡村，满足了当地百姓对艺术扶贫的多样化需求，开创了基层公共文化建设帮扶的一个先例。

二是将自身带头与带动众人相结合。全省各级文化馆以志愿公益服务的规范性和无私奉献的纯洁性，形成了强大的社会感召力，得到了各级党政与社会各界的高度认可与称赞，吸引越来越多的爱心人士加入到艺术扶贫队伍中来，创设了持续发展壮大文化志愿者队伍的一个典范。

三是将政府为主导与公益性文化单位为主体相结合。以"主动介入、绵延不断"的方式承担起艺术扶贫的社会责任，把单纯以文艺表演为主的假日短期型文艺下乡变为定期定点定员开展艺术启蒙教育、培养艺术人才的长期型文化下乡，形成了一个由短期"送文化"变为长期"种文化"的常态长效机制。

四是成就文化品牌与增强品牌效应相结合。"十年磨一剑"的艺术扶贫爱心善举创举，引起了党政和社会的关注、肯定与支持，增强了其在示范引领公共文化服务中的榜样效应。新华社、《人民日报》、中央电视台、《中国文化报》《福建日报》等新闻媒体对福建艺术扶贫工程创新创造的公共文化服务"福建样板"经验做了深入报道，引起了社会的良好反响。中共中央宣传部、中央文明办、文化部等7个部门下发的《关于公共文化社会开展学雷锋志愿服务的实施意见》中，将福建省艺术馆确定为全国首批学雷锋志愿服务61个示范单位之一。

三、未来工作方向

虽然艺术扶贫工作取得了很大的成绩，但也存在不足之处，主要表现为城镇社区文化志愿者服务站点不够多，群文活动志愿服务的工作力量有待加强，服务项目还需拓展、深化，未来要以创新发展理念引领解决上述问题。

（一）要广泛汇聚全省文化工作力量，发展壮大艺术精准扶贫工作队伍，拓展提升艺术精准扶贫内涵水平

立足文化馆职能，突出艺术扶贫重点，坚持项目化运作，广范围、多层次推进志愿服务工作，进一步建立健全志愿服务的常态长效机制。要广泛吸纳来自全省文化系统及民间的文艺人才参与到艺术精准扶贫工作中来，加强文化志愿者队伍的培训教育工作，提升力度，不断提高文化志愿者的素质水平。

（二）要以新发展理念引领艺术精准扶贫工作创新发展，做大做强做优艺术精准扶贫品牌

2016年起，福建艺术扶贫工程聚焦文化精准扶贫，将艺术扶贫视角对

准处于困境中的农民画群体，启动农民漆画培训实验计划。学员们通过"一对一"导师制教学，将漆艺技法运用到他们所熟悉的农民画中，实现由农民画到现代漆画的转换创新，闯出一条拓展农民画创新发展空间和艺术精确扶贫新路。至今举办了5期农民漆画班，培训120名学员，创作的300多幅作品在福州三坊七巷展出后，引起各界强烈反响。未来，要从建立中国农民漆画主题馆、建设两个农民漆画示范基地和一个农民漆画特色小镇及走进丝绸之路经济带开展农民漆画相关活动入手，进一步有效提升农民画的艺术价值和市场价值，探索实现精准扶贫、艺术创新和公共文化服务相结合的"福建模式"，通过总结运用农民漆画的实践经验，做优做强地方文化品牌，进一步拓展延伸艺术精准扶贫的范围、路径。

东莞市文化馆的"六化"建设

黄晓丽[1]

东莞市文化馆是国家一级文化馆、广东省十佳文化馆，是全国数字文化馆试点单位之一。长期以来，东莞市文化馆坚持开门办馆和多元服务相结合，不断开拓思路、多维创新，紧抓公共文化服务产品的供给侧改革，在场馆布局人性化、服务数字化、团队人才化、活动品牌化、运营社会化、管理制度化方面逐步走出了一条独具特色的"六化"发展之路，形成了特色鲜明的"东莞模式"。

一、布局人性化：让服务供给更贴心更便捷

东莞市文化馆新馆——东莞市民艺术中心是东莞市文化名城建设的重大设施项目。为充分利用每一个空间，让市民能够一站式地参与、享受贴心温暖的服务，文化馆在功能布局上进行了科学规划。

（一）打造"一站式"服务综合体

东莞市文化馆将场馆划分为"3+8"功能区域，即3大主楼（东莞市文化馆、东莞非遗展览馆、星剧场）、8大功能区域（非遗区、培训区、演艺区、创作区、数字体验区、活动区、展示区、服务区），可"一站式"、全方位满足市民

---

[1] 黄晓丽，广东省东莞市文化馆馆长。

多样文化需求。

（二）规划整合"1+N"功能区域

为发挥场馆最大效用，东莞市文化馆对所有可利用空间进行再次规划，实行"一区域多功能"及"一功能多区域设置"的整合模式。"一区域多功能"，即指功能室在主打一个服务类别的基础上，可供培训、演出、排练等各活动开展，如将艺术长廊打造为兼顾休息、阅读展览，把318剧场打造为兼具小剧场、培训室、舞蹈室等功能；"一功能多区域设置"，则指利用场馆空白或闲置空间，因地制宜开拓服务阵地，如利用空白墙体、闲置空间打造多个灵活的展览空间，利用转角空地设置多个休闲阅读区、文化艺术空间等，丰富充实场馆功能。

（三）增强场馆辨识标志

东莞市文化馆参考国际时尚元素，对场馆标识系统进行升级改造，以时尚紫为主打色，为每座主楼设计了外墙发光楼标、LED外屏，文化馆常态宣传等。此外，根据市民反映的问题及实际需求，对馆内指引标识进行升级和完善，对37间功能室进行艺术命名及编号，如油画课室命名为"书画坊——向日葵"（302），课室整面墙体进行向日葵图案的彩绘，增添场馆艺术趣味，并配备相应的数字设备，使场馆的服务既时尚现代又便捷贴心。

二、服务数字化：打通公共文化服务上下脉络

为使公共文化服务更加便捷高效，东莞市文化馆坚持"互联网+"思维，加强公共数字文化建设。

（一）开发线上一站式服务平台

东莞市数字文化馆"文化莞家"集活动发布、报名参与、培训招生、选座购票、场馆预定、线上观展听讲座看表演等功能于一体，设有网站和微

信两个版本，连通东莞市各数字文化馆分馆，实现全市资源同步共享，市民随时随地就能获取最新的文化服务资讯，或进行报名、购票等操作，有效提高了文化馆活动知晓率和入座率。

（二）启用线下数字体验空间"艺塾云"

东莞市文化馆以"趣味性＋实用性"为定位，在馆内二层建设了数字文化馆线下数字体验区"艺塾云"，如室外设置了红外线雷达感应的钢琴键道区、数字迷你展示长廊、中国文化网络电视观赏区、多功能音乐试听体验区域，室内则设有"慧互亲子"活动室、"霓裳飞舞"舞蹈室、"时光记忆"摄影室、"智慧课堂"总分馆中央大课堂和"四方当代"当代艺术展厅8大数字化功能室，市民在这里可以体验各种各样的公共数字文化服务。

（三）构建总分馆数字化服务体系

2016年，东莞结合数字文化馆试点和推广建设，探索构建"市总馆—镇街分馆—社区分馆—企业分馆"的网格化管理体系。一方面，该体系以数字化、多模式共存为特色，设有平台联盟式、业务派驻式、管理委托式和品牌连锁式四大类别，每种模式对应不同程度的资源配套和职责分工，根据各镇街（园区）发展情况自选、采用不同的管理运作模式。另一方面，该体系以数字化建设为主线，主打"数字公共文化服务"，实现各分馆标识系统统一化、场馆设施网络化、基础服务标准化、管理运作模块化、资源平台数字化。目前，东莞已建成1个数字文化馆总馆、6个数字化文化馆分馆以及若干基层试点和社会服务网点。预计到2020年将全面建成覆盖城乡的文化馆（数字文化）总分馆体系，串联全市各级文化馆、站、室以及企业、社会机构文化场所，解决公共文化服务供给的"最后一公里"问题。

三、团队人才化：夯实公共文化服务智力基础

东莞市文化馆注重通过培训、选拔、社团活动等手段，搭建群文骨干和

馆办团队的发展平台，积极培育公共文化服务供给的中坚力量。

（一）加强人才培训，启动"东莞群文英才工程"

结合群文骨干公益培训艺术名师高级研修班，在全市各镇（街）甄选近百名群文骨干，通过"传帮带"的方式进行重点培育，逐步建立群文干部精英储备库；开办"名家课堂"，邀请各艺术领域的名师专家为群文骨干、艺术教师、文艺爱好者进行专题授课；鼓励和支持馆内人员外出培训。仅2016年就选派了15批次的人员赴全国各地参加培训学习，进一步激发了团队的热情和创造活力。

（二）加强引导支持，培育馆办社团

东莞市文化馆下设东莞市合唱团、东莞市民乐团（含古筝团）和东莞市舞蹈团三大业余艺术团队，成为东莞长期的演出服务队伍，为市民带去了一系列多彩的高端文艺演出，并在省内外取得众多佳绩。为持续加强文化馆自办队伍的影响力，东莞市文化馆还积极培育发展特色文艺社团，如儿童剧社、曲艺社和东莞爱乐乐团等，其中，儿童剧社承办了"星星儿童剧场"东莞市优秀本土原创儿童剧展演，曲艺社负责策划承办"一见你就笑"国内欢乐喜剧团队展演活动，固定周末在东莞市文化馆演出，所有市民免费参与，受到了各年龄阶层市民的热捧与好评。

四、活动品牌化：实现公共文化服务供给侧改革

东莞市文化馆以新馆为阵地，以对接群众需求为导向，以内容为根本，实施品牌化发展路径，创新策划了丰富多元、特色鲜明的5大系列品牌。

（一）东莞文化四季

该项目采取市场引入、社会合作方式，按照四季更替时序，依次推出"音乐舞蹈季""非遗季""青少年艺术季""戏剧狂欢季"四个主题艺术季，

推出系列高端精品演出、品牌比赛、大师班培训、精品展览等活动。2016年首先尝试推出的青少年艺术季，以加强对青少年的艺术熏陶为目标，推出十大主题、50多项零门槛活动，以40多万项目预算撬动社会资金150万，吸引了3000多人报名参加，受益市民达10万余人次，为市民带来了高品质、低门槛的文化新体验。

（二）东莞文化年历

该品牌是东莞市文化馆引入政府新闻发布平台及媒体行业力量的跨界合作项目，项目以东莞城市标识"莞香花开"为主题，围绕一年37个传统文化节日和重大纪念日，策划开展一系列文化活动，挖掘和丰富节日的精神文化内涵。通过"莞香花开"，东莞市政府公众微信号、东莞市文化馆微信、网站等渠道发布电子文化年历，市民可随时随地获知节假日活动。

（三）文化志愿者大舞台

2014年创办的此品牌是文化部文化志愿服务示范项目和广东省最佳志愿服务项目，项目以都市彩虹剧场为演出阵地，采取文化志愿者自管、自编、自导、自演的运作模式，固定每周三晚七点半举行一场文艺演出，发挥文化志愿者的"文艺专长"，带动"志愿"服务热情，并以此发掘与吸引专业及民间业余文艺团队、人才参加义演。截至2016年底，共组织演出近120场，受惠群众达20多万人。

（四）东莞非遗系列活动品牌

东莞市拥有非遗代表性项目市级以上120项、省级以上39项、国家级8项，国家级代表性传承人2人（去世1人）、省级传承人25人（去世3人）、市级传承人29人（去世1人）。东莞市文化馆通过创新推出"东莞非遗季""东莞非遗墟市""非遗课堂""非遗进校园""非遗走镇街"等系列品牌活动，健全全市非遗保护体系，大力弘扬传承中国优秀传统文化。

（五）群众文艺精品赛事品牌

为加强文艺作品创作生产和引导，创作一批能融入生活的优秀群众文艺精品，东莞市设立了三年一届的东莞市群众音乐舞蹈花会、东莞市群众戏剧曲艺花会、东莞市少儿艺术花会三大花会，两年一届的东莞市美术书法摄影联展、东莞市合唱节等，并与国家级、省级相关赛事进行对接，不断挖掘大批优秀文艺人才，积累了大量的优秀文艺作品。

五、运营社会化：完善公共文化服务供给

2016 年 3 月，在编制未增的情况下，东莞市文化馆从 1.5 万平方米的旧馆搬迁至 2.8 万平方米的新馆，为化解场馆运营和人员紧缺等难题，文化馆引入市场化、社会化的管理运作新模式，在探索中逐步形成一套有效的公共文化服务供给模式。

（一）引入市场运营，盘活场馆资源

东莞市文化馆星剧场采取社会化运营模式，引入国内外先进地区的文化企业、演艺机构的精品项目，免费向演出企业或机构提供场地，并要求演出企业以低于市场价格 15%-25% 的优惠比例出售惠民票价，或提供一定比例的公益赠票，不仅培养了市民的文化消费习惯，也有效避免了场馆闲置，最大限度地激发了场馆运营的效能与活力。

（二）采取竞争性扶持，向市场开放资源

东莞市文化馆通过公开招募、资金补贴、场地支持、宣传支持等方式，策划推出多个由社会力量供给的服务品牌，发动社会文艺团体及人才参与公共文化服务，如推出的东莞市青年艺术家圆梦行动、东莞城市艺术空间和文化志愿者大舞台等项目，均由优秀的个人或社会团体负责提供演出服务，东莞市文化馆则作为主办单位对提供服务的个人或团体给予资金、场地、培训等扶持，双方资源共享、互惠互利。

（三）引入社会资源，充实活动运营资本

为扩大文化惠民的覆盖面，东莞市文化馆通过引入资源的方式开放社会力量参与公共文化服务渠道，如东莞市文化馆建设的数字线下体验平台"悠云空间"，由文化馆主导规划、设计，企业负责经费投资，共同打造了集数字技术展示、休闲观赏、体验互动等功能于一体的文化空间。

（四）强化志愿服务，发挥群众力量

成立"东莞市文化志愿者协会"，建立"统一制度、统一管理、统一形象"的制度化管理体系，凝聚了一支有注册志愿者14900多人的文化志愿者队伍，为各项文化活动的开展提供充足的人力支撑，打造了由文化志愿者自主策划、组织开展的"文化志愿者大舞台""文志爱心公益行"等文化服务品牌。

六、管理制度化：变"人治"为"法治"的探索

为科学高效地开展公共文化服务，东莞市文化馆在出台执行《东莞市文化馆服务规范》基础上，不断完善和细化馆内各项管理制度，制定实施《东莞市文化馆规范化管理实施细则》，建立健全财务监督、文件办理、人事管理等制度、车辆管理制度，明确馆内人员外出、员工请（休）假等事项的流程和规定，着力构建一个规范有序的集体。在场馆管理方面，制定了《东莞市民艺术中心场馆管理办法》《东莞市文化馆星剧场管理办法》《东莞市文化馆展览规章制度》《东莞市民艺术中心消防安全检查制度》等制度征求意见稿，确保场馆运行有制度依据，确保场馆使用规范安全。在专家评委管理方面，充分发挥各艺术门类专家评审工作中的作用，建立《东莞市文化馆文艺评审专家库管理制度》，为东莞市各项文艺评审工作的咨询、论证、评审和专业指导提供规范。此外，根据《中华人民共和国公共文化服务保障法》的要求，制定了《东莞市文化馆服务公示》，将文化馆服务供给内容向市民公开公示，做到服务内容公开透明。

丽水"乡村春晚"带动乡村艺术普及

林岳豹[1]

丽水"乡村春晚"是浙江省丽水市着力破解乡村现代公共文化服务体系建设各种制约因素，通过春节期间发动村民自办、自编、自导、自演联欢晚会和乡村民俗活动的模式，打开群众"艺术普及之门"，激发乡村群众"自主创办"文化的热情，满足群众文化的多元需求，培育乡村民俗旅游产业，促进乡风和谐的创新载体。乡村春晚以其萌生于民间、根植于乡村、来源于群众的草根特性，引发广大乡村群众热情参与，并不断推广复制。到 2017 年春节，丽水全市共有 882 个行政村自办春晚，800 多名农民导演、30 多万村晚民星、80 多万观众、20 多万外地游客在乡村春晚的草根舞台上，组织了 11000 多个农民自创节目、100 多台特色春晚。村民在这个舞台上充分展现了自己的文化梦、春晚梦。丽水市所有的文化礼堂均实现了乡村春晚全覆盖，其乡村春晚的现象引发了社会广泛关注和全国的参与联动。2017 年春节期间，全国乡村春晚百县万村网络联动活动全面铺开，全国共有 23 个省（市）、100 个县、10000 多个村参与了丽水乡村春晚的联动活动之中，乡村春晚形成了丽水为轴、全国联动、全球逐步参与的文化知名品牌。

---

［1］林岳豹,浙江省丽水市文化广电新闻出版局艺术处处长。

一、主要做法

（一）鼓励民间自发，"月山春晚"效应初显

春节期间，丽水的乡村群众自主举办春晚由来已久，并渐成为过年习俗，其中最具代表的是从1981年开始持续举办至今的庆元月山村的"月山春晚"。月山春晚由村双委自发牵头，村文化能人组成"导演"班子，安排晚会一切事宜，演员是全村男女老少，上至九旬老人，下至三四岁儿童都是舞台的主角。月山春晚充分发挥群众的智慧，70%以上的村民参与晚会相关事务，春晚主题内容的选择和文化元素的挖掘由群众决定，切实尊重群众的文化话语权、参与权、创作权和决策权，鼓励村民自编自唱、自演自赏，全面激发全村群众文化创作热情。月山春晚节目演绎的是本村的乡音乡愁，创意独特接地气。

（二）培育参与主体，充实春晚内容

一是积极鼓励群众自办文化。在新农村文化建设中，鼓励村民在舞台上"秀一把自我""圆演员梦、导演梦"，打造"我的文化我做主"的乡村文化服务。"乡村春晚"使村民文化自主表现多元，不仅能跳、能唱、能演、能导，平时聚到一起排练、跳舞、参加活动也成了新的时尚。

二是传播文明社会新风尚，充实春晚内容。"春晚"是年终村民的一件集体文化盛事，不少村结合村里的精神文明建设，把"道德奖""助学奖""孝敬奖"等都在这一舞台上颁发。党和政府的方针政策，生活中好人、好事以及遇到的问题都以村歌、小品、舞蹈等群众喜闻乐见的舞台形式表演出来，起到了宣传教育的作用。

（三）加强顶层设计，强化政府保障

丽水市文化部门将"乡村春晚"项目提升到政府引领的层面进行规范推动，以开展创建省级和国家级公共文化示范项目为契机，使乡村春晚项目建

设步入制度化、规范化。不断完善乡村春晚的理论研究和制度设计，已形成《丽水"乡村春晚"文化现象保护利用与发展价值初探》《对农民自办文化模式的研究与思考——以"乡村春晚"为例》《乡土文化与乡村文化的建设：以浙江省丽水市"乡村春晚"为例》《铸造村晚国家文化示范项目，促进丽水文化旅游跨越发展》等5项研究成果。2015年开始，市政府成立了丽水市创建国家级公共文化示范项目领导小组，出台了《丽水市创建国家级公共文化示范项目实施计划》，制定了《"乡村春晚"五年建设规划》，先后12次印发相关文件通知，推动创建工作，每年安排100万元专项保障资金，县一级按需配套，两年累计共投入专项资金2256.27万元，形成部门共推、上下联动、社会参与的局面。

（四）推广"月山模式""一县一特色"初具成效

针对农村文化工作的新形势、新需求、新特点，市文广出版局通过组织全市学习观摩、培训宣传等做法，全面推广"月山春晚"经验和做法，在全市推行"乡村春晚"示范县建设，由各县自主申报，因地制宜开展项目建设，目前，全市共有缙云、遂昌等6个县入围，极大地激发了文化部门的积极性。同时，在推广"月山样式"的基础上，要求各级文化部门依托农村文化礼堂建设主阵地，全面推行乡村文化礼堂"村晚全覆盖"行动。各级文化部门的有效推动，广泛激发了乡村文化建设的自信自觉，丽水的"乡村春晚"得以迅速发展，从"月山"到示范县之火，再到全市427个行政村遍地开花：景宁县以"百村闹春"的形式组织了100多台春晚，云和县突出"百项非遗"为特色办村晚，缙云县结合当地婺剧特色办村晚等。一县一特色的"乡村春晚"品牌正在全市形成。

（五）打造"百台特色乡村春晚"品牌，进一步完善体制机制

一是打造乡村春晚的支撑机制。群众需求为导向，顺延群众对春晚的文化喜好，从点到面进行公共文化供给侧改革设计，逐步形成村晚体系的六大支撑机制：乡村自办春晚形成机制（群众自办文化模式）、乡土文化特色

人才培育机制（乡村群众艺术普及）、乡村自办文化资金保障机制（引进社会力量参与服务）、乡土文化提升帮扶机制（乡村群众艺术普及与提升）、乡土文化走出去互动机制（区域优秀文化互动交流）、乡村文化理事会机制（文化志愿者和文化理事会）。

二是建立乡村春晚数据库。将全市百台特色乡村春晚、百名乡村春晚明星、百名大师拍春晚、百名作家写春晚、十台样本春晚、十台最美春晚、春晚王牌节目、春晚建设工作动态等有关影像数据，与丽水乡村的好山好水融合，通过网络传播的形式，实现品牌成果共建共享。

三是形成乡村春晚多业态融合发展。将丽水乡村春晚与电子商务结合，依托天猫淘宝店开通"淘宝村晚"，全国广大网友通过网络点单形式，选择自己喜爱的乡村春晚线路进行文化消费体验。与市旅游局签订了《百台特色村晚联建框架协议》，将乡村春晚列入乡村旅游的特色产品。借助"乡村春晚"的品牌效应，在农村打开了本土特色产业和生态农副产品销售窗口，推动农村经济发展。

二、取得的主要成效

（一）群众参与艺术普及效果显著

目前，乡村自办春晚的现象在丽水已持续37年，通过示范项目创建推动，全市已建成乡村春晚示范县 6 个，自办春晚行政村覆盖率达 40%，建有乡村春晚文化志愿队伍 1800 多支，培育春晚导演、春晚主持、春晚民星、春晚灯光音响师等特色文化人才 1600 名，乡村春晚文化精品体验线路 10 条，在自办乡村春晚的行政村基本实现了有一支人才队伍、有一个保留精品节目、有一个民俗文化节庆、有一台特色春晚的"四有"建设标准。

（二）传统民俗和非遗项目得到较好传承

乡村春晚所表现的内容和形式，所反映的主题都来自群众日常生产生活，

为群众所喜闻乐见，是生活真实与艺术真实的有机融合。在乡村春晚的舞台上，民间绝技、民俗活动、祭祖祈福、刘坞小调、舞龙、舞狮、台阁等传统文化和非遗项目纷纷亮相，在娱乐群众的同时也得到了很好的宣传和传承。

（三）形成了良好的村风民风

通过"乡村春晚"等春节文化活动的开展，使村民在春节期间聚到一起排练、跳舞，参加活动成了新的时尚，部分村还为乡村春晚安排相配套的文体活动，不仅活跃了节日氛围，也带动了村风民风的好转。乡村春晚已超越晚会单纯的娱乐功能，通过筹备和参与这台春晚，村民的归属感、道德感、责任感和认同感等情感得到巩固和交融，村民间的关系更加美好和谐。"乡村春晚"在丰富当地群众文化生活的同时，作为一个文化符号，成为凝聚村民情感、促进乡风文明、推动和谐文化建设的良好载体。

三、未来发展

一是拓展乡村春晚覆盖范围。通过政府的积极引导和大力扶持，进一步激发村民自办春晚的热情，实现乡村春晚覆盖全市 40% 以上的行政村。二是强化乡村春晚的内涵建设。充分挖掘和整合区域文化资源，筹办 100 台特色春晚、10 台样本春晚，推进乡村春晚精品化和品牌化建设。三是推动乡村春晚的共建共享。整合相邻村际间的人才、文化、资金、器械等资源，统筹规划、携手共建，加强市域内、跨省市合作，共建乡村春晚区域发展联盟。四是提升乡村春晚的带动效应。推动乡村春晚同乡村旅游开发并肩同行，形成以文化带动旅游，以旅游促进经济，以经济反哺文化的多赢发展道路。五是加强乡村春晚的数字化建设。通过和媒介运行商建立长效合作机制，展示乡村春晚，实现公共文化服务的便利性和均等性。六是做好乡村春晚全国示范项目的创建收官工作。建设 30 个乡村文化梦剧场，评比一批乡村春晚工匠，申报一批乡村春晚工作室，开展百台乡村春晚评选验收，完成乡村春晚品牌标准研究，聘请百名乡村春晚观察员。

"文化有约"：公共文化"互联网+"创新平台

浙江省嘉兴市文化广电新闻出版局

近年来，浙江省嘉兴市以保障文化民生、落实文化惠民为根本，以构建现代公共文化服务体系为目标，在深化公益性文化场馆免费开放的基础上，着眼于供给模式的创新，运用"互联网+"思维，建立起综合性、一站式"文化有约"服务和管理平台，嵌入大数据采集和分析处理，精准对接群众文化需求，大大提升群众参与度。"文化有约"通过统筹各类公共文化资源，以"菜单式"预约形式为广大市民提供免费培训、讲座、展览、演出、活动等服务项目，依靠数字化打通公共文化服务"最后一公里"，实现了文化与科技的深入融合，打造公共文化"互联网+"的特色创新平台，丰富优化了公共文化产品和服务供给，提高了服务的针对性和实效性，促进了均等化，大大提升了群众的知晓率、参与率和满意度。

嘉兴市创新实施"文化有约"、推进公共文化供给侧改革的经验和做法，得到了文化部领导和专家的高度评价，多次应邀在全国会议、论坛上做典型经验交流。《人民日报》《中国文化报》《浙江日报》等中央和省级媒体深入报道了嘉兴的创新实践。"文化有约"已成为"互联网+公共文化服务"的知名品牌，为全国提供了借鉴和示范。

一、发展缘起

2011年1月，文化部、财政部联合下发《关于推进全国美术馆公共图

书馆文化馆（站）免费开放工作的意见》（文财务发［2011］5号），提出要"与深化文化体制改革、提升公共文化服务能力相结合，实现美术馆、公共图书馆、文化馆（站）规章制度健全，职责任务清晰，服务内容明确，保障机制完善，健全与其职能相适应的基本文化服务项目并免费向群众提供，设施利用率明显提高，使免费服务成为政府的重要民生项目和公共文化服务品牌"。为此，2011年7月，嘉兴市启动了以"共享和均等"为理念，以"资讯便捷、双向互动和零距离参与"为目标的"文化有约"项目及数字化平台建设，充分整合市图书馆、文化馆、博物馆和美术馆特色资源，推出了六大类免费项目和三大特色主题活动，全方位、多层次为群众提供服务菜单，建立以需求为导向、有效对接群众文化需求的公共文化服务供给体系。2012年3月，时任文化部部长蔡武和副部长杨志今对嘉兴市此项工作先后做出重要批示，给予充分肯定。

经过两年的探索和实践，2013年，"文化有约"网站全新改版，实现了从诞生之初的1.0版本到2.0版本全面升级，借鉴团购网站运营模式，将所有活动资源包装成文化产品（项目）统一上架，以"菜单式"预约形式供群众"点单"参与，并开通了手机微信服务号，不断增强互动反馈功能，使"文化有约"的品牌效应进一步扩大。2014年，"文化有约"列入嘉兴市政府"十大民生实事项目"，进一步整合了科技馆、工人文化宫、青少年宫、妇女儿童活动中心等文化系统以外的公益性文化场馆，把"文化有约"建设成为嘉兴市公共文化服务的"民生工程"和"民心工程"。

2015年，"文化有约"推出拥有十大新功能的3.0版本，升级用户体验，实现摇号、积分管理、众筹等功能，解决了短信发送障碍、网络性能不稳定、后台操作不灵活等技术问题，单天最高访问量突破2万人次。新改版的"文化有约"平台日趋成熟和完善，管理更高效、预约更便捷、服务更优质、参与更公平。

"文化有约"运用文化与科技深度融合、线上与线下互动结合的新模式，实现了横向拓展、纵向延伸，重心下移、资源下沉，极大地丰富了公共文化产品和服务供给，满足了群众基本文化需求，为公共文化"互联网＋"提供了可借鉴、可复制、可推广的"嘉兴经验"。

二、设计理念

"文化有约"是新形势下创新公共文化服务模式、提高服务效能、保障文化民生的有力举措,其运用互联网思维,建立统一服务和管理平台,提高了文化资源供给和服务能力;依靠数字化打通"最后一公里",把文化活动送到需要的老百姓身边,创新了服务形态,提高了服务效能,保障了文化民生;"文化有约"是科技创新与公共文化服务的深度融合,是"互联网+"公共文化服务的创新示范。面向未来发展,"文化有约"在现有基础上,更多地探索公益众筹,拓展社会供给,利用互联网平台吸引更多的文化类机构、企业和公众参与;更多地探索运用大数据分析、数字化手段,开展互联网综合性、体系化的公共文化服务,进一步丰富优化公共文化产品和服务供给。

三、创新举措

(一)整合社会资源,打造供给平台

"文化有约"整合了文化系统内图书馆、文化馆、博物馆、美术馆和系统外科技馆、工人文化宫、青少年宫、妇女儿童活动中心等各类资源,并由市级延伸到各县(市、区),由政府主办的公益性文化场馆拓展到社会力量兴办的各类文化机构,实现了跨部门、跨行业、跨地域公共文化资源的有效整合,丰富了产品和服务内容,提升了总量质量,促进了共建共享。

(二)对接群众需求,打造互动平台

"文化有约"建立了互联网电脑端、手机客户端和数字电视端三大预约服务平台,互联互通、实时同步。按照"统一标识、统一管理、统一平台、统一制度"的要求,以"菜单式""订单式""众筹式"等形式向人们提供免费培训、辅导、演出、讲座、展览、场地及各类特色主题文化活动,深受

广大群众的欢迎。自 2013 年 7 月网站改版以来，"文化有约"网站访问量已突破 500 万次，并形成了"夕阳红 e 族""帮兄弟回家""小石榴艺苑""零距离赏宝""最炫民俗风""科学棒棒堂"等一系列品牌，共同为市民群众献上了丰富多样的"文化大餐"。

（三）强化运行管理，打造激励平台

为推动"文化有约"可持续发展，2014 年 6 月，嘉兴市出台了《全面推进"文化有约"项目实施意见》，建立了长效保障机制，并且明确市财政每年安排一定额度用于"文化有约"项目经费补助。同时，制定《"文化有约"用户积分管理暂行办法》，凡每日登录平台、参与活动、参与点评等行为均可获得积分，但违约失信行为将被扣减积分，并建立积分的激励机制，实现了群众的实时评价与反馈。"文化有约"还开发了"摇号""众筹"等新功能，将互联网思维在公共文化服务领域中灵活运用。

（四）联手各类媒介，打造传播平台

"文化有约"通过各种方式途径联手各类媒介，打造全媒体传播平台。从互联网到电话热线、短信微信；从日报晚报，到电台电视；从公交媒体，到社区、商场视频；从统一标识、宣传口号，到书签雨伞、画册海报。"文化有约"正逐渐走进千家万户，成为嘉兴公共文化服务的"民生工程""民心工程"，成为嘉兴公共文化服务的一张金名片，受到各级媒体的广泛关注，创新经验在全国也备受瞩目。

四、主要成效

（一）政府有约，实现了供给与需求的有效对接

"文化有约"在政府层面上建立了统筹协调机制，公共文化供给实现了横向拓展、纵向延伸，形成了部门联动和跨领域合作的协作联盟，促进了区

域内公共文化资源的共建共享。同时，改变了以往政府部门单向地送文化到基层的模式，广大群众不论区域、城乡、年龄、学历、身份，都能够通过多终端预约的方式，方便快捷地享受到优质、高效、均等的公共文化服务项目，精准对接文化需求，保障了群众的基本文化权益。

（二）场馆有约，促进了社会资源的统筹协调

"文化有约"不仅是文化部门、文化场馆与群众互动的平台，也是社会力量承接文化项目的舞台，在统筹了市级图书馆、文化馆、博物馆和美术馆等公共文化场馆和资源的基础上，进一步统筹和协调了分散在科技馆、工人文化宫、青少年宫、妇女儿童活动中心和民营机构、社会组织等的公共文化资源，使公共文化活动常态化、系列化开展。"文化有约"已不再是文化部门的单打独斗，而是全社会共同参与的协作联盟。公益性文化场馆和资源在"文化有约"这个平台上得到了高效利用和效能不断攀升，达到了群众"进得来、愿意来、有所获"的既定目标。

（三）百姓有约，拓宽了公共文化服务的覆盖面

"文化有约"平台通过对各类公共文化资源的整合，满足了各类人群的文化需求，活动范围也扩大到"大嘉兴"区域，提高了群众的参与度，增强了品牌的社会公认度。将公共文化资源打包成项目供群众预约参与，由市民选择自己喜欢的文化活动，提高了公共文化服务的针对性和实效性。畅通监督反馈机制，对项目作出评价，及时受理群众诉求，推出更符合群众需要的公共文化产品，提高了群众参与公共文化服务的积极性和主动性。截至2016年12月，"文化有约"共推出培训、辅导、演出、展览等各类公益性文化活动项目2900多个，共计13292场次，直接受益群众达150万人次。

（四）社会有约，调动了社会力量的积极参与

"文化有约"不仅是文化部门、文化场馆与群众互动的平台，也是社会力量承接文化项目的舞台。在整合公共文化资源的同时，以政府购买服务的

方式，调动了社会力量参与公共文化服务的积极性。目前，"文化有约"已吸纳了近30家民营文化机构加盟，服务内容更为丰富、服务形式更为多样、服务主体更为多元、服务动能不断增强，推动了公共文化服务向优质服务转变，在一定程度上培育和促进了文化消费。

五、未来发展方向

下一步，"文化有约"将继续深化公共文化领域供给侧改革，坚持政府主导、市场和社会共同参与，以群众需求为导向，不断丰富优化公共文化产品和服务供给，实现标准化和个性化服务的有机统一，满足群众日益增长、不断升级的文化需要。

一是出台政府向社会力量购买公共文化服务实施办法，建立健全公共文化服务、"文化有约"项目购买方式、标准、评价体系。二是充分发挥互联网优势，完善线上服务功能，强化线上线下互动，开启群众主动参与模式，通过文化活动众筹、专家评审推荐、大数据分析遴选等方式，将群众急需、内涵丰富、格调健康、形式多样的优质文化项目提供给全社会。三是加强"文化有约"项目管理服务，建立完善分类、积分等制度，加快培育文化类社会组织，促进公共文化与文化产业融合发展，更大范围、更深层次地拓展社会文化资源供给。

"文化嘉定云"：助推公共文化服务迈入"云时代"

上海市嘉定区文化广播影视管理局

"文化嘉定云"是上海市嘉定区在全国率先建成的基层公共文化信息化服务平台，旨在通过"互联网+公共文化服务"运作模式，整合全区公共文化服务资源，提升公共文化服务效能，提高公众享受文化服务的满意度。

一、建设背景与过程

（一）建设背景

上海市嘉定区位于上海西北郊，拥有较为完善的公共文化服务网络，历史文化资源较为丰富，但与此同时，城乡差异大、外来从业人员数量多、文化需求多元化等因素，也让嘉定区公共文化建设困难重重。随着公共文化设施的不断健全完善，如何更有效地利用好这些场馆硬件设施，更贴近公众的文化需求，更好地培育公众的文化生活方式，成为嘉定区近年来一直在探索突破的关键点。在充分调研分析的基础上，2012年，嘉定区以数字化建设为突破口，率先在上海乃至全国提出建立公共文化信息化服务云平台"文化嘉定云"。

（二）建设过程

"文化嘉定云"项目又称"嘉定区公共文化数字服务平台"，2012年

初开始设计规划，2013 年正式立项，经过长达 9 个月的开发制作，于 2014 年 1 月正式上线。有别于一般政府信息化信息"一次建设多年维护"的常规投入模式，"文化嘉定云"通过"规划与建设同步、运行与调整同步"的运作方式，经历了 3 个大版本和 37 个小版本的改动（见表 1）。

表 1　文化嘉定云版本更新情况

信息化项目名称	运作时间	版本号	版块数量	服务渠道
嘉定区公共文化数字服务平台一期项目	2014 年 1 月—2014 年 12 月	文化嘉定云 V1.0	14 个	网页版、终端机
嘉定区公共文化数字服务平台（文化嘉定云）二期	2014 年 12 月—2015 年 11 月	文化嘉定云 V2.0	6 个	网页版、终端机、手机 APP
	2015 年 11 月—2016 年 10 月	文化嘉定云 V2.5	5 个	网页版、终端机、手机 APP、微信服务号
文化嘉定云（嘉定区公共文化信息服务平台）三期	2016 年 11 月至今	文化嘉定云 V3.0	7 个	网页版、终端机、手机 APP、微信服务号、有线电视机顶盒（在建）

目前"文化嘉定云"已建设至三期，经过三年运行，形成了网页版、苹果 APP、安卓 APP 三种载体，开辟了具有文化活动、场馆预订、文化众筹、文化社团、网上书房、发现故事、数字展馆七大服务版块的公共文化信息化服务平台。运行三年来，注册会员 6 万余名，发布文化活动预订信息 3000 余场，提供演出、讲座、展览等活动视频回顾以及精品纪录片 500 余部，日均访问量达到 34 万次，受到国家文化部、专家、业界及市民的普遍关注和认可。作为 2016 年嘉定区政府当年实事项目，同年 12 月，文化嘉定云项目获评复旦大学、中山大学联合颁布的"2016 年度中国网络理政十大

创新案例奖"。

二、平台服务内容

"文化嘉定云"融知识服务、艺术欣赏、文化传播、交流互动为一体，开辟形成了具有文化活动、场馆预订、文化众筹、文化社团、网上书房、发现故事、数字展馆七大服务版块，为市民享受公共文化服务开辟了一个全新门户。

（一）信息发布服务

1. 官方文化活动信息发布

"文化嘉定云"整合发布包括区级 5 个公共文化场馆、12 个街镇社区文化活动中心的文化活动信息。市民通过文化嘉定云了解文化活动信息，参加活动只需通过网络预约，活动当天到现场终端机自助取票，或直接通过手机验票码扫描入场即可。目前，文化嘉定云的信息服务已经覆盖到全区100% 的区级公共文化活动、87% 的镇级公共文化活动，以及部分村居级公共文化活动，从而最大程度地给予市民参与文化活动的便利性和公正性，激发了市民参与文化活动的热情。

2. 社会力量公共文化活动信息发布

依靠文化嘉定云，不仅区镇公共文化服务单位可以发布文化活动预告，热衷文化事业的个人、公益性社会团体与组织等社会力量也可以通过文化众筹版块发布文化活动项目或产品信息，发起文化资金募集众筹，号召感兴趣的市民参与支持众筹。当支持数达到发起者预设的目标数时，便可以开办文化活动。文化众筹首次打通文化供需两端，一方面引入社会资源成为公共文化服务的源头活水，有效解决区域性公共文化服务总量相对不足的难题，另一方面真正地将文化活动的选择权交还给市民，而政府则扮演协调者和监督者的角色。

3. 文化地图导览

"文化嘉定云"手机 APP 通过对用户的现场定位以及精准匹配每场文化活动的地址，行成"离我最近"动态文化地图导览，让每一个用户可快速查

询附近文化活动详情，轻松快捷参与文化活动。在文化场馆版块，用户不仅可随意浏览区镇两级公共文化场馆，更可通过手机 APP 搜索到"附近"文化场馆，打造文化"活"地图。

（二）资源管理服务

1. 公共文化场馆管理

为了鼓励更多热爱文化的市民走进社区文化活动中心，文化嘉定云首创公共文化设施场馆预订综合服务平台。整合区镇两级公共文化设施，将排练厅、多功能教室、团队活动室等场所向市民敞开网上预订，推动文化团队自我服务、自我管理。目前区镇两级公共文化设施近 150 间文化活动室已全部通过文化嘉定云，向市民开放提供网络预约服务。

2. 文化活动订单管理

为形成规范有序的文化管理，推动文化资源配置，文化嘉定云开发网络票务系统。市民参加文化活动只需提前通过网络预约，便可在自己的个人中心查询预订记录，活动当天到现场终端机自助取票，或直接通过手机验票码扫描验票入场即可。

3. 文化团队管理

管理员对于本辖区内文化社团成立或变动情况进行登记与管理，实现规范化、标准化的管理流程。

4. 市民用户信息管理

"文化嘉定云"通过记录每一位用户的使用轨迹，为每一位用户打造自己的网络文化空间，形成自己的文化日历，一目了然。

（三）数字资源服务

1. 图书馆数字资源服务

嘉定区通过将嘉定区图书馆购买的数据库与文化嘉定云对接，市民绑定读者证便可在家免费查阅中国知网、维普期刊、万方数据等 14 种国内主流权威信息资源数据库，检索与阅览包括 3000 余万篇文献资料、200 万册中外文电子图书、110 万条数据库信息、30000 部文学作品原声录音、12000 种电子期刊、13 万集教学教辅课件、8 万套教育资源在线试卷、30 万首音乐曲目以及少儿电子图书馆视听资源等在内的海量资源。

2. 文博美术馆数字资源服务

该版块目前提供嘉定博物馆、竹刻博物馆、嘉定孔庙、法华塔、嘉定区图书馆、韩天衡美术馆、陆俨少艺术院等七大区级文化设施的在线游览，同时将 200 多件嘉定竹刻、明清瓷器、经典书画等藏品，通过 3D 建模或高精数字化的方式真实呈现于互联网中。

3. 群众文艺数字资源服务

"文化嘉定云"聚合区内文化馆、图书馆、博物馆、美术馆等各类公共文化服务资源，收罗地方文献、展览演出、讲座培训、原创纪录片资料，形成具有区域特色的公共文化服务资源数据库。目前，已形成了嘉定名人系列、嘉定文化故事、嘉定八百年等系列数字服务资源，对地方文化的收集、整理、保护、研究是有一定积极意义的。

4. 广播电视数字资源服务

文化嘉定云联合嘉定区广播电视台，整理电视新闻音视频资源，提供市民"看电视、听广播"数字资源服务，形成较全面和权威的文化主题的独立媒体资源库。

（四）交流平台服务

1. G2C 交流服务：文化类社团与市民间交流

该版块与场馆预订版块相辅相成，政府将全区 120 多个文化场馆免费开放网上预订，并通过提供相关服务，保障文化团队能有序地利用这些场馆开展文化活动。在文化社团中，市民可申请注册自己的文化团队，并可招募团员、发布活动等，方便有共同文化爱好的市民自主组团，自主通过场馆预订开展团队活动。

2. C2C 交流服务：市民间交流互动

文化嘉定云在文化活动、文化场馆、文化众筹各板块下均开设评论反馈

区域，用户可以交流活动心得、使用感受、提出建议等，利用互联网即时性、互通性的特点，构建了一个政府与公众之间、公众互相之间的交流平台，打通公共文化服务的监督、反馈渠道，大力缓解了信息不对等、反馈监督渠道不畅的现状。在文化社团版块，社团管理员可以发起招募，与志趣相投的文化爱好者探讨交流，互通有无。

（五）信用管理服务

1. 黑名单机制

市民在文化嘉定云进行预约后，同时会收到手机短信的入场提示，明确"如遇特殊原因不能到场请提前一天进行网上退票，全年无故未入场十张票以上将暂停账号网上活动预订服务"。其本质就是建立了一个"黑名单制度"，针对市民在公共资源使用过程中的不良行为设置了惩治机制。

2. 积分机制

积分机制是文化嘉定云用户对嘉定区公共文化做出贡献和享受相应文化权益的标记。用户遵守相应规则和履行相应义务，并对嘉定区公共文化的活跃度做出贡献，便可通过积分积累享有更好的服务。用户通过正常的网站使用，如订活动、订场馆、参加文化团队、参加志愿活动等便可增加积分，而相对的，一些热门活动和热门座位的预订则需要消耗积分才能获取免费门票。

（六）数据分析服务

1. 活动统计数据分析

文化嘉定云将文化活动进行分类统计，按照参与方式分为"在线选座活动""自由入座活动""免票活动"；按照活动类型分为"演出""讲座""展览""其他"；按照活动场馆分为嘉定区图书馆、文化馆等5个区级文化设施以及12个街镇社区文化活动中心。对于订票的文化活动，以90%订票率为标准，统计热门活动，用数据真切感知市民对于文化活动的态度与兴趣。

2. 场馆统计数据分析

精确统计每一间文化活动室的使用率，行成文化场馆使用报表，成为单位决策者对于场馆运作调整的依据，提升决策的科学程度。

3. 文化故事数据统计分析

对于各文化单位在文化嘉定云上的回顾视频、纪录片等数字资源按主题进行数据统计，分为"演出""讲座""影视""展览""培训""其他"，更精确把握各文化活动类型的受欢迎程度。

4. 用户信息数据统计分析

对于文化嘉定云用户，按照年别、年龄层次等进行数据统计，对用户积分实时统计，形成大数据分析。

三、下阶段重点任务

未来，"文化嘉定云"将进一步以国家公共文化服务体系示范区创建为契机，一是要不断加大文化云平台包括管理运行标准、服务标准、保障标准等一系列标准在内的标准体系建设，确保平台平稳、高效、持续地推进发展。二是要依托云平台，加强对大数据的采集与分析，并依据数据分析结果，实现公共文化服务不断创新。三是借助平台资源，推进公共文化服务线上线下相结合，扩大公共文化服务的覆盖范围和受益群体。

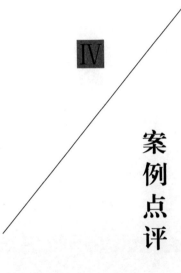

Ⅳ

案 例 点 评

戏曲动漫

李亚男[1]

为充分发挥公共文化机构在传承发展中华优秀传统文化中的作用，让中华优秀传统文化拥有更多的传承载体、传播渠道和传承人群，加强戏曲进校园普及推广工作，文化部全国公共文化发展中心（以下简称"发展中心"）于2012年启动"中华优秀文化数字化建设与传承计划"，联合全国多个省份，以戏曲动漫项目为示范，试点先行、总结推广，在数字资源建设的同时，实施戏曲动漫进校园，开辟面向青少年传承和弘扬优秀传统文化的新路径。这一全民艺术普及的新方式，在全国具有示范意义和推广价值。

一、戏曲动漫项目建设情况

戏曲动漫项目依托我国丰富多彩的戏曲艺术，以动画为载体，积极探索优秀传统文化创造性转化成适合数字化时代的产品。通过建设戏曲动漫原创资源，以戏曲动漫大课堂为主要形式，配套师资培训、教材绘本等，为青少年打造"戏曲＋动漫＋课堂"三位一体的创新模式，全方位推动戏曲文化艺术的现代普及推广。

2008年以来，发展中心以社会共建方式制作戏曲动漫作品，到2012年联合各省开展戏曲动漫专项建设，戏曲动漫项目建设规模不断扩大，立项省

---

[1] 李亚男，文化部全国公共文化发展中心资源建设部干部。

份逐年增多。截至2016年，涵盖了河北、山西、辽宁、黑龙江、浙江、江西、山东、湖南、广西、海南、重庆、四川、陕西、宁夏等14个省区市共36个项目。与此同时，"传承经典，共享文化——戏曲动漫进校园活动"已在湖南、北京、湖北、浙江、海南、广西、山西、重庆、宁夏等试点地区近千所的中小学校全面铺开。

（一）戏曲动漫资源建设

1. 剧种剧目择选。戏曲动漫选剧以先易后难原则，从大众熟知且适于动漫呈现的剧种剧目做起，再延伸至地方戏剧，逐步实现全国地方戏曲剧种的全覆盖。现已制作了普及性较广的大剧种经典剧目，如京剧《苏三起解》、昆曲《牡丹亭》、豫剧《花木兰》、评剧《花为媒》等，还有极具地方特色的小剧，如襄垣鼓书《反菜园》、雁北耍孩儿《猪八戒背媳妇》、荆州花鼓戏《并蒂莲》等。到2016年底，发展中心和试点省区已建成涵盖53个剧种466部戏曲动漫作品。

2. 剧本选材立意。戏曲动漫不选用大本戏、整本戏和连本戏，而是以适合动漫表现的经典折子戏为蓝本。在选材立意上注重弘扬社会主义核心价值观，挖掘传统文化精髓，以体现中华优秀传统文化、传承中华传统美德、彰显中华人文精神为根本，紧密结合当代素质教育理念，发挥戏曲动漫对青少年开展优秀传统文化教育的作用。

3. 艺术创作表现。戏曲动漫充分考虑青少年审美特点，以经典戏曲故事展开，将古文模式转化为青少年易于接受的动画语言，借助现代动画技术对传统戏曲舞台艺术中的人物、服饰、脸谱、道具等元素进行重新设计塑造，运用全新艺术表现手法展现戏曲表演及动作，以戏曲音乐和独白作为整部动画的声音主体，完整再现戏曲艺术的唱腔、配乐，把生、旦、净、末、丑变成生动的动漫造型，唱、念、做、打变成好听、好看的动漫场景，让传统戏曲精粹与动画艺术表达巧妙融合。

4. 制作设计程式。为符合青少年观看习惯，戏曲动漫每集作品时长设定为10分钟，并增加互动性，在每隔3到4分钟结合动画剧情融入1个知识点，由1或2个原创设计的动漫人物适时出现，对人物剧情和戏曲知识进行引导、讲解，让青少年更好地理解作品内容，在寓教于乐中收获快乐与知识。

（二）戏曲动漫进校园模式

1.戏曲动漫大课堂。组织学生观看戏曲动漫作品，让学生走上舞台，以"戏曲体验课"和"戏曲教学课"两种主要形式，参与互动、交流实践。截至目前，戏曲动漫大课堂已在湖南、浙江、海南、广西、山西、重庆、宁夏等7个省区中小学校开展了近400场活动。

2. 音乐教师戏曲素养培训。邀请戏曲名家和教研专家，通过定期辅导、集中培训、深入课堂等形式，对学校音乐教师进行面对面的戏曲艺术表演、文化知识培训和训后跟踪指导，为戏曲动漫进校园提供师资保障。2013年至今，湖南、湖北、浙江、海南、广西、山西、重庆、宁夏等8个试点省区市共培训了1000余名教师。

3.戏曲动漫教材绘本使用。研发动漫版学生戏曲类教材《中小学美育课程教材——戏曲》（1-6年级），低年级以欣赏戏曲动漫为主，中高年级融入戏曲知识学习。教材涵盖我国五大剧种及地方特色剧种，设置动画剧场、戏迷乐园、梨园荟萃、游玩戏曲迷宫等板块，提升少年儿童对戏曲文化的基本认知。2016年，戏曲动漫教材在湖南多所小学进行试点使用，并纳入音乐教师培训内容，开发了《牡丹亭》《劈山救母》《黄香温席》《授之以渔》《铁杵磨成针》等20多本戏曲动漫幼儿系列绘本。

二、戏曲动漫项目的特点及优势

（一）试点先行，合力推动

项目实施稳步推进，安排部署合理科学。以"发展中心牵头、各省参与"的运作形式，在各省文化、教育等部门的通力支持下，通过试点先行、示范带动，逐步形成了政府重视、共建共享、上下联动等的工作机制和数字文化服务品牌，创新了公共文化服务形态。

（二）传统艺术与新兴传播媒体有机融合

准确把握未成年人审美特点和视觉趣味，以"动漫"这一深受青少年喜欢、易于接受的传播媒介，弘扬中华文化精髓，普及推广戏曲艺术。经典的传统戏曲文化与时尚的现代新兴载体生动融合，碰撞创作出"戏曲动漫"公共文化服务产品样态，为振兴戏曲艺术、传承发展传统文化走出了创新实践。

（三）传统文化与青少年有效对接

紧抓校园主阵地，在教师创设的戏曲情景里，通过戏曲动漫大课堂体验式、互动式、参与式的教学形式，逐步激发中小学生感受、了解、学习优秀传统文化，创新艺术普及方式，提升青少年的美育素养和创意能力，传承培育传统文化基因。

（四）以音乐教师为推手建立人才队伍

积极开展学校音乐老师戏曲动漫知识的培训工作，培养胜任戏曲教学的人才队伍，填补戏曲动漫进课堂师资缺口，解决戏曲艺术工作者对中小学生教学经验不足问题，将传统戏曲素养作为音乐教师整体素质的组成部分，使戏曲教育成为音乐教育的重要内容，促进戏曲文化艺术传承从"输血"到"造血"转变。

（五）整合各方专家学者共同参与建设

发展中心联合国家公共文化服务体系建设专家委员会、中国京剧院、中国艺术研究院、教育部教育科学研究院、全国妇联中国儿童中心，以及全国各省相关戏曲艺术、儿童教育等领域权威专家学者，组成项目专家团队，对戏曲动漫制作、戏曲动漫大课堂、教材编写、音乐教师培训等方面进行整体规划和运作指导。

三、戏曲动漫项目的发展展望

戏曲动漫项目经过多年探索实践，形成了较为完整的建设推广模式，取得了一定的示范服务成效。但在推广渠道、评估反馈、活动形式、师资力量、成果展示等方面，仍有不断提升的空间。为保证项目持续发展，需各方大力扶持、协作推进。

一是加强数字资源与推广平台统筹建设，引导社会力量参与，共建共享，加大原创和整合青少年适用艺术普及资源，搭建统一的服务平台。

二是完善项目长效管理，对应项目各个环节建立标准化、流程化的运行机制，制定评估措施，定期开展交流反馈。

三是夯实服务推广队伍，与文化志愿者形式对接，巩固校园师资培训，提高各地文化馆（站）对戏曲动漫项目等文化传承重要工作的认识和重视，提供必要的人才支持。

四是拓展活动阵地，将戏曲动漫互动体验活动从学校主渠道扩大至文化馆、少年宫、剧场、社区等，线上线下相结合，策划创意一系列丰富多样的活动内容和形式。

五是建设成果展示窗口，将优秀推广成果通过中国文化馆年会、艺术节、动漫节等载体落地。

六是调动图书馆、文化馆（站）等各方协力，围绕青少年需求特点，延伸打造将公共文化服务、戏曲艺术普及、学校美育教育等有机结合的创新品牌项目。

专家点评：

全民艺术普及要"从娃娃抓起"，前提是必须有适合当今时代特征和青少年特点的优秀艺术产品，文化部全国公共文化发展中心主动承担主体责任，联合各地、协同各方，积极推动理念、产品和渠道创新，在忠实于传统戏曲生、旦、净、末、丑，唱、念、做、打等基本艺术元素和风格的基础上，创新转化为生动有趣、好听好看、易懂易学的动漫戏曲新品精品，此举既利于传承优秀文化、又利于深化文教结合，还拓展了艺术普及的新思路、新方法、新路径。

互联网 + 广场舞

刁冬梅[1]

2015 年 11 月至 2016 年 10 月，文化部全国公共文化发展中心、中国文化馆协会共同策划开展了"欢跃四季——全国百姓广场舞活动"。本次活动充分运用信息网络和新媒体手段，创新活动方式，借助中国文化网络电视、国家数字文化网、微信公众号等新媒体平台在群众文化活动中的组织管理、需求对接、互动参与、多手段传播等方面的优势，线上线下相结合，有效促进了优秀广场舞交流推广，实现了公共数字文化惠民项目与群众文化需求有效对接。文化共享工程开展这项工作，使全国各地群众文化活动联动的传统形式转变提升为现代数字化网络化传播方式，有力带动了文化馆提升服务效能、加快转型升级。

一、精心组织，活动取得圆满成功

"欢跃四季——全国百姓广场舞活动"，得到各省文化厅、文化（群艺）馆鼎力支持、通力配合，各地推荐了大量具有地方特色和时代特点的广场舞作品；各片区承办单位认真组织专家评审，充分体现出平台开放、流程规范、务实高效。

---

[1] 刁冬梅，中国文化馆协会副秘书长。

（一）启动报名季

中国文化馆协会在国家数字文化网设计启用了活动网页、报名平台，组织力量对提交作品进行审核、转码、加标等技术处理，700 余部参演作品在国家数字文化网、中国文化网络电视平台及微信平台上线。

（二）省内交流季

多媒体平台正式开启投票功能。本阶段收到 553 万次投票，其中网页端 122 万票，微信端 431 万票。31 个省（区／市）提名 148 个作品参加区域联动季。

（三）区域联动季

本季的作品遴选依然采取网络投票和专家评分相结合的方式进行。共收到网络投票 277 万次，其中网页端 188 万票、微信端 89 万票。同时，活动组委会抽取了 35 名专家分赴华北、华东、华南、华中、东北、西北、西南 7 个片区，对 148 件提名作品进行评议。专家组秉着公开、公正、公平的原则，结合参演作品的舞蹈编排、表演台风、服装造型、视频制作以及作品的艺术性、流畅性、协调性、地域特点和普及性等方面进行了专业点评和评分。68 件作品入选"全国展演季"。期间，苏州市吴江区邀请了 15 个团队参加了"欢跃四季——全国百姓广场舞吴江展演活动"，中国文化网络电视进行了现场直播。

（四）全国展演季

组织专家评审会，从 68 个提名作品中，评选出 38 个优秀作品，在国家数字文化网、中国文化网络电视、微信等多媒体平台上进行展播；9 月，结合北京市政府组织的"舞动北京"活动，邀请 8 支优秀团队参加了"全国展演季"北京展演；10 月，13 支优秀团队登上了第十一届中国艺术节的绚丽舞台，向全国观众展示"欢跃四季"——全国百姓广场舞活动的优秀成果。

二、创新模式，保障活动平台运行顺畅

活动举办期间，中国文化馆协会与舞蹈专业委员会及技术支持单位在节目审核、数据统计、技术平台支撑等方面通力合作，共同应对、解决活动期间出现的各种问题，确保了活动平台的运行畅通。

（一）搭建数字平台

为保障平台畅通，自 2014 年底，协会与技术支持单位就着手设计网页和作品上传通道、创建微信应用账户，经过多次测试修改，如期在国家数字文化网开设了专门网页，开通了视频上传通道、作品投票通道，开放了教学视频和参演作品展播，在中国文化网络电视微信平台开通了直播通道和投票互动界面。

（二）提供技术支撑

在启动报名季，各省区市通过上传通道将本省报名作品进行上传，由技术部门对其进行加工、转码再上线展播。省内交流季和区域联动季的互动投票环节，也是通过国家数字文化网和中国文化网络电视 APP、微信平台进行。为保障大众投票的公平，防止不法公司刷票，后台启动了防御机制。

（三）人工服务保障

为方便解答各参演单位在作品提交、组织网络投票等环节出现的问题，技术支持单位开设了 24 小时人工热线电话，随时为参演团队和广大群众服务。舞蹈专业委员会安排专人对所有上传作品和报名表进行审核并建档，以确保参演作品质量符合参赛要求。

（四）线上线下同步

在吴江展演和陕西展演期间，除了近 2 万名观众现场观看演出外，在全国其他地方通过中国文化网络电视、手机客户端、微信公众号和国家数字文化网观看人数达 18 万人次。协会组织的全国广场舞编导培训班，在中国文化网络电视同步进行了直播，国家数字文化网设置了专家讲座专栏固定播放，供各地群众学习使用。

三、加强培训，切实提高广场舞编导水平

在本次活动开展过程中，协会围绕广场舞编创、广场舞活动的组织、策划、规范管理等方面内容，先后开展了优秀广场舞教学片征集、业务骨干培训班以及远程培训、专题研讨会等一系列工作，切实加大了对广场舞团队以及业务骨干的指导力度。

（一）教学片征集、展播

2015 年 5 月，启动了全国优秀广场舞教学片征集工作。共征集 87 部作品，组织专家从内容编排、教学演示、视频质量等方面进行评审，推选出 12 部优秀作品在国家数字文化网（www.ndcnc.gov.cn）进行展播，为"欢跃四季——全国百姓广场舞活动"的启动进行了预热。

（二）举办座谈会

2015 年 12 月，在广州市举办了"欢跃四季——全国百姓广场舞活动"座谈会暨培训班。各单位结合本地情况和长期组织大型活动的经验，对活动各阶段的业务流程、优势亮点、困难和办法等方面进行了细致交流，中国文化网络电视对培训进行现场直播，培训视频在国家数字文化网（www.ndcnc.gov.cn）广场舞活动页面进行展播。

（三）举办业务编导培训班

2016 年 3 月，由中国文化馆协会和中央文化管理干部学院联合主办的全国广场舞编导培训班在京举行，培训邀请国内知名的舞蹈领域专家，开设了系列课程，如《广场舞蹈创作与发展》《文化馆广场舞活动的策划、组织

与实施》《广场舞蹈的审美范式与美学追求》等，另有逾万名无法亲临现场的文化馆舞蹈骨干和广场舞活动爱好者通过中国文化网络电视终端观看了培训直播。

本次活动的举办，扎实地贯彻了党的十八届三中、四中、五中全会精神，落实了中办国办《关于加快构建现代公共文化服务体系的意见》和文化部体育总局民政部住房城乡建设部《关于引导广场舞活动健康开展的通知》部署和要求，发挥行业协会引领带动作用，引导广场文化活动健康、规范、有序开展，实现公共数字文化惠民项目与群众文化需求有效对接，提升了全国的广场舞作品文化内涵和艺术品位，推出了一批示范性优秀作品，打造了有影响力的品牌活动，引导群众广场舞更加彰显文化、提升审美、舞出健康。多媒体平台的应用，突破了传统群众文化活动的空间限制，是群众文化活动模式和文化共享工程服务在文化馆领域的有效融合。

专家点评：

"广场舞"因为地域分布广、群众热情高、参与人数多而在公共文化服务中居于重要位置，但是如何引导广场舞朝着积极、健康、惠民、可持续的正确方向发展，是值得各级各部门特别是文化馆思考的现实问题。文化部全国公共文化发展中心和中国文化馆协会策划开展"欢跃四季——全国百姓广场舞活动"，借助中国文化网络电视、国家数字文化网等新媒体平台，以线上带动线下的方式，吸引眼球、加强组织、选优培强、引导发展，提高了广场舞组织水准和发展层次，拓展了广场舞惠民渠道，打开了普通百姓经由广场舞获得发展的新空间，对于普遍提升目前广场舞发展水平具有重要意义。

"文化中国"微视频

吴 哲[1]

2015 年，文化部全国公共文化发展中心正式启动"文化中国"微视频项目，以"微视频"这样一种人人都可以参与的，具有强烈草根特性的资源形式为载体，开展包括微视频征集活动、原创资源定制、专业培训、网络慕课、"乡村拍手"等多项内容的全民艺术普及活动，探索基层群众亲身参与公共数字文化资源创作、制作与传播的新模式。

一、全民文化参与："文化中国"微视频的征集活动

2015 年 8 月，文化部全国公共文化发展中心联合中国文化馆协会与文化共享工程浙江、安徽、山西省分中心，共同组织实施首届"文化中国"微视频征集活动，以"当地群众文化生活、地域特色文化、文化人物风采"为创作主题，面向全社会开展"文化中国"微视频征集活动。截至当年 11 月，文化共享工程各级分支中心、各省文化（群艺）馆、专业院校及其他社会单位多方参与，共征集到微视频作品共 923 部。其中，通过文化共享工程省级分中心和文化馆渠道，共征集作品 384 部，面向社会征集作品 539 部。来自北京电影学院、中国传媒大学、首都师范大学、浙江传媒学院等专业院校的10 余位业内专家组成的专家评委会对作品进行认真细致的评选，选出 50 部

---

[1] 吴哲，文化部全国公共文化发展中心干部。

优秀作品和 8 部单项作品。来自山西、浙江、安徽、福建等省、市、县级图书馆和文化馆，创作或选送的 10 余部作品入围全国优秀作品。

为了让更多基层群众参与到"文化中国"微视频征集活动当中，发展中心从 2016 年开始，号召各省开展本省的"文化中国"微视频征集活动，上海分中心以"爱上海"为主题，以"上海城市风光""上海城市民俗""上海城市建筑"和"上海城市故事"四个专题，面向社会征集到微视频作品近百部，最终优选出 60 部作品在网上展播。河北、浙江、福建、安徽、山西、海南、广西等多个省份，也陆续开展面向省内的微视频征集活动。由群众广泛参与，专家指导提升，是公共数字文化资源建设方面全新的探索，也体现了公共文化由人民群众自我创造、自我表现、自我教育、自我服务的现代精神，实现了艺术活动在新媒体时代下更为便捷的参与方式和分享途径。

二、全民艺术普及："文化中国"微视频项目的优势

传播的碎片化和数字资源微化是新媒体时代的重要特征，微型化资源逐渐成为公共数字文化资源建设和艺术欣赏普及工作的新趋势。

"文化中国"微视频项目，就是以微视频作为载体，充分利用移动互联网传播优势，展示中华优秀传统文化。近年来，在国家大力推动中华优秀传统文化传承与发展背景下，传统文化、手工技艺、匠人精神这些词频繁出现在人们的视野中。中华优秀传统文化的艺术欣赏普及，对促进中华优秀传统文化传承发展体系基本形成有着重要的推动作用。然而，很多中华优秀传统文化技艺和现象离现代生活越来越远，年轻人对传统的技艺不感兴趣，远离现代生活的文化遗存，枯燥、乏味的工艺流程，朴实无华的手工艺人，都决定了传统纪录片在表现这一类选题时观赏性和趣味性的不足。

而微视频这样的资源形态，避免了传统文化类纪录片的长篇大论和枯燥乏味，例如，在传统手工技艺展示时，选择最为精湛的部分来表现，不用记录完整的工艺过程；在人物表现上，着重突出人物典型的性格特征，而不用对人物生平开展过多的描述；在文化故事讲述中，不再进行宏大叙事，更加

关注普通人文化生活，从而拉近与受众的心理距离。同时以微视频形态，让传统文化的艺术普及与传播变得更加便捷。

三、"乡村拍手"："文化中国"微视频建设的重心下移

在新媒体时代，人们通过新媒体平台可以轻易获取更多的资讯和资源，达到艺术知识普及和艺术欣赏的目的。但艺术技能的提高却更需要通过完整、系统、有深度的学习和培训。传统的讲座培训、示范教学等方式，在当下很难吸引群众积极参与，为丰富培训内容和手段，提高培训的针对性、互动性，更好地吸引群众广泛参与，发展中心从 2017 年开始通过实施"文化中国——乡村拍手"计划来开展培训工作。

该计划主要面向基层文化工作者，包括文化共享工程市、县级支中心相关，市、县级文化馆专业人员以及乡镇文化站站长等，通过线下培训、网上慕课教学、远程辅导作品创作等多种培训手段，建立起一支活跃在基层的"乡村拍手"队伍，让基层文化工作者不仅能够策划并制作微视频作品，更重要的是能够组织和带动起本地区群众来参与文化微视频的创作。6 月份，发展中心在重庆开展了第一期文化共享工程"乡村拍手"培训班，全国各省级分中心和文化馆共推荐了 130 余位基层文化工作者代表参加了这次学习，来自首都师范大学、中国传媒大学的授课专家，以新媒体技术和微视频创作为抓手，从理论知识和实际操作两方面入手，结合软硬件视频工具，对现场学员进行视频知识讲解。同时，根据讲师的引导，学员还在学习期间提交了作品创作大纲，为后续的微视频创作做准备。

线下培训更多地是让讲师通过深入浅出的方式让大家对微视频概念和制作方式有一个基本了解，很多学员表示，通过几天培训，使得他们对微视频创作不再感到遥不可及，相对较低的制作门槛和突出个性化的表现方式，让学员们都有了跃跃欲试的冲动，但这对于真正的艺术技能提升还远远不够。为此，发展中心定制了"文化中国"微视频慕课资源。以初学者为受众，从视频制作的选题策划、前期拍摄到后期剪辑，通过更加细微的课程主题和教

学单元，配套课程大纲、讲义、小测试、作业练习、考试试卷、讨论话题、证书等教学材料；系统开展微视频创作教学。

实施"乡村拍手"计划的最终目的，是为了建设一支能够自己创作或带动周围群众共同创作的基层文化队伍，因此，所有参加培训的学员，在完成线下线上培训并提交创作作品之后，将被发展中心授予"乡村拍手"荣誉证书，正式成为文化共享工程乡村拍手成员。在日后的工作或生活中，随时可以创作微视频作品并直接上传至发展中心网站平台，而优秀拍手作品，将通过发展中心各个公共数字文化传播平台与渠道进行展播，学员作品也将获得发展中心颁发的公共数字文化资源收录证书。随着"文化中国——乡村拍手"计划不断深入开展，"乡村拍手"队伍不断壮大以及制度的不断完善，"文化中国"微视频项目将真正实现公共数字文化资源和活动重心下移，更有利于直接面向基层群众开展公共文化服务和艺术普及。

专家点评：

"微视频"案例的巧妙之处存在与多个方面。一是公共文化资源建设的方式由权威机构或专家垄断走向全社会，实现专业路线与民众参与路线的双轨并行，普通公众皆可以成为建设的主体。二是公共文化资源建设的内容更加与公众切身利益相关，聚焦在公众关注的优秀文化和日常的文化生活片段。三是公共文化资源创作、制作、传播的形式，不再是长篇大论、高调宏论，而是与公众的"在手"结合，注重简短、精炼、知识点、充满趣味，貌似零散却又能够组合为系统知识，便于公众利用零散时间学习完整课程。四是公共文化资源生产全过程，既是学习、又兼创作，既是接受、又在传播，既是利己、又有公益，充分体现了"以人民为中心"的原则。

"舞动北京"群众舞蹈大赛

徐玲　张巍　王嘉[1]

　　"舞动北京"群众舞蹈大赛是北京市级群众文化品牌赛事，由北京市委宣传部、共青团北京市委员会、北京市文化局、北京市文学艺术界联合会、北京市总工会支持，北京文化艺术活动中心（北京群众艺术馆）、北京舞蹈家协会、北京电视台主办，各区文委、文化馆承办。"舞动北京"自2003年至2016年，已经成功举办了十一届，丰富了北京市民的文化生活，繁荣了北京地区群众舞蹈创作，推动了北京市群众舞蹈的发展。2014年起，该品牌赛事成为由市委宣传部、市文化局共同主办的首都市民系列文化活动之一，发挥着市级群众文化品牌赛事在全民艺术普及中的示范引领作用。

　　"舞动北京"群众舞蹈大赛自开办以来，始终坚持开拓创新。从开始的"北京新秧歌"，逐步增加舞台舞、广场舞，涵盖民族、民间、古典、现代、时尚等各个舞种，涉及的舞蹈元素越来越丰富；赛制上也逐年完善，增设了城郊区分赛场，扩大了参赛年龄范围和参赛作品类别。这一群众文化优秀品牌赛事规模逐渐扩大，影响力也逐年上升。"舞动北京"群众舞蹈大赛充分依托基层，坚持普及和提高相结合，力推原创作品，层层选拔，精心打磨，以赛事活动为核心，激发群众文艺骨干、文化馆业务干部、群众文艺团队的创造力，不断推出群众优秀原创舞蹈作品。

---

［1］徐玲，北京群众艺术馆副研究馆员，中国文化馆协会理论研究委员会委员。张巍，北京群众艺术馆副馆长。王嘉，北京群众艺术馆活动展示部主任，北京文化艺术活动中心干部。

　　10 多年来，"舞动北京"群众舞蹈大赛推出了上百件原创群众舞蹈精品佳作，不少优秀作品从"舞动北京"的舞台，走上了"群星奖"的奖台。《新秧歌组舞》（2003 年）、《雪韵》（2007 年）、《好戏没散》（2010 年）、《新居》《都市白领》（2013 年）等作品荣获文化部全国群星奖；《白山欢歌》《鼓舞太平》《梦天桥》等入围 CCTV 全国舞蹈大赛并名列前茅；《古韵新曲》《起跑线》等原创作品摘取全国精神文明办"四进社区"比赛奖项。"舞动北京"群众舞蹈大赛培养出的优秀编导及优秀基层群众舞蹈团队，在奥运群众文化活动和国庆 60 周年晚会中展示风采。

　　历届"舞动北京"以保障广大人民群众的基本文化权益为出发点，坚持文化为民、文化惠民，坚持面向基层、服务群众，不断提高公共文化服务能力，更好地满足人民群众精神文化需求，每次大赛都与辅导、培训、交流、展示、研讨相结合，全面推动群众舞蹈艺术发展。

　　2015 年第十届"舞动北京"群众舞蹈大赛活动主推广场舞、健身舞，首次引入社会企业公益赞助。全市 16 个区共计有 480 个作品参加初赛，80 个作品进入复赛。经过三场紧张激烈的复赛选拔，最终精选出平谷区文化馆美之源舞蹈队《梨花情》、延庆县文化馆舞蹈《感到幸福你就拍拍手》、怀柔区文化馆《奔跑吧，兄弟》、东城区第二文化馆《八月桂花遍地开》、海淀区文化馆海文舞蹈团《天路》等 16 支优秀节目进入决赛。此次大赛创作出的《最炫小苹果》《梨花情》《奔跑吧，兄弟》等作品登上了 CCTV 全国春晚大舞台。

　　2016 年第十一届"舞动北京"群众舞蹈大赛活动推出三项创新举措，为爱跳广场舞的广大市民和全市群众文化队伍搭建一个全新的交流展示平台，引领大家享受快乐健康的文化生活。一是宣传方式创新，2016 年"舞动北京"首次与电视台合作，采用现场大赛与电视媒体、网络新媒体宣传手段相结合的方式，由 BTV 生活栏目负责整合播出，每日一期。二是提高了群众参与性。通过海选、晋级的选拔方式，最终选出进入决赛的队伍。市民朋友可以通过网上投票方式，参与活动进程，媒体还跟踪宣传各区群众舞蹈爱好者的日常生活。三是第十一届"舞动北京"群众广场舞蹈大赛与"欢跃四季"全国百姓广场舞北京展演相结合，借助与全国各省市的区域联动和品牌宣传，大大提高了活动认知度，在全国群众文化界提升了活动的影响力。

2016 年"舞动北京"群众舞蹈大赛在 16 个区共举办了 20 场海选，1000 多支团队参赛，参赛者年龄跨度大，从 6 岁至 60 多岁不等。经过复赛，共有来自 18 个文化馆的 18 个节目入围决赛。这 18 个节目舞种丰富，既有展现民族风情的节目《雪域欢歌》，也有将国家级非遗项目京西太平鼓与广场舞元素相融合的《鼓·舞》等；内容多样，如展现交通文明礼仪的作品《等等，等灯》，延庆区为迎接 2022 年冬奥会编创的《请到长城来滑雪》。经过激烈角逐，通州区文委选送的《等等，等灯》、东城区第二文化馆选送的《不老的青春》、延庆区文化馆选送的《请到长城来滑雪》、房山区文化活动中心选送的《北京风情》荣获创作表演金奖。

"舞动北京"群众舞蹈大赛近年来加大力度，力求最大限度地使每一个首都市民都参与到当中来，惠及更多基层社区和乡村，体现为民、爱民、亲民的活动理念，注重创作弘扬社会主义核心价值观的优秀群众舞蹈作品，引领新时期首都群众的文化生活，形成在全国富有影响的群众文艺品牌。

专家点评：

群众文艺，重在参与。如何吸引百姓热情、踊跃、广泛、深度、持续参与，北京文化艺术活动中心举办的"舞蹈大赛"给予了完美答案。北京市的机制是：党委政府倡导、支持，宣传、文化部门搭台，宣传、文化、团委、文联、工会通力协作，文化艺术活动中心负责组织策划和指导。北京市的做法是：立足基层、层层选拔，力推原创、精心打磨，选拔人才、孵化团队，聚焦赛事、带动全面。北京市"舞蹈大赛"的效果是：每次有一批原创，每年有诸多品牌；数百项作品涌现，数千支团队参赛；直接万人参赛，间接百万人参加；基层海选逐级上升，持续数月贯穿全年。正所谓"携领而顿、百毛皆顺"，把握好"赛事"的"领子"，通盘谋划可收全局之功。

上海市民文化节

张　昱[1]

　　上海市民文化节自 2013 年起开始举办，至今已成功举办四届，成为上海市重大文化品牌项目。上海市群众艺术馆积极探索"政府主导、社会支持、各方参与、群众受益"的办节机制，力争实现"百个社区大展示、万支队伍大竞技、社会各界齐参与、千万市民共享受"的办节目标，推动办节主体多元化，激发广大市民的积极参与热情，为市民艺术圆梦提供舞台，营造城市浓郁的文化氛围。

　　2013 年上海市民文化节，推出各类丰富多彩的活动近 50000 项，惠及大众 2900 多万人次，被评为"2013 年上海十大新闻"之三。2014 年市民文化节策划组织"听说读写"系列活动，在群众文化活动中融入了中华优秀传统文化的内涵，实现了"百强成果展示，服务资源配送，艺术教育普及，阅读氛围营造"的目标，入选上海十大"社会治理创新项目"。2015 年、2016 年上海市民文化节继续以"文化引领市民素养"为目标，使之成为上海市民文化生活的一部分，其整合资源、融合发展、拓展服务的平台效应持续发酵，影响力进一步扩大。四年来，累计开展活动近 250000 项，服务市民超过 1 亿人次。

---

[1] 张昱，上海市群众艺术馆干部。

一、上海市民文化节的具体做法

（一）着力提升公共文化服务效能

上海市民文化节通过优化服务理念，激活公共文化设施潜能，提升公共文化服务效能。配套建立各类群众文化活动融入上海市民文化节的机制，集聚大批来自社会的优质文化资源，集中"输血"到社区，提升基层社区文化活动中心"造血"功能，有效推动社区文化活动中心延长服务、满载运行，为此，市民满意度有较大提升。

2016年上海市民文化节成功举办配送百强产品设计大赛，促进公共文化产品创新优化，激发各类社会主体参与公共文化建设的热情，为供需各方搭建直接沟通交流的线下平台，实现公共文化配送机制创新；同步举办"文化上海云"应用设计大赛，推动建设真正意义上的数字公共文化空间。

（二）积极推动市民艺术普及

在上海市民文化节举办各类大型文艺赛事、文化活动的过程中，结合文化讲座、文艺培训、艺术导赏，始终将艺术普及、人文教育、市民素养提升作为开展活动的重要目的之一。例如，2016年通过歌剧艺术普及计划在市民中培养了一批歌剧粉丝；组建由一批专家学者组成的"讲诗团"，深入市民中间推出系列讲座、线上诗词导赏等；艺术大课堂推出市民戏曲导赏，e课艺堂持续推出网络艺术教育。各区也纷纷围绕多种艺术门类，推出市民艺术导赏计划，提升市民的艺术修养、人文涵养和文明素养，为公共文化的发展与优秀传统文化的传承，打下坚实的群众基础。

（三）精心打造区域特色文化品牌

上海市群众艺术馆积极发挥龙头作用，帮助区县承接市级重大活动，广泛发动，精心组织实施，形成区域文化品牌。例如：帮助长宁区建立舞蹈大赛品牌，帮助闵行区打造合唱大赛品牌，帮助普陀区打造创意、创客大赛品

牌，帮助宝山区打造手工艺大赛品牌……各区县通过承办这些市级项目，突显了本区域的文化亮点，打造各自的特色文化品牌。

二、上海市民文化节的显著成效

经过四年多的探索、实践与发展，上海市民文化节作为覆盖面最广、参与面最大的文化项目，取得了显著成效。

（一）推动了政府职能转变

改变了政府以往"大包大揽"举办城市节庆活动的状况，从繁忙的文化活动组织实施中解脱出来，创新城市文化活动组织体制机制，让更多的社会主体参与举办，极大地丰富了城市文化活动形式与文化服务内容，有力地增强了城市文化活力。

（二）形成了群众文化活动互动机制

改变了群众文化活动以往要组织观众观看、群众只是被动参与的局面，而是推动社会各种力量为市民搭建舞台，提供展示和提升市民才艺的机会，极大地激发了广大市民自主参与的热情和创作的动力，增强了市民对城市和社区的认同度和归属感。

（三）扩大了公共文化服务参与主体

由社会主体带来的文化资源呈现越来越多不同的形态与服务内容，从资金到项目，从场地到内容，从新媒体平台到志愿者队伍，从专业力量到粉丝群体，这些资源经过有效整合，为上海市民文化节的发展带来跨越式发展。

（四）创新了公共文化服务体制机制

上海市民文化节在政府资金的投入方式、投入产出的效益评估、群众的参与方式、公共文化服务内容的配送、公共文化服务设施的绩效评估方式、群众满意度的测评等方面，进行了有益的探索，取得了多方面可喜成效。

三、上海市民文化节的经验启示

上海市群众艺术馆在上海市民文化节运行机制与运作方式上进行大胆探索，取得了显著成效，已经成为具有全国影响的城市文化活动品牌，为各地提供了有益的经验与启示。

（一）传承中华优秀传统文化，实现价值引领

通过持续举办中华古诗词大赛、中华优秀传统文化知识大赛、中华语言文字大赛、中华经典诵读大赛等市民大众喜闻乐见的活动、竞赛，搭建了一个资源集聚、活动整合、各方联动、方便市民"零门槛"参与的群众文化大平台，让市民在阅读、背诵、知晓、理解、运用、演绎和创作中，重拾中华优秀传统经典的学习兴趣，播撒中华优秀传统文化的种子，使其融入市民日常生活、工作、学习中，耳濡目染、成风化人，有效推进传统文化普及、核心价值观引领。

（二）引导市民自我教育、自我服务、自我展示

上海市民文化节搭建市民自我教育、自我服务、自我展示的平台。低门槛参与、开放式比赛、高水平展示以及后续长效的提升与打造计划，促使普通市民以高涨的热情参与群众文化活动，催生出多个"市民百强"成果，市民走上舞台成为主角，百姓故事熠熠生辉。如今，市民文化节平台不仅为市民提供圆艺术梦的舞台，还为他们打开了通往更广阔文艺舞台的大门，从上海市民文化节走出来的"百姓民星"，在许多重要场合展示文化艺术风采。

（三）倡导社会化办节机制，引导社会主体参与公共文化建设

上海市民文化节面向社会各界广发"英雄帖"，以开放平台面向社会征集文化项目、文化活动和各类资源，在宏观主题活动板块之下，欢迎社会各

界围绕主题设计项目、开展活动；在将社会主体活动纳入市民文化节的同时，给予更大力度的信息发布、媒体宣传、受众导入等扶持措施，使来自社会的文化项目、文化创意、资金、人才充分流动，在市民文化节这个平台上，产生更大的社会效应。市民文化节集聚、培育了一批积极参与文化建设的社会主体，并引导这些社会主体在 2015 年底自发成立了市民文化协会，积极发挥民间文化力量作用，为上海市民文化节增光添彩。

专家点评：

　　经过四年多的起步、调整、创新、成长，如今，上海市民艺术节这棵"广玉兰"（上海市花）已经树大根深、枝繁叶茂、福泽广被。上海市民艺术节最值得称道的是实现了城市大众文化的 4 大转变：一是从政府包揽、机构垄断，转化为政府主导、机构组织、社会参与、市民主体、全民共享的新格局；二是从自上而下、派送产品，转化为政府搭台、开放平台，全面动员、精心组织，自下而上、层层海选，人人皆有机会、个个可成民星；三是从专业高雅、民间俚俗，到高雅走向民间、亲近民众，俚俗不失质朴清新、"乡愁"登上艺术殿堂；四是从单一产品、演出下乡，转化为听歌剧、讲诗词、说故事、品评弹、唱越剧、学戏曲、练书画、随手拍、赏影视等多品种多门类兼而有之、随意任选。上海市民文化节成长历程的"个中滋味"值得细细品尝。

西北五省（区）花儿演唱会

冶英生　谈巧珍[1]

"花儿"是西部民歌的特色形式，广泛流行于藏、土、回、东乡、保安、裕固、撒拉、蒙古族等多个民族地区，2009年被联合国教科文组织列入人类非物质文化遗产名录。

2004年，由青海省文化馆精心策划、倾力打造西宁凤凰山"西北五省（区）花儿演唱会"，现已成功举办十一届，成为西北地区格调积极健康、区域广为认同、民众热情参与、社会高度关注的民族文化盛会。具体情况如下。

一、打造惠民平台，吸引群众参与

在活动的策划和实施中，始终坚持"政府主导，社会参与，市场运作"的原则，注重开展乐民惠民活动；同时调动整合多方资源，积极宣传，促进民众参与。

二、传唱传统曲令，推动创新融合

演唱内容方面，青海省文化馆在传承经典的同时，不断丰富花儿的内涵，在活动中要求歌手演唱确定曲令和传统曲令（从"花儿"老艺人处学习而来且不经常听到的曲令）两首；在互助土族自治县和循化撒拉族自治县的演唱

---

[1] 冶英生，青海省文化馆干部。谈巧珍，青海省文化馆干部。

活动中，特意增加土族和撒拉族花儿曲令版块，突出特色。

演唱形式方面，在保持花儿传统演唱形式的同时，加大联唱、齐唱、混声唱力度，推动歌手间相互交流、学习，推动花儿演唱形式创新发展；根据选定的歌手和曲令特色，以版块的形式展现，为五省（区）的主要歌手伴舞，邀请国家级、省级传承人参加演出等办法，既保证演出内容丰富，又突出了传承人的演、传、带、创作用。

三、发挥示范作用，培育"花儿"新人

青海省文化馆一方面积极邀请具有社会影响力、深受群众喜爱的歌手，发挥歌手的示范带动作用；另一方面积极鼓励新人参与，培育中坚力量，使队伍建设得到强化。

青海省文化馆邀请业内专家和专业老师先后举办十期花儿歌手培训班，对歌手的演唱技能、音乐常识、个人修养、职业道德和社会责任等方面进行了系统培训，为歌手们建立艺术档案，签约具有社会影响力的歌手，为花儿歌手培育、管理、发展做了精心准备。

四、建设传承基地，开展品牌活动

青海省文化馆把打造"花儿"品牌的重点，放在国家非物质文化遗产保护名录的传承基地上。2012年，西北五省（区）花儿演唱会组委会、青海省文化馆、青海省群众文化学会分别在主会场西宁凤凰山，分会场循化县、互助县、都兰县、同仁县建立了西北五省（区）花儿传承基地，向七个具有特色、形成规模的花儿茶园颁发了"花儿传承基地"的匾牌。2014年在首届新疆·焉耆西北五省（区）花儿演唱会暨新疆第三届回族花儿演唱会期间，组委会在焉耆县颁牌设立了"西北五省（区）花儿传承基地"。

活动期间选派优秀歌手加盟当地演唱活动，加大五省（区）歌手的互动，打造全省花儿演唱活动的特色品牌。青海省文化馆和化隆县人民政府联合举办了首届"山水化隆"西北五省（区）花儿演唱会，开辟了新的传唱基地；

2012年7月，承办"'花儿'唱响人口文化艺术节暨2012年'同心·西藏和四省藏区幸福家庭工程——新农村新家庭计划'走进青海西北五省（区）花儿演唱会"。

五、开展文化交流，扩大花儿影响

依托青海省文化馆文化品牌项目"青海民族民间文化艺术展"，先后在北京、天津、广州等地开展展演活动。展、演结合，以国家级、省级非遗项目皮影、剪纸、唐卡、农民画、刺绣、面具为依托，以花儿为主线，以歌伴舞、弹唱、宴席曲等艺术形式，辅以民族服饰，集中展示青海多元异彩的花儿。

2014年9月，首届新疆·焉耆西北五省（区）花儿演唱会暨新疆第三届回族花儿演唱会顺利举办，中央代表团和全国二十多个代表团参加庆祝活动，这也是"花儿"品牌活动创建以来首次在省外举办，有效扩大了花儿的社会影响力。

随着影响力的增加，"花儿"品牌也推动了青海省其他领域的文化活动。近几年，青海省文化馆在国台办海峡两岸出版交流中心的支持下，争取到价值200万元的图书，按捐赠方要求将这些图书配发到循化、互助、都兰、化隆等县文化部门和全省56个基层馆（站），并先后两批组织全省基层文化干部赴台湾开展文化交流活动。

六、策划多级联动，充分利用资源

青海省文化馆充分利用"西北五省（区）花儿演唱会"这个平台，争取到中国农业银行青海分行、中国移动青海分公司、西部矿业集团等国有企业和北京时代联信文化传播有限公司等民营企业的大力支持。联合青海广播电视台影视综艺频道联合举办四届"花儿擂台赛"，在社会上产生广泛影响。在青海省文化馆官网开辟"花儿网页"。自2009年起，在青海省文化馆主办的中国北方优秀期刊《群文天地》上开辟了"感悟花儿"栏目，为五省（区）致力于花儿艺术事业的学者、专家和人士搭建了交流学习的平台。2012年

和青海日报社文艺专刊部联合在《青海日报》开辟了"花儿园地"专栏。

七、加强学术研究，推动理论探索

在积极推进品牌花儿活动实践的同时，青海省文化馆致力于实现理论与学术方面的研究，先后举办五省（区）学者、专家、歌手参加的研讨会五次，达成诸多共识。推动出版发行《青海花儿大典》《青海花儿论集》（一、二）《青海花儿新篇》《青海花儿选》《青海花儿创作歌曲集》《青海花儿曲令大全》等多部专著；组织发表《西北花儿的研究保护与学界的责任》《论西北花儿的文化形态与文化传承》等论文百余篇。

专家点评：

"花儿"是名副其实的西部五省（区）民族特色文化之花。多年来，青海省文化馆自觉确立精心呵护这朵民族文化之花的重要使命与主体责任，倾力打造"西北五省（区）花儿演唱会"知名文化品牌。其中的工作亮点突出表现在 3 个方面：一是开放平台、扩大包容。西北五省，花儿传播甚广、流派众多，青海省文化馆本着"百花齐放"的精神，兼容并蓄、同台竞技，在切磋交流中相互借鉴。二是以老带新、以会带传。"西北五省""花会"每届必有非遗传人、老歌手登台示范，这几乎成为"会规"，这一规矩建立了"花脉"传承通道，同时把"花会"举办与基地建设挂钩，以"花会"带动和促进基地建设。三是演创结合、以研促创。青海省文化馆演出不忘创作，创作支撑演出，这样每年度能推出新作和精品力作，不仅如此，在演出、创作的同时，注重梳理流派、研究文脉、归集资源、汇编曲集，有深度的理论和学术研究，无形中使青海省文化馆和"西部五省（区）花儿演唱会"获益良多。

新疆"万村千乡文化带头人"选拔培育

杨 勇[1]

一、"万村千乡文化带头人"选拔培育概况

2012年8月新疆维吾尔自治区在全疆范围内,启动了"万村千乡文化带头人"选拔培育工作,至今已经五年。"万村千乡文化带头人"工程,如今已经成为培养基层群众文艺骨干的有效载体,进一步提升了新疆基层文化惠民工作效能。

2012年按照不同地域文化特色,首先确定了7个试点县(包括地区)开始文化带头人选拔工作,确定符合要求的文化带头人近两千余人。2013年新疆维吾尔自治区首次开展以乡村文化带头人的文艺竞赛等活动。2014年、2015年在全疆范围内开展文化带头人的选拔、认定和登记,落实了文化带头人的经费补助,以地州为单位开展文化带头人的培训工作,逐步将文化带头人的选拔、培训拓展到全疆基层。

2015年至2016年,借助农民画品牌效应,新疆举办农民画画展及培训班,突显了文化带头人的艺术影响力,提升文化带头人在当地群众文化领域的地位。2016年1月选拔各地近百名优秀文化带头人,赴乌鲁木齐市参加农村文艺活动策划、文艺创作培训班,提高基层文化带头人的文化活动策划和文

---

[1] 杨勇,新疆维吾尔自治区文化馆干部。

艺创作水平。利用已申报的全国文化信息资源共享工程 2015 年、2016 年地方资源建设项目《丝路传奇之民间艺术——新疆农民画》，在全疆范围内对精选出的农民画师进行拍摄，其中大部分对象为所在地区的文化带头人。拍摄活动在各地反响很大，扩大了文化带头人的社会影响力。

"万村千乡文化带头人"选拔培育工作实施几年来，新疆维吾尔自治区先后落实选拔近万余名文化带头人，基本实现了每个边疆行政村有 2 至 3 个文化带头人，文化带头人活跃在基层各项群众文化活动中。

"万村千乡文化带头人"选拔培育工作，政府文化部门积极引导，通过选拔培育群众身边文化带头人，激发群众的文化参与，基层文化活动更接地气，有效提高了基层公共文化服务效能，体现了民族地区群众文化的正确导向。

二、"万村千乡文化带头人"选拔培育的主要做法

（一）抓住一个主题

文化带头人定位为既是文化活动的组织者、文化知识的传播者，又是文化阵地的维护者。基层文化带头人需要具备懂文化、懂政策、有特长、会组织的特点。他们主要任务是以农村公共场所（或农户院落）为文化阵地，通过自己的一技之长，既为本村群众提供文化服务，又带领周围群众开展丰富多彩的文化娱乐活动，以现代文化为引领，宣传党的方针政策，活跃农村文化生活，凝聚人心，振奋精神。在紧紧抓住"爱国爱疆、团结奉献、勤劳互助、开放进取"这一主题下，让新疆精神在乡村文化带头人工作开展中入心入脑入作品。

（二）把握一根主线

出台文化带头人选拔培育工作方案。乡村文化带头人培育工作，要使其真正成为引导边疆各族群众变化变革创新，积极学习现代科学文化知识，建立与时代发展要求相适应的生产生活理念，传播现代文化的乡村文化带头人。

在莎车、墨玉、伊宁、玛纳斯、焉耆、库车、达坂城"六县一区"，作为自治区文化带头人选拔培育工作的试点县（区）。从建立基本工作制度开始，细化文化带头人选拔标准，探索选拔办法，建立档案、开展培育，之后在全疆各地普遍开展文化带头人选拔培育工作。

（三）建立一支队伍

采取自下而上的办法，在全疆范围内层层建立本级"乡村文化带头人"骨干队伍。各级乡村文化带头人队伍，在充分吸收"非遗"保护传承人的基础上，数量和规模可略大于本级传承人数量。乡镇和行政村文化带头人的数量，根据实际需要确定。原则上，每个行政村应培养2至3名村级文化带头人。

（四）搭建一个平台

2015年至2016年，在全疆范围内把乡村文化带头人的培育与才艺展示，纳入各级文化馆（站）职责范围，地、县文化馆和乡镇文化站，积极开展"乡村文化带头人"展示展演活动，选拔优秀人才，展示文化带头人的文艺才能。

（五）创作一批作品

2015年至2016年，文化部门积极引导文化带头人在参加各级文化艺术培训的基础上，根据他们的艺术特长，创作一批反映时代精神风貌的各类文化艺术作品，其中由文化带头人创作的农民画系列作品已享誉疆内外。2015年9月，20余名农民画家携作品汇集北京，参加了"绘新疆新景、展农村新貌——庆祝新疆维吾尔自治区成立60周年农民画展"，农民画家中近半数为文化带头人。

三、"万村千乡文化带头人"选拔培育的经验

新疆维吾尔自治区加强顶层设计，注重普适性、引领性、操作性、实效性，逐步完善"万村千乡文化带头人"工作制度，形成了五个方面的经验。

（一）坚持有序引导与发动群众相结合

全疆各级宣传文化部门以及各级公共文化服务机构，按照职责分工加强协调，努力营造乡村文化带头人文化氛围，做好文化带头人的宣传工作，让更多的干部群众切实了解到文化带头人工作的意义，激发群众参与文化服务的积极性。

（二）坚持个人自荐与群众举荐相结合

选拔乡村文化带头人，既要看个人的特长，也要看群众的认可度。具备条件的，及时纳入工作范围，安排具体的工作任务；条件不够成熟但确有一定特长的，要纳入工作视线，加强培养，促进文化带头人的梯队化建设。

（三）坚持目标考核与分级管理相结合

根据新疆公共文化服务体系构建的宏观要求，按照分级管理的办法，新疆维吾尔自治区设立了"区、地、县、乡、村"五个层别的乡村文化带头人，根据工作实际需要，建立本级乡村文化带头人的标准、规模和激励办法。建立乡村文化带头人动态管理机制，根据工作推进效果，新疆维吾尔自治区两至三年检验一次乡村文化带头人工作成效，命名表彰一批乡村文化带头人。

专家点评：

基层乡、村文化建设，基层公共文化服务，关键在"人"，人的因素第一。选对人、用好人、帮助人，才能切实有效地推动基层文化建设。新疆地广人稀、特色鲜明，基层文化事有人管、人想干事、人会办事、人能成事尤其重要。新疆维吾尔自治区文化馆选对了"人"这个工作抓手，建立"万村千乡文化带头人"的选拔、培育、任用、支持、管理、考评工作全流程，与文化下乡、文化惠民、文化扶贫紧密结合，聚焦"带头人"、凝聚一班人（文化团队）、带动一大片、连成一个面。从这个案例的成功经验中可以清晰体会到，唯有实事求是、因地制宜、精准谋划、对症下药，方可收事半而功倍之效。

山东省"新六艺学堂"

山东省文化馆

山东省文化馆"新六艺学堂"全民艺术普及培训项目建设始于2014年。自该培训项目实施以来，山东省文化馆公共文化服务水平有了显著提高，文化场馆的使用率、群众参加公共文化活动的比率逐年增加，社会文化活动的影响力逐年增强，已经成为山东省群众文化工作中具有深远影响力的活动品牌。

山东省文化馆"新六艺学堂"全民艺术普及培训项目是以"建设社会主义核心价值体系和满足城乡居民精神文化需求，促进公共文化服务均等化"为宗旨，以全省百个基层辅导点和群众文化服务网络为平台，以辅导培训、演出互动、创作比赛为形式的公共文化服务活动品牌。"新六艺学堂"全民艺术普及培训基本情况如下。

一、常态培训

"六艺"是指中国古代儒家要求学生掌握的六种基本才能：礼、乐、射、御、书、数。这"六艺"具有鲜明的时代特质和属性，山东省结合文化馆的职能和专业配置，将传统"六艺"变化为以音乐、舞蹈、戏剧、曲艺、美术、书法六个方面为主要教学培训内容的"新六艺学堂"。

"新六艺学堂"老师均由有一定群众文艺工作经验的业务干部及志愿者

辅导团中各艺术高校推荐的专业优秀人才担任，采取培训和演出相结合的教学方式，对学生进行基础知识辅导和提升技能培训。每位老师要认真填写授课大纲和备课内容，课程结束后整理成册并存入教学资源库。

"新六艺学堂"实行面向社会公益招生培训，每期两个月，先后开设了钢琴、电子琴、古筝、古琴、二胡、合唱、少儿主持、成人朗诵、美术、书法、戏剧、曲艺、成人舞蹈、少儿芭蕾等三十多个艺术门类培训班。自2014年开班以来，共开班次270多个。

二、成果展示

在开展"新六艺学堂"公益性教学培训的基础上，定期组织教学成果展演。在培训开始时，老师就会按照参加演出的要求来安排培训内容，从基础开始，一直到节目成型。当一季培训班结束时，组织学员参加"新六艺学堂"的教学成果展演活动。

三、团队建设

文化馆把"新六艺学堂"中的优秀学员，吸收到十个馆办文艺团队、文化志愿者队伍中，安排到基层辅导点担任教师助手，把一些优秀学员和文艺作品，安排在节日基层文化庆演活动中，使教学成果得到展示、推广、传播。目前山东省文化馆有"梦之翼"女子合唱团、"爱乐"民族管弦乐团、管乐团、曲艺社、戏剧社、少儿艺术团、中老年舞蹈团、书画院、数字公社、中老年模特队十个馆办团队，成员400余人。

四、推动创作

在"新六艺学堂"全民艺术普及培训项目中，每一期都涌现出一批学员和馆办团队创作的新作品。这些作品贴近生活、接地气，都是反映老百姓身边的人和事。它们主题鲜明，内容积极向上，贴近现实，具有鲜明的时代特色、浓郁的生活气息和较高的艺术品位。经过辅导老师的打造，许多作品已经成为下基层惠民演出的保留节目，深受欢迎。其中，由学员和山东省文化馆曲艺社共同打造并演出的小品《小年夜》还分别在第十三届"华东六省一市"戏剧小品大赛、"天穆杯""我的故事我的梦第三届山东省小品新作大赛"中荣获奖项。

五、细分品牌

"新六艺学堂"全民艺术普及项目启动以来，形成了"百姓大舞台""历山书场""文化齐鲁·和美山东少儿大画廊""齐鲁讲坛——书画大讲堂""画道""精彩生活·幸福使者""非遗传薪授艺"等细分品牌项目，并且提高了馆办文艺团队质量，扩大了公共文化服务阵地，充实了文化志愿者队伍。

六、数字化推广

山东省文化馆的"新六艺学堂"全民艺术普及培训项目，结合数字文化馆建设，升级成为文化馆+"新六艺学堂"，将演出、培训、教学资源数字化后形成线上线下的培训项目体系。《画道》是该馆根据美术类培训打造的一个艺术家分享创作过程的系列微视频，通过一系列微视频的制作推出，不断深入打造的"新六艺学堂"品牌。之后还将会根据不同的艺术形式继续推出一系列微视频，结合全国文化资源共享平台和资源建设，继续拓宽公共文化服务的范围，加快完成全民艺术普及的阶段性目标。

山东省文化馆的"新六艺学堂"全民艺术普及培训项目的打造，充分发挥了省文化馆公共文化服务职能，继承和弘扬了中华优秀传统文化，繁荣和丰富了群众文化生活，推进了文化馆+礼乐文化传播工程。

专家点评：

"新六艺学堂"直接由齐鲁大地古代儒家要求学生掌握的六种基本技能继承、创新、转化而来，具体与文化馆"全民艺术普及"主营业务紧密结合，

形成音乐、舞蹈、戏剧、曲艺、美术、书法六个方面为主要教学培训内容的"新六艺学堂"，其间山东省文化馆传承中华优秀文化、地方特色文化的良苦用心值得称道。"新六艺"渐成常态、推出成果，带动团队和品牌建设，应用数字技术加以推广，特别是深化文教结合和社会教育等做法，均有鲜明的示范意义和推广价值。在此基础上，可向更广阔领域拓展，进一步在时代的高点上深化理解"礼"之德、"乐"之和、"射"之能、"御"之技、"书"之学、"数"之用的现代含义、现代功用，若能以之改造、提升现代文化馆定位与功能，则功莫大焉。

成都市社区"文化连锁店"

贾磊　郝弋　唐元玲[1]

成都市 2014 年被文化部批准为"公共文化服务标准化建设"和"基层综合性文化服务中心建设"试点城市。成都市文化馆在"两项试点"工作中开拓创新、努力探索,围绕供给侧改革下公共文化服务体系建设中的问题,大胆尝试"文化连锁店"模式,将全市首个"文化连锁店"开进成都高新区石羊街道府城社区。

"文化连锁店"主要采取统筹主要资源采购、统筹管理力量配送、统筹服务策略营销、统筹基本功能设置、统筹场地标识标牌,以基层社区综合文化活动阵地为支点,以切实服务于社区群众为标准,以公民真正享有基本的公共文化权益为目的,整合市、区县公共文化服务优秀资源和社会力量,向社区倾斜,推动和实现公共文化服务普及大众。

一、"文化连锁店"主要做法

文化馆在顶层设计、中层推动、基层落实三个方面进行探索,在全民艺术普及、全民阅读、全民教育中发挥创新引领作用,从基层角度来解决基层公共文化阵地和服务中的问题,满足群众多层次的文化需求。

---

[1] 贾磊,成都市文化馆原馆长。郝弋、唐元玲,成都市文化馆干部。

（一）采取"一个标准"的总体设计

"文化连锁店"由市文化馆指导和统筹市级公共文化服务资源的指导和配置，提升公共文化产品项目生产端质量和效率，从供给端和资源端解决文化产品吸引力问题；同时统一管理、统一营销，让全市优秀资源下沉到最基层，为基层群众提供文化服务，推动供需对接、区域平衡，促进基层文化阵地长效发展，从而以城乡公共文化服务标准化促进均等化。

（二）建立公共文化服务纵深发展模式

成都市文化馆从结构性改变公共文化服务配送行政模式，采取市级统一筹划、社会组织联动的纵深发展模式，解决公共文化服务体系建设结构性局限，淡化公共文化服务市、区、街道和社区四级行政体制限制，让优秀资源在基层共享共惠，扩大覆盖面，推进均等化。

（三）推出"四位一体"管理模式

"四位一体"体现四个社会组织的四种形式：一是有街道社区居委会自治管理的社区综合性文化服务中心；二是有社会组织团体文化志愿者协会的"文化暖心驿站"文化志愿服务；三是有专业社会团体成都市群众文化学会的市民文化讲座"成都百姓故事会"以及"名师大讲堂"；四是有民办非企业成都市艺术培训中心的公益性市民文化艺术培训。这些主流公共文化服务社会机构是整个连锁店的重要执行者，在市文化馆统筹下实行统一配置和管理。同时，"文化连锁店"由文化暖心驿站、文化艺术教育、文化艺术培训、街道社区综合文化中心几个功能共同支撑，提供群众满意的文化资源和文化产品，以达到"精准文化服务"的目标。

（四）打造连锁运营模式

"文化连锁店"有着与商业连锁店相似的运营模式，成都市文化馆一方面依托市级资源，一方面向社会力量购买，购买参与公共文化服务的社会组织、企业的服务，通过资源整合、统筹配置、考核评估，把优质化、个性化、特色化、持久化公共项目引入基层文化阵地，保障群众基本文化需求，从而支撑基层文化阵地长效持续发展。目前开设的 12 个门类 14 个班次免费市民文化艺术培训，可为社区 300 余人次的市民提供艺术普及服务，以青年对象为主题的文化艺术教育讲座每月开讲。

市文化馆带动策划组织项目，街道社区落实实施，群众社会评估反馈，最终形成"策划—合作—实施—评价"连锁运行模式，探索实现市级与区级，社区与群众的公共文化服务伙伴关系。

二、"文化连锁店"初步成效

目前，成都高新区石羊街道府城社区"文化连锁店"，功能设施全面开放，功能分区基本完备，服务丰富多彩。

"社区综合性文化服务中心"向市民提供文化活动场地、图书阅览、文娱休闲、文体活动、展览展示、宣传文化、党员教育、科学普及、普法教育、体育健身等；"文化志愿服务文化暖心驿站"开设文化暖心书吧、文化暖心数字馆、文化暖心学堂、文化暖心小居、文化暖心小剧场等，市民可阅读纸质及电子图书，体验跳舞机、投篮机、器乐打击机等数字娱乐项目，接受绘画、摄影、书法等艺术辅导培训，参与各种讲座与体育活动等；"市民文化艺术培训学校"为社区市民提供舞蹈、音乐、美术、电脑等免费艺术普及培训服务；"市民文化教育讲座"以"成都百姓故事会"为背景，讲述成都历史，人文风情，城市精神和身边人身边事；"文化特色服务"针对青工、农民工、留守儿童、残疾弱势群体提供文化艺术展览、电化课堂、教育讲座、文化辅导、小剧场演出等。

三、结语

成都"文化连锁店"模式作为成都基层公共文化服务标准化与综合文化服务中心建设的典范，提出了纵向延伸服务模式，向市民提供精准文化服务，

在保留标准化配置服务基础上，更体现综合性文化服务中心功能优势，为成都基层标准化与综合文化服务中心建设开启了新篇章，同时也为全国城市基层公共文化服务探索路径。

专家点评：

成都"文化连锁店"借鉴商业连锁服务经验，在基层社区、百姓身边，依托社区基层综合文化服务中心布局建设，其中工作亮点可从以下3个方面分析：一是作为省直辖市文化馆，一方面地位在高端，另一方面必须面向整个城市，包括基层社区提供服务，成都市文化馆运用"连锁"机制合理地分配了这双重功能。"连锁"可以直接透过市、区、街道、社区多个层级，把优质服务资源"一竿子到底"直达基层社区，同时"连锁"并不排斥区、街、村文化设施机构，而是协同用功，重在提升城市基层的文化服务能力和水准。二是"文化连锁店"可以在辖区各地同步实现标准化资源配置、人员要求，并实施标准的服务规范，可大大提高全区域的均等化发展水平。三是"文化连锁店"以"店"的形式，则可以广泛吸纳各种优质的文化产品和服务进入，为社会力量参与打开巨大空间，也为公众扩大了选择面，也易于在供需之间形成经常性的互动。

哈尔滨市道里区"街角艺术"

哈尔滨市道里区文广新局

一、基本情况

哈尔滨市道里区是冰雪游园会、中国哈尔滨之夏音乐会的举办地。冰雪文化、欧陆文化、音乐文化等多元文化交相辉映，形成独特的城区风韵。近年来，道里区结合国家公共文化服务体系示范区创建，以"街角艺术"为抓手，把打造群众文化品牌作为壮大群文队伍、提升民众素养、提高群众技能、传播文化道里影响力的有效途径进行积极运作。每年，"街角艺术"品牌下，都有将近1000多万人次的中外游客和市民享受到特色文化艺术的盛宴，"街角艺术"进一步提升了哈尔滨作为东北亚著名文化艺术名城和"音乐之都"的城市名片。

二、主要做法

（一）充分发挥中央大街艺术资源集聚优势

道里区市中心的中央大街，历史悠久、人文荟萃、积淀深厚，来自东北亚的艺术资源高度集聚。中央大街步行街区管理处加大力度打造欧陆风情文化品牌，发挥中央大街地理位置与文化资源优势，以"悦动老街"为主线，

先后举办了老街音乐汇、马迭尔阳台音乐会、四季公主·老街仪仗队巡游、老街交际舞大赛等彰显老街风情特色的文化活动。

（二）资源整合共建共享

借力省、市大型文化艺术活动资源，如市交响乐团、市歌剧院、哈尔滨市公安局警官艺术团、博纳文化发展交流中心、马迭尔集团、哈尔滨音乐博物馆、哈尔滨群众艺术馆、哈尔滨模特协会等力量，依托辖区内拥有省、市众多艺术机构、高等院校艺术系科及品牌文化资源，相互协作、通力配合，形成了市、区及演出团体三级协同机制。

（三）建立健全管理制度

制定了《中央大街步行街肖像画廊管理规定》，对从业的街头画师进行规范管理，统一颁发"画师证"，对街头绘画的价格、尺寸、服务时间等进行了详细规定，要求每位画师必须积极配合中央大街管理处的各项活动安排。不仅聘请来自黑龙江省美术家协会、哈尔滨师范大学美术学院等的专业人士，还邀请市民代表对画师进行评分。

（四）着力打造"一社区一特色"

根据街道辖区人文地域文化的优势，顺应辖区居民对文化服务的需求，利用辖区内街头小广场，街区墙面，居民庭院，单元楼道等不同公共场所，以不同的表现形式开展各类公益性文化活动。"一社区一特色"的街角文化反映了不同街道社区的风土人情、精神面貌、地方特色、文化氛围。例如：上红社区的墙面文化和楼道邻里文化；红专社区的传统京剧文化和红色集邮文化；友谊社区的庭院大墙和阳台墙面文化；红星广场社区的广场文化等。

（五）积极鼓励各类社会主体参与

一是鼓励街区、商区、社区利用合适地点吸引文化艺术主体前来从事"街角艺术"。鼓励各类社会资本、社会文化团体、文化艺术人才参与街角艺术发展。

鼓励街区、商区、社区利用合适地点吸引文化艺术主体前来从事街角艺术。

二是区文联组织美协、音协等艺术协会会员，在以中央大街为主的中心城区，选择人流量较大的区块，灵活布局"街角艺术"，如中央大街沿线有5处音乐和演出的艺术街角，有1处规模较大的美术艺术街角。这种方式既为古老的历史街区增添了艺术氛围，又丰富了群众文化艺术生活，还带动了旅游经济发展。

三是积极联合黑龙江省歌舞剧院、哈尔滨模特协会、哈尔滨交响乐团、哈尔滨师范大学、道里区职工艺术团、马迭尔集团、博纳文化发展交流中心、黑龙江省阳光艺人文化发展公司、悦声国际、冰锋室内乐团等演出团队参与"街角艺术"演出。

三、总体成效

（一）市民艺术参与显著增加

在"街角艺术"品牌打造过程中，居民自觉积极参与组建了文艺队伍，在区文体局指导下加大组织、培训和实施力度，激发群众文化参与热情，提高文艺团队整体水平，市民文化参与率和文化自觉性显著提升。目前，道里区拥有各类文化团队162支、2.5万余人，文化志愿者团队已达28支，注册的文化志愿者5000余人，每个社区都有自己的特色团队和自编自演的各类文艺节目。

（二）群众文化活动品牌影响力不断扩大

道里区围绕"街角艺术"，加大了群众文化艺术品牌的打造力度，先后推出了包括魅力道里艺术节、中央大街文化节、社区文化节等，道里区特色文化品牌活动已达84项。19个街道和4个镇均有特色鲜明区域特点凸显的多个文化品牌活动。在"街角文化"品牌的支撑下，道里区每年开展各类大赛、会演、展览，打造综艺晚会、专场演出等各类群文活动1000多场次，参与演出群众15万人次，观看演出群众多达百万人次。

（三）群众文化活动的国际化水平有效提升

老街音乐汇还不断融入国际元素，演出水平添"国际范"。每年，"街角艺术"都能吸引各类来自俄罗斯、日本、韩国、法国、亚美尼亚、非洲等外籍专业团体和个人参与演出，为市民带来国际化、多元化的音乐艺术表演内容和形式。

（四）艺术普及工作得到实质性推动

道里区以"街角艺术"为抓手推动艺术普及工作：学校把街头艺术当作学生参与社会实践的好舞台；专业文艺团体应该定期参与街头艺术的公益表演，发挥示范指导作用；乐器销售维修和文化用品商家应该利用街头艺术来扩大服务；各群众团体也可以充分利用街头艺术来实现自己的公益诉求。

专家点评：

哈尔滨市道里区一方面依托所在城市独特、高雅的艺术风情，另一方面发挥中心城区"中央大街"东北亚艺术集聚、演出、展示、交流的显著特点，以"街角艺术"的形式，重点吸纳来自东北亚和本地音乐、美术、舞台艺术人才和团体，以公益方式为当地百姓和外地游客提供高水平的艺术服务，形成一道十分亮丽多元的艺术风景线。道里区文广新局显著的工作亮点表现为：一是"街角艺术"的主体来自国内外艺术家和艺术团体，处于自发和志愿，服务的对象是当地群众和来自各地的游客，推动形成社会参与、民众主体、文旅融合、自主生长的良好氛围。二是带动城市基层社区"墙面文化"、邻里"楼道文化"建设，艺术元素和风情深入城市基层、百姓生活，这对于推动城市艺术发展成果与民共享、脚踏实地夯实城市艺术基础、增加城市整体艺术氛围的"厚度"，均产生积极作用。三是"街角艺术"吸引来自俄、日、韩、法、亚美尼亚、非洲等外籍艺术家参与，有利于以"在地"[1]形式推动文化艺术走"一带一路"，讲好中国故事。

---

[1] 是指外籍人士在特定地区进行相关活动。

昆山市昆曲普及"小昆班"

叶凤　葛欣[1]

江苏省昆山市是"百戏之祖"昆曲的发源地，多年来大力开展全民艺术普及，以高度的文化自觉、扎实的工作举措，办好"小昆班"，形成了戏曲艺术普及与公共文化惠民服务共建共享、品牌共创的"昆山特色"。

"小昆班"起步于20世纪80年代。1987年成立了全国首家"小昆班"，聘请昆曲前辈执教，掀开了传承昆曲、复兴昆曲运动的第一面旗帜。2012-2016年，昆山市实施"文化强市"建设，12个区镇都建有"小昆班"。

从娃娃抓起，是培养优秀戏曲演员的基本要求。在孩子们身体条件较好，发育尚未成熟的条件下，吊嗓、搁腿、下腰、劈叉、走台步、跑圆场、前桥、毯子功、后翻等戏曲动作，都能得到很好的培养。

1992年4月，"昆剧传习所成立70周年纪念会"在昆山召开。昆曲"传"字辈的几位老人听说"小昆班"办得有声有色，结伴前来看望"小昆班"的孩子们。这些八旬开外的老艺人看着这些孩童有板有眼地精彩表演，惊喜万分。他们现场教授小演员们，传授演戏心得诀窍，迟迟不愿离开，恨不得把毕生所学一股脑儿全传给孩子们。

---

[1]叶凤，江苏省昆山市文化广电新闻出版局文化艺术科科长。葛欣，江苏省昆山市文化广电新闻出版局文化艺术科副科长。

一、"小昆班"的主要做法

"小昆班"作为一个特殊的戏曲票友组织，具有学习、演出、传承等多重责任，在昆山全民戏曲普及中扮演着重要的角色，具体做法有以下几点。

（一）加强资金、场地等硬件保障

昆山各级政府每年为"小昆班"投入的资金达到几百万元。各处的小昆班，不论场地、设施、服装、道具都配备齐全，质量上乘，目的是再造"昆昆"（昆山昆曲）的新辉煌。

（二）组织各类名师培训，提升演艺水准

小昆班开创初期，也出现过师资力量不够等问题，随着小昆班名气逐渐打响，越来越多的戏曲名家来到昆山，手把手为小昆班的孩子上课。小昆班学员经过严格的选拔，每年都有新学员加入，老学员每年都有进行考核、刷选，不适合会被淘汰，激发了孩子们好好学习。

（三）积极参加比赛演出，在竞争中成长

昆山积极参加历届中国少儿戏曲"小梅花"荟萃活动、"国戏杯"比赛、上海"小兰花"比赛等。市文广新局和教育局联合，连续三年举办"中国小梅花戏曲比赛昆山选拔赛"，挖掘了一批又一批新苗，激发了各家小昆班业务水平的提升，促进全市小昆班的茁壮成长。在历次比赛中，小昆班披金挂银，获得 57 个金花奖、96 个国家级奖项。

（四）选送优秀人才深造，提供上升通道

目前已有百余名学员被选拔进北京、上海、南京、杭州、苏州的专业院校深造，有望成为昆曲的后起之秀。培养"小昆班"成绩卓著的石牌小学，还被中国戏剧家协会授予"昆山小梅花培训基地"。

（五）整合昆曲教学资源，提高整体水平

2009 年，昆山市文广新局和教育局联合成立"小梅花艺术团"，市财政专门设置了小昆班专项资金，整合师资力量、活动资源，组织全市小昆班联合参加重要比赛和对外交流活动。

二、"小昆班"建设的成效

（一）"小昆班"成为昆山对外文化交流的天使

昆曲是昆山名片，小昆班成为名片中最亮点。小昆班多次赴北京、上海、南京、苏州等大中城市演出，也曾到中央电视台、世博会参加表演，也曾应邀到日本、韩国、奥地利等地交流演出，所到之处，深受欢迎。孩子们的一招一式、一颦一笑不时引得台下观众齐声喝彩，展现了昆曲故里的灵动色彩。

（二）为全国输送一大批优秀昆曲苗子

三十年多来，在"小昆班"学习过昆曲的学生有数千名。其中百余名专业戏曲人才输送到上海、南京、杭州、苏州等戏曲学校，有的已取得了不俗的成就，如顾卫英、俞玖林、周雪峰等，也有青年一代演员已经在上海昆剧团、上海戏剧学院越剧班、江苏省京剧团工作，为戏曲事业源源不断地输送新生力量。

（三）活跃了公共文化服务舞台

小演员们虽然只是利用课余时间学习昆曲，专业水准却并不差，他们在舞台上唱念做打，将一个个经典折子戏呈现给全市观众，令人们看到了昆曲发展的希望，丰富了公共文化服务的内涵。

（四）少儿学昆曲成了时尚

十多年前，老师要向家长做工作，争取学生学昆曲。如今，不愁没有学

生学昆曲，而且新昆山人比本地人参加更踊跃。家长受子女影响成了昆曲的忠实粉丝，家长带着孩子从被动、免费看昆曲，到主动、买票赏昆曲。

（五）小昆班有益于推广昆曲

昆曲曲高和寡，专业演员的传播主要是在小众昆曲爱好者中居多，而普通群众能接受小学生唱昆曲，无论是男女老少、中国人外国人都喜爱小昆班的昆曲，可爱、可亲，一见就爱，这对昆曲传播是十分有益的。本来是为了传承，为了后继有人，实际上对昆曲传播推广功不可没，影响了很多人。

（六）从"小昆班"走出来的名家反哺家乡

"小昆班"的前辈，如顾卫英，主演的昆曲《李清照》回故乡，在昆山演出数场，送票给家乡父老和"小昆班"演员观看，得到相亲的赞许。青春版《牡丹亭》柳梦梅的扮演者——巴城人俞玖林回故乡，开设昆曲工作室，接任石牌"小昆班"顾问，接续昆曲文脉。2015年获得梅花奖的周雪峰回故乡，演出昆剧《狮吼记》回报家乡父老，开昆曲专场，成立周雪峰戏曲艺术工作室，长期担任着淀山湖镇"小昆班"的艺术指导，为本镇戏曲爱好者按期开展各类有针对性的昆曲培训。巴城镇、高新区先后举办历届小昆班演员回故乡演出专场，形成良性的"反哺"机制。

昆山是全民昆曲普及的一块实验田，小昆班也是昆山昆曲普及中的一朵幽兰，以其独特的优雅芳香，陶醉了广大昆山市民，它将在全社会的关心帮助下，继续吐露芬芳！

专家点评：

传承优秀中华文化和地方特色文化，昆山"小昆班"是十分典型的案例。"小昆班"，选择主观有兴趣、客观有条件的娃娃，延请名师言传身教，从小进行原汁原味的昆曲训练，使之一举手、一投足皆见昆曲真传与功力，这实质上是延续了昆曲发展的原生态。为了原生态地做好从娃娃抓起培养昆曲人才工作，昆山市形成了3方面工作亮点：一是大力完善基础设施、资金、平台，以现代化条件支撑昆山昆曲的快速发展；二是着力营造优越的环境让潜在的优秀昆曲人才脱颖而出，如创办以"小昆班"人才为主的"小梅花"昆曲艺术团，创造条件走南闯北、在巡回演出实战中历练、成长；三是从不拘泥于"小昆班"自身建设发展，而是主动为省、国家输送优质人才，积极为"小昆班"人才提供更大的发展空间。与此同时，昆山市在"小昆班"建设发展过程中，也取得丰厚回报，"小昆班"学有所成、功成名就的优秀人才，从未忘记反哺乡梓故里，反哺形成了良性循环、上升机制，持续推动昆山昆曲新人辈出、各领风骚。昆山"小昆班"在优秀传统戏曲传承方面的诸多经验，可复制、可推广。

V

统计数据

第四次全国文化馆评估定级主要指标统计分析

北京大学国家现代公共文化研究中心、文化部公共文化研究（北京大学）基地[1]

一、全国文化馆总数、参评馆、参评率

第四次全国文化馆评估定级参评率是 90.5%。参评情况良好，数据基本能够反映我国文化馆的整体发展水平（见表 1）[2]。

表 1　全国各省文化馆数、参评馆数及参评率

省区	文化馆数					参评馆数					参评率（％）
	省（区）	副省	地（市）	县（市）	总数	省（区）	副省	地（市）	县（市）	总数	
北京[3]	1	0	17	2	20	0	0	13	2	15	75.0
天津	1	0	15	3	19	1	0	14	3	18	94.7

[1]课题主持人：李国新，课题组成员：刘海丽、陈慰、刘亮、项琳、杨珊。

[2]文化馆数主要依据各省提交给文化部的自评报告。甘肃、广西、吉林、宁夏、青海、山东、陕西、上海、重庆等9省(区)的自评报告中无文化馆数，故采用《中国文化文物统计年鉴(2015)》的数据。兵团文化馆数量来自《"十二五"时期新疆生产建设兵团国民经济和社会发展统计公报》。参评馆依据从"全国文化馆评估定级系统"中导出的数据。

[3]2015 年 5 月 –10 月文化部开展了第四次全国文化馆评估定级工作，2015 年 11 月 28 日，北京市延庆县、密云县撤县设区。在自评报告中密云县填写的为地（市）级，在评估系统中密云县填写为县（市）级。由于数据分析是基于评估定级时的实际情况，因此将延庆县、密云县归入县（市）级。

续表

省区	文化馆数					参评馆数					参评率（%）
	省（区）	副省	地（市）	县（市）	总数	省（区）	副省	地（市）	县（市）	总数	
河北	1	0	11	170	182	0	0	9	151	160	87.9
山西	1	0	11	119	131	1	0	9	105	115	87.8
内蒙古	1	0	12	105	118	1	0	11	96	108	91.5
辽宁[1]	1	3	20	99	123	0	3	11	77	91	74.0
吉林	1	1	12	64	78	1	1	11	54	67	85.9
黑龙江	1	2	14	131	148	1	2	14	115	132	89.2
上海	1	0	21	3	25	1	0	17	3	21	84.0
江苏	1	1	12	98	112	1	1	12	98	112	100.0
浙江	1	2	9	90	102	1	2	9	85	97	95.1
安徽	1	0	14	105	120	1	0	14	96	111	92.5
福建	1	1	8	84	94	1	1	8	82	92	97.9
江西	1	0	11	102	114	0	0	11	99	110	96.5
山东	1	2	15	141	159	1	2	12	122	137	86.2
河南	1	0	18	158	177	1	0	18	152	171	96.6
湖北	1	1	11	102	115	1	1	11	102	115	100.0
湖南	1	0	15	127	143	1	0	11	117	129	90.2
广东	1	2	35	101	139	0	2	33	98	133	95.7
广西	1	0	14	108	123	1	0	14	106	121	98.4
海南	1	0	2	19	22	1	0	2	19	22	100.0

[1] 根据《中国文化文物统计年鉴（2015）》，2014 年辽宁省有 125 个文化馆。辽宁省在自评报告中给出的文化馆数是 122，其中副省级馆为 2 个，但在评估系统中，大连有 2 个副省级文化馆，沈阳有 1 个副省级文化馆，故应为 1 个省级馆，3 个副省级文化馆，20 个地（市）级文化馆，99 个县（市）级文化馆，共 123 个文化馆。

省区	文化馆数					参评馆数					参评率（%）
	省（区）	副省	地（市）	县（市）	总数	省（区）	副省	地（市）	县（市）	总数	
重庆[1]	1	0	40	0	41	1	0	38	0	39	95.1
四川	1	1	21	184	207	1	1	17	153	172	83.1
贵州	1	0	9	88	98	1	0	7	84	92	93.9
云南	1	0	17	131	149	1	0	15	116	132	88.6
西藏	1	0	7	74	82	1	0	6	71	78	95.1
陕西[2]	1	1	10	110	122	1	1	7	99	108	88.5
甘肃	1	0	16	86	103	1	0	13	82	96	93.2
青海	1	0	8	46	55	1	0	8	43	52	94.5
宁夏	1	0	5	20	26	1	0	5	20	26	100.0
新疆	1	0	15	100	116	1	0	13	94	108	93.1
兵团	1	0	13	170	184	1	0	7	131	139	75.5
全国[3]	32	17	458	2940	3447	27	17	400	2675	3119	90.5
参评率（%）	—	—	—	—	—	84.4	100	87.3	91.0	90.5	—

参评率最高的5个省（区）是江苏（100%）、湖北（100%）、海南（100%）、宁夏（100%）、广西（98.4%）；参评率最低的5个省（区）是上海（84%）、

---

[1]根据《中国文化文物统计年鉴（2015）》，重庆市有41个文化馆。根据中国文化馆协会核实，重庆市有1个省级馆，40个地市级馆。

[2]《中国文化文物统计年鉴（2015）》，2014年陕西省有122个文化馆。自评报告中，给出的文化馆数是119，但未给出地市、县级文化馆数量，因此使用2015年鉴中的数据。

[3]全国目前有15个副省级城市，其中13个副省级城市各设1个文化馆，大连市设有大连市群众艺术馆、大连市朝鲜族文化艺术馆2个文化馆；哈尔滨市设有哈尔滨市朝鲜民族艺术馆、哈尔滨市群众艺术馆2个文化馆；因此副省级文化馆共17个。

四川（83.1%）、兵团（75.5%）、北京（75%）、辽宁（74%）。

省级文化馆的参评率是 84.4%，是各级文化馆中参评率最低的。北京、河北、辽宁、江西、广东 5 省（市）的省级文化馆未参加评估。

副省级文化馆的参评率是 100%，是各级文化馆中参评率最高的。

地市级文化馆的参评率是 87.3%。

县（市）级文化馆的参评率为 91.0%。

表2　第四次与第三次全国文化馆评估各省参评率比较

（单位：%）[1]

省份	第四次参评率	第三次参评率	增减幅度
全国	90.5	87.5	3.0
山西	87.8	55	32.8
天津	94.7	73.7	21
福建	97.9	78.9	19
山东	86.2	72.2	14
新疆	93.1	79.4	13.7
西藏	95.1	82.9	12.2
湖南	90.2	79.3	10.9
河北	87.9	78	9.9
重庆	95.1	85.4	9.7
湖北	100	90.9	9.1
陕西	88.5	80.8	7.7
安徽	92.5	86.7	5.8
广西	98.4	92.7	5.7
海南	100	95.2	4.8

---

［1］此表全国文化馆数量、全国县级馆数量不含新疆生产建设兵团。

省份	第四次参评率	第三次参评率	增减幅度
宁夏	100	95.5	4.5
内蒙古	91.5	87.1	4.4
甘肃	93.2	90.1	3.1
黑龙江	89.2	86.3	2.9
江西	96.5	95.6	0.9
江苏	100	100	0
浙江	95.1	95.1	0
河南	96.6	97.2	-0.6
贵州	93.9	94.9	-1
云南	88.6	90.5	-1.9
广东	95.7	100	-4.3
青海	94.5	100	-5.5
上海	84	92.6	-8.6
北京	75	85	-10
辽宁	74	84.4	-10.4
吉林	85.9	100	-14.1
四川	83.1	98.5	-15.4

就全国总的情况看，第四次文化馆评估比第三次文化馆评估的参评率提高了3.0%。

山西、天津、福建、山东、新疆、西藏、湖南、河北、重庆、湖北、陕西、安徽、广西、海南、宁夏、内蒙古、甘肃、黑龙江、江西等19省的参评率提高了。提高幅度最大的5个地区是山西（32.8%），天津（21%），福建（19%），山东（14%），新疆（13.7%）。

河南、贵州、云南、广东、青海、上海、北京、辽宁、吉林、四川等

10个地区的文化馆参评率降低了。降低幅度最大的5个地区是四川(-15.4%)，吉林（-14.1%），辽宁（-10.4%），北京（-10%）、上海（-8.6%）。

江苏、浙江两省两次文化馆参评率持平。

表3　全国贫困县参评馆数及参评率

馆范围（数量）	参评数（个）	参评率（%）
贫困县（839）	757	90.2
县级（2940）	2675	91.0
全国（3447）	3119	90.5

全国839个贫困县中，有757个参加了第四次全国文化馆评估定级。其中，有17地市级文化馆。为了能够统一分析贫困县的整体状况，将这17个地市级文化馆也归入县级馆统一进行分析。

贫困县的整体参评率比全国平均、全国县级文化馆平均的参评率略低，但差别不大。

二、财政拨款总额

财政拨款总额，根据系统提供的2014年人均财政拨款金额和本地区人口总数相乘得出。系统界定的人均财政拨款金额，是以2014年度财政拨款数额（财政补贴收入＋上级补贴收入）除以本市常住人口数进行计算。因此，财政拨款总额包括本级财政补助收入及上级补助收入。

表4　全国文化馆财政拨款总额（单位：万元）

馆级别	平均值	中位数	最大值	最小值
省（区）	1657.5	1422.7	5917.1	0
副省	1455.6	1199.6	2824.1	210
地（市）	635.5	464	8487	10.4

续表

馆级别	平均值	中位数	最大值	最小值
县（市）	247.1	144.7	8648	0
贫困县	106.5	56	880	0
全国	983.5	807.7	5917.1	0

（注：数据来源于2014年全国文化馆评估定级系统）

根据系统填报的数据，全国财政拨款总额最高的5个文化馆是：山东省淄博市博山区文化馆（8648万元）；吉林省通化市群众艺术馆（8487万元）；山东省临沂市费其中：县文化馆（6129.8万元）；上海市群众艺术馆（5917.1万元）；福建省宁德市福安市文化馆（5293万元）。

全国财政拨款总额最低的5个文化馆（不包括财政拨款总额为0的文化馆）是：辽宁省营口市盖州市文化馆（8.8万元）；福建省莆田市秀屿区文化馆（8.2万元）；广东省茂名市茂南区文化馆（3万元）；辽宁省阜新市太平区文化馆（2.2万元）；辽宁省阜新市新邱区文化馆（0.6万元）。

贫困县财政拨款总额最高的文化馆是青海省玉树藏族自治州称多其中：县文化馆（880万元）。

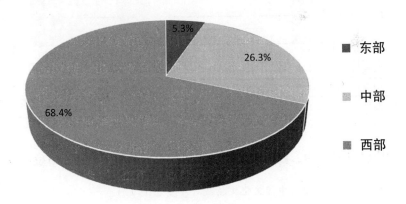

图1　2014年东、中、西部财政拨款总额为0的县（市）级文化馆分布

根据系统填报的数据，财政拨款总额为 0 的单位共 67 个，其中省级文化馆 1 个，县级文化馆 38 个，贫困其中：县文化馆 28 个。财政拨款总额为 0 的文化馆在东部有 2 个县级馆，中部有 10 个县级馆，西部有 1 个省级馆、26 个县级馆。根据我国现行免费开放政策，财政拨款总额不应为 0。填报为 0，我们认为或者数据填报有误，或者该地将中央财政的免费开放补助经费挪作他用。

综观本次评估，由于各省（区）参评率不统一、缺失数据量比例不一致，为了更能科学地反映各省（区）财政拨款总额情况，准确地把握我国东、中、西部财政拨款总额占比及发展走势，选取《中国文化文物统计年鉴 2015》中的相关数据进行统计分析。

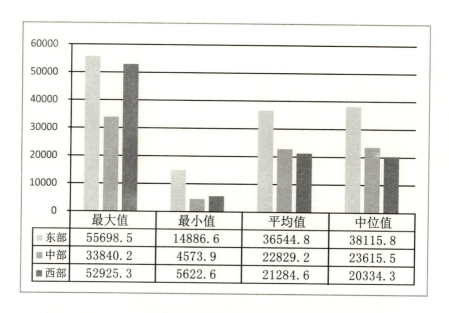

	最大值	最小值	平均值	中位值
东部	55698.5	14886.6	36544.8	38115.8
中部	33840.2	4573.9	22829.2	23615.5
西部	52925.3	5622.6	21284.6	20334.3

图 2　2014 年东、中、西部文化馆财政拨款总额各数值比较（单位：万元）

（注：数据来源于《中国文化文物统计年鉴 2015》）

表 5　2014 年东、中、西部文化馆财政拨款总额统计表

地区	财政拨款总额（万元）	地区财政拨款总额占全国总额的比例
东部	328902.8	41%
中部	228291.1	28%
西部	255415.1	31%
全国总计	812609	——

（注：数据来源于《中国文化文物统计年鉴 2015》）

东、中、西部文化馆财政拨款总额数量差距明显。东部地区的财政拨款
总额明显比中西部地区高，东部占比比中部高 13 个百分点，比西部高 10 个
百分点。中部地区财政拨款总额最低，占全国财政拨款总额比例仅为 28%，
比西部地区占比低 3 个百分点。

表 6　2014 年东、中、西部文化馆财政拨款省域平均值

地区	财政拨款总额（万元）	省域平均值（万元）
东部	328902.8	36544.8
中部	228291.1	22829.1
西部	255415.1	21284.6
全国	812609	26213.2

（注：数据来源于《中国文化文物统计年鉴 2015》）

东部财政拨款总额最高，西部次之，中部最低。东部 9 省平均每个省的
财政拨款总额为 36544.8 万元，是全国省域平均值的 1.4 倍。中部、西部的
财政拨款总额每个省的均值均低于全国省域平均值。

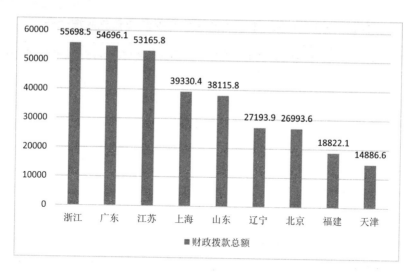

图3 2014年东部地区文化馆各省财政拨款总额示意图（单位：万元）
（注：数据来源于《中国文化文物统计年鉴2015》）

东部9省市中，浙江、广东、江苏、上海、山东财政拨款总额高于东部平均值。

全国32个省市各级文化馆财政拨款总额平均值是26213.2万元。浙江、广东、江苏、上海、山东、辽宁、北京高于全国平均值，天津、福建低于全国平均值。

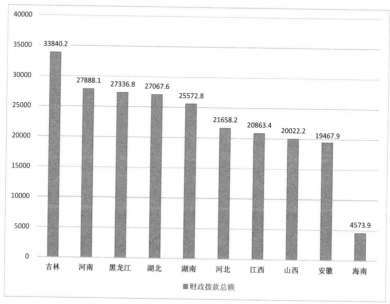

图4 2014年中部地区文化馆各省财政拨款总额示意图（单位：万元）

吉林、河南、黑龙江、湖北的财政拨款总额高于全国省域平均值。吉林、河南、黑龙江、湖北、湖南的财政拨款总额高于中部省域平均值。

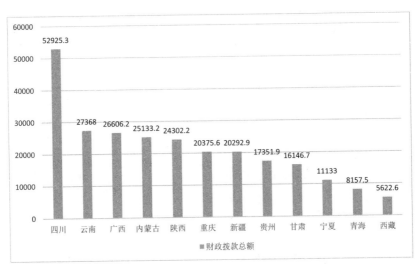

图 5　2014 年西部地区文化馆各省财政拨款总额示意图（单位：万元）

四川、云南、广西、陕西的财政拨款总额高于西部平均值。四川、云南、广西财政拨款总额高于全国省域各级文化馆财政总额平均值。

浙江省的财政拨款总额全国最高，达 55698.5 万元，海南省的财政拨款总额全国最低，仅 4573.9 万元。

表 7　2014 年各省级文化馆财政拨款总额

地区	馆名	财政拨款总额（万元）
	上海市群众艺术馆	5917.1
	福建省艺术馆	2550.0
东部	浙江省文化馆	1796.1
	山东省文化馆	1566.3
	江苏省文化馆	1429.1
	天津市群众艺术馆	1167.9

续表

地区	馆名	财政拨款总额（万元）
中部	湖北省群众艺术馆	2675.4
	河南省群众艺术馆	1705.9
	山西省群众艺术馆	1422.7
	湖南省群众艺术馆	1414.8
	海南省群众艺术馆	1224.0
	黑龙江省群众艺术馆	1039.5
	吉林省群众艺术馆	960.0
	安徽省文化馆	608.3
	宁夏文化馆	2652.0
	重庆市群众艺术馆	2512.8
	广西壮族自治区群众艺术馆	2256.0
	陕西省艺术馆	1925.3
	四川省文化馆	1628.0
	贵州省文化馆	1438.3
	云南省文化馆	1363.0
	新疆维吾尔自治区文化馆	1242.0
	青海省文化馆	1230.7
	内蒙古自治区群众艺术馆	675.0
	甘肃省文化馆	621.8
	西藏自治区群众艺术馆	72.8
全国省级文化馆总计		43094.8

（注：数据来源于2014年全国文化馆评估系统）

表8 2014年各副省级文化馆财政拨款总额

地区	单位名称	财政拨款总额（万元）
东部	深圳市文化馆	2824.1
	宁波市文化馆	2546.0
	广州市文化馆	1765.9
	济南市群众艺术馆	1696.1
	厦门市文化馆	1695.5
	南京市文化馆	1457.8
	杭州市文化馆	1218.0
	沈阳市群众艺术馆	1044.2
	大连市群众艺术馆	909.1
	大连市朝鲜族文化艺术馆	210.0
中部	武汉市群众艺术馆	2279.1
	长春市群众艺术馆	1181.2
	哈尔滨市群众艺术馆	1010.0
	哈尔滨市朝鲜民族艺术馆	636.3
西部	成都市文化馆	2109.2
	西安市群众艺术馆	707.5
全国副省级文化馆总计		23289.7

（注：数据来源于2014年全国文化馆评估系统）

建议加大中部地区文化馆的经费投入，提升中部、西部地区文化馆的经费扶持力度，保持东中西部文化馆事业协调发展。

贫困其中：县文化馆财政拨款总额明显偏低，平均值仅为106.5万元，是全国县级文化馆平均数的43%，是全国县级文化馆平均中位数的38.7%。建议进一步加大贫困其中：县文化馆的经费投入力度，提高贫困其中：县文化馆的整体发展水平，使贫困地区群众也能均等地享受文化馆提供的公共文化服务。

三、人均财政拨款金额

表9　全国文化馆人均财政拨款金额（单位：元）

馆级别	平均值	中位数	最大值	最小值
省（区）	0.7	0.4	2.5	0
副省	5.5	5.5	60.6	0.4
地（市）	4.4	2.1	82.4	0.1
县（市）	4.5	2.2	176.6	0
贫困县	5.0	1.5	176.0	0
全国	4.9	2.5	176.6	0

（注：数据来源于2014年全国文化馆评估系统）

根据系统数据，全国文化馆人均拨款总额最高的是江苏省淮安市洪泽其中：县文化馆（176.6元）。

人均财政拨款金额为0的单位共39个，省级文化馆1个，县级文化馆38个。人均财政拨款金额为0的文化馆在东部有2个县级馆，中部有10个县级馆，西部有1个省级馆，有26个县级馆。

表10　2014年东、中、西部文化馆人均财政拨款金额统计表

（单位：元/人）

地区	人均财政拨款金额	地区人均财政拨款金额与全国人均财政拨款金额差值
东部	6.8	0.9
中部	4.5	−1.4
西部	6.9	1
全国	5.9	——

（注：结论数据根据《中国文化文物统计年鉴（2015）》和《2015中国统计年鉴》中的2014年人口数据计算得出）

全国文化馆人均财政拨款金额平均值为 5.94 元，文化馆人均财政拨款
金额最高的是西部地区，东部地区次之，中部地区最低。西部地区的人均财
政拨款金额最高，高于全国均值 1 元，比东部均值高 0.1 元，是中部的 1.5 倍。
西藏人均财政拨款金额最高（17.68 元），河北省最低（2.93 元）。其中，
问题较突出的是中部地区。中部地区的人均财政拨款金额为东部的 66.2%，
西部的 65.2%，中部地区人均财政拨款金额较低，东、中、西部发展不均衡。

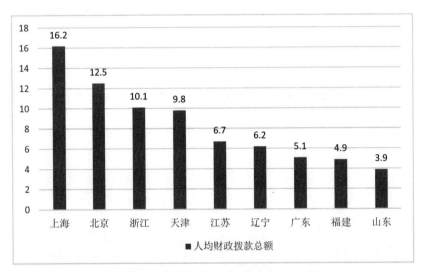

图 6　2014 年东部地区文化馆各省人均财政拨款金额（单位：元）

（注：结论数据根据《中国文化文物统计年鉴（2015）》和《2015 中国统计年鉴》
中的 2014 年人口数据计算得出）

上海、北京、浙江、天津的人均财政拨款金额达到东部平均值。

全国文化馆人均财政拨款金额省域平均值为 5.94 元，上海、北京、浙江、
天津、江苏、辽宁高于全国平均值。

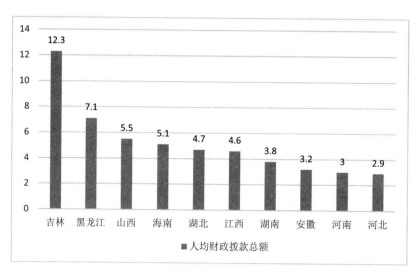

图 7　2014 年中部地区文化馆各省人均财政拨款金额（单位：元）

（注：结论数据根据《中国文化文物统计年鉴（2015）》和《2015 中国统计年鉴》中的 2014 年人口数据计算得出）

吉林、黑龙江、山西、海南、湖北、江西高于中部平均值。

吉林、黑龙江的人均财政拨款金额达到全国文化馆人均财政拨款金额省域平均值。

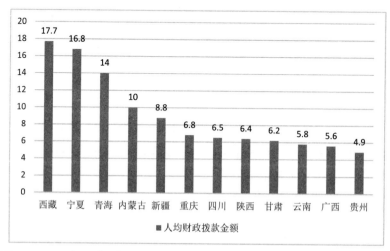

图 8　2014 年西部地区文化馆各省人均财政拨款金额（单位：元）

（注：结论数据根据《中国文化文物统计年鉴（2015）》和《2015 中国统计年鉴》中的 2014 年人口数据计算得出）

西藏、宁夏、青海、内蒙古、新疆人均财政拨款金额达到西部平均值，西藏、宁夏、青海、内蒙古、新疆、重庆、四川、陕西、甘肃达到全国省域平均水平。

表 11　全国贫困县人均财政拨款金额比较（单位：元）

馆范围	平均值	中位数	最大值	最小值
贫困县	5.0	1.44	176	0
县级	4.5	2.16	184	0
全国	4.9	2.53	184	0

（注：数据来源于 2014 年全国文化馆评估系统）

贫困县的人均拨款平均值高于县级文化馆平均水平，但中位数明显低于全国、县平均水平，说明贫困县本身的人均拨款差异明显，不均衡现象突出。

四、人均服务成本

根据系统中提供的年服务人次，用财政拨款总额除以年服务人次计算出人均服务成本（元／人次）。

表 12　全国文化馆人均服务成本（单位：元／人次）

馆级别	平均值	中位数	最大值	最小值
省（区）	12.0	45.20	89.18	0.87
副省	50.9	35.67	140.00	10.10
地（市）	31.8	25.13	271.16	0.79
县（市）	21.2	13.92	264.65	0.01
贫困县	18.1	8.60	267.00	0.12
全国	32.1	30.00	271.16	0.01

根据系统提供的数据，全国文化馆人均服务成本最高的是江苏省苏州市文化馆（271.16元），人均服务成本最低的是浙江省绍兴市上虞区文化馆（0.01元）。

在省级馆中，人均服务成本最高的是湖北省群众艺术馆（89.18元），最低的是安徽省群众艺术馆（0.87元）。

在副省级馆中，人均服务成本最高的是大连市朝鲜族文化艺术馆（140元），最低的是哈尔滨市群众艺术馆（10.1元）。

在地市级馆中，人均服务成本最高的单位是江苏省苏州市文化馆（271.16元），人均服务成本最低的是西藏自治区山南地区群众艺术馆（0.79元）。

在县级馆中，人均服务成本最高的福建省宁德市福安市文化馆（264.65元），最低的是浙江省绍兴市上虞区文化馆（0.01元）。

在贫困其中：县文化馆中，人均服务成本最高的四川省凉山州昭觉其中：县文化馆（267元），最低的是新疆克孜勒苏柯尔克孜自治州乌恰其中：县文化馆（0.12元）。

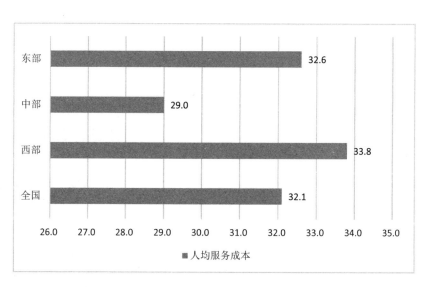

图9　2014年东、中、西部文化馆人均服务成本平均值（单位：元/人次）

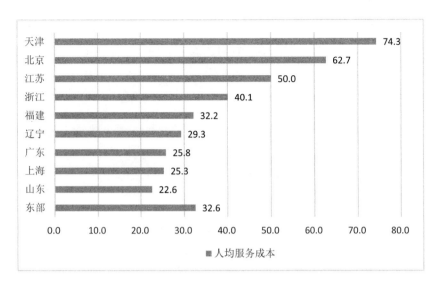

图 10 2014 年东部地区文化馆各省人均服务成本平均值（单位：元／人次）

东部 9 省（直辖市）中，福建、辽宁、广东、上海、山东各省的人均服务成本低于东部地区平均值和全国平均值。

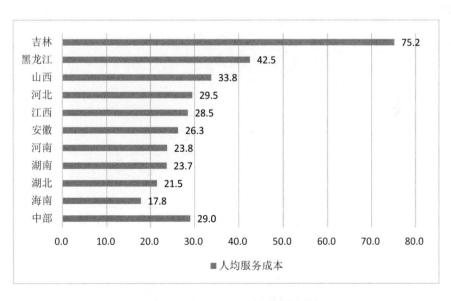

图 11 2014 年中部地区文化馆各省人均服务成本平均值（单位：元／人次）

　　中部 10 省中，江西、安徽、河南、湖南、湖北、海南各省人均服务成本低于中部地区平均值。

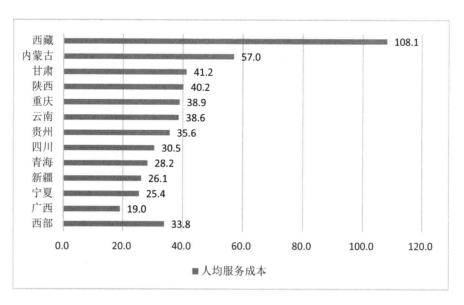

图 12 2014 年西部地区文化馆各省人均服务成本平均值（单位：元／人次）

　　西藏、内蒙古、甘肃、陕西、重庆、云南、贵州的人均服务成本高于西部地区的平均值和全国平均值。

表 13　2014 年各省级文化馆人均服务成本（单位：元／人次）

地区	单位名称	人均服务成本（元／每人次）
东部	上海市群众艺术馆	2.96
	福建省艺术馆	26.02
	天津市群众艺术馆	26.72
	山东省文化馆	42.33
	浙江省文化馆	59.87
	江苏省文化馆	62.14

地区	单位名称	人均服务成本（元／每人次）
中部	安徽省文化馆	0.87
	海南省群众艺术馆	40.80
	黑龙江省群众艺术馆	45.20
	湖南省群众艺术馆	47.16
	山西省群众艺术馆	47.42
	河南省群众艺术馆	49.59
	吉林省群众艺术馆	53.33
	湖北省群众艺术馆	89.18
西部	西藏自治区群众艺术馆	4.04
	青海省文化馆	10.70
	甘肃省文化馆	20.73
	内蒙古自治区群众艺术馆	22.50
	贵州省文化馆	29.66
	新疆维吾尔自治区文化馆	41.40
	云南省文化馆	45.43
	四川省文化馆	49.00
	广西壮族自治区群众艺术馆	
	馆馆	64.45
	重庆市群众艺术馆	65.27
	陕西省艺术馆	80.21
	宁夏文化馆	82.88
全国省级文化馆平均值		42.69

表 14　2014 年各副省级文化馆人均服务成本

地区	单位名称	人均服务成本（元／人次）
东部	济南市群众艺术馆	25.70
	厦门市文化馆	28.74
	沈阳市群众艺术馆	36.01
	杭州市文化馆	40.60
	大连市群众艺术馆	41.32
	宁波市文化馆	54.66
	广州市文化馆	60.89
	南京市文化馆	71.21
	深圳市文化馆	134.48
	大连市朝鲜族文化艺术馆	140.00
中部	哈尔滨市群众艺术馆	10.10
	哈尔滨市朝鲜民族艺术馆	19.88
	武汉市群众艺术馆	28.49
	长春市群众艺术馆	51.36
西部	成都市文化馆	35.37
	西安市群众艺术馆	35.15
全国副省级文化馆平均值		50.87

以上数据说明：（1）人均服务成本相差较大。人均服务成本最高的省馆是最低的 102.5 倍；最高的副省级馆是最低的 13.86 倍；最高的地市级馆是最低的 343.24 倍；最高的县级馆是最低的 26465 倍；最高的贫困其中：县文化馆是最低的 2225 倍。（2）人均服务成本普遍较高，全国文化馆服务效能有待提升。副省级馆人均服务成本最高（50.9 元），省级馆人均服务成本最低（12 元）。

五、免费开放经费

表 15 全国文化馆免费开放经费补助总额（单位：万元）

馆级别	平均值	中位数	最大值	最小值
省（区）	226.9	210	506.39	0
副省	172.4	125	374.10	50
地（市）	91.2	70	1431.89	0
县（市）	45.9	41	359.00	0
贫困县	27.3	20	453.00	0
全国	134.1	110	1431.89	0

（注：数据来源于 2014 年全国文化馆评估系统）

根据系统数据，深圳市南山区文化馆免费开放补助经费最高（1431.89 万元）。

免费开放补助经费为 0 的文化馆有 42 个，省级馆 1 个，地（市）级馆 3 个，县（市）级馆 38 个。根据现行免费开放政策，或者数据填报有误，或者该地将免费开放补助经费挪作他用。

贫困县免费开放补助经费问题突出。贫困县免费开放补助经费平均水平是全国县级馆平均水平的 59.47%；贫困县免费开放补助经费中位数是 20 万元，全国县级文化馆平均水平为 41 万元，只及全国平均水平的一半。"十三五"末贫困县接近或达到全国平均水平，任务艰巨。

表 16 2014 年全国及东、中、西部文化馆免费开放补助经费统计表

地区	金额（万元）	占全国比例（%）
东部	45629.1	34.4
中部	37751.4	28.5
西部	49201.8	37.1
全国	132582.2	—

（注：数据来源于 2014 年全国文化馆评估系统）

表 17　2014 年各省级文化馆免费开放补助经费

地区	单位名称	免费开放补助经（万元）
东部	福建省艺术馆	506.39
	山东省文化馆	450
	上海市群众艺术馆	391
	浙江省文化馆	305.89
	江苏省文化馆	70
	天津市群众艺术馆	61
中部	湖北省群众艺术馆	395
	海南省群众艺术馆	385
	湖南省群众艺术馆	345.39
	山西省群众艺术馆	245
	河南省群众艺术馆	242.66
	吉林省群众艺术馆	127
	黑龙江省群众艺术馆	125.5
	安徽省文化馆	40
西部	重庆市群众艺术馆	330
	新疆维吾尔自治区文化馆	300
	陕西省艺术馆	270
	西藏自治区群众艺术馆	265
	云南省文化馆	250
	广西省群众艺术馆	210
	四川省文化馆	205.68
	青海省文化馆	150
	甘肃省文化馆	150
	内蒙古群众艺术馆	150
	贵州省文化馆	150
	宁夏文化馆	7
全国省级文化馆总计		6127.15

（注：数据来源于 2014 年全国文化馆评估系统）

表 18   2014 年各副省级文化馆免费开放补助经费

地区	单位名称	免费开放补助经费（万元）
东部	宁波市文化馆	374.1
	深圳市文化馆	310
	南京市文化馆	305
	广州市文化馆	189
	济南市群众艺术馆	150
	大连市朝鲜族文化艺术馆	150
	杭州市文化馆	119
	厦门市文化馆（厦门市美术馆）	115
	沈阳市群众艺术馆	93
	大连市群众艺术馆	60
中部	武汉市群众艺术馆	160
	哈尔滨市朝鲜民族艺术馆	134
	长春市群众艺术馆	125
	哈尔滨市群众艺术馆	50
西部	成都市文化馆	300
	西安市群众艺术馆	125
全国副省级文化馆总计		2759.1

（注：数据来源于 2014 年全国文化馆评估系统）

从以上数据看，东部地区免费开放补助经费占全国免费开放补助经费比例 34.4%，西部占比 37.1%，中部占比仅为 28.5%。同级文化馆中，免费开放补助经费投入存在两级分化现象。东部地区免费开放补助经费最高的省级文化馆是最低馆的 8.29 倍。中部地区免费开放补助经费最高的省级文化馆是最低馆的 9.86 倍。西部地区免费开放补助经费最高的省级文化馆是最低

馆的 47 倍。

六、财政拨款总额增长率

因 2014 年全国文化馆评估系统提供的数据只限于 2014 年当年的数据，为了能准确地反映 2011-2014 年全国文化馆财政总额增长趋势，科学地掌握东、中、西部文化部财政拨款总额增长态势的差异，避免因缺失值较多及参评率不统一造成结论不准确，财政拨款总额增长率指标依据《中国文化文物统计年鉴（2011）》《中国文化文物统计年鉴（2012）》《中国文化文物统计年鉴（2013）》《中国文化文物统计年鉴（2014）》《中国文化文物统计年鉴（2015）》中提供的数据计算得出。

表 19　2011—2014 年全国文化馆财政拨款总额增长率

年份	财政拨款总额（万元）	增长率（%）
2011	535360.4	35.5
2012	641005.8	19.7
2013	765165.3	19.4
2014	812609	6.2

2011 年 -2014 年全国文化馆财政拨款总额逐年上涨，但财政拨款总额增长率呈逐年下降趋势。

表 20　2011—2014 年东中西部文化馆财政拨款总额增长率（单位：万元、%）

年份 项目 地区	2011 年		2012 年		2013 年		2014 年	
	总额	增长率	总额	增长率	总额	增长率	总额	增长率
东部	206371.7	21.23	254461.6	23.3	313718.2	23.29	328902.8	4.84
中部	142829.3	32.44	176830.4	23.8	210300.4	18.93	228291.1	8.55
西部	186159.4	59.08	209713.8	12.65	241136.7	14.98	255415.1	5.92

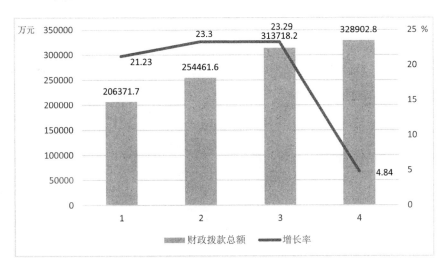

图 13 2011—2014 年东部地区文化馆财政拨款总额增长率

2011—2014 年东部地区的文化馆财政拨款总额逐年上涨，但是金额上涨幅度不大，2011—2013 年的财政拨款总额增长率基本持平，2014 年财政拨款总额增长率急剧下降，仅为 2013 年增长率的 20.78%。

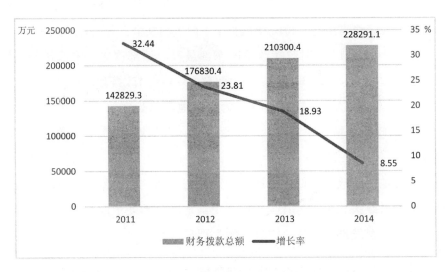

图 14 2011—2014 年中部地区文化馆财政拨款总额增长率

2011—2014 年中部地区的文化馆财政拨款总额逐年上涨，增长率逐年下降。

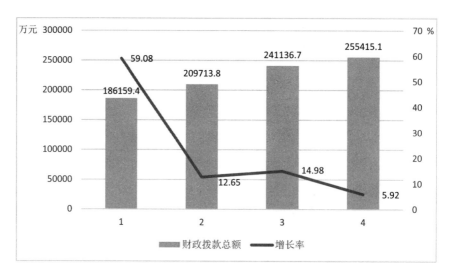

图 15　2011—2014 年西部地区文化馆财政拨款总额增长率

2011—2014 年西部地区文化馆的财政拨款总额逐年上涨，2012 年的财政拨款总额增长率较上年大幅度下降约 46 个百分点。2012 年和 2013 年的财政拨款总额涨幅接近，2014 年增长率下降了约 9 个百分点。

东中西部 2014 年财政拨款总额东部最高，西部次之，中部最低，仅为东部财政拨款总额的 69.4%。东中西部 2014 年财政拨款增长率相比较，东部最低，西部次之，中部最高，为东部地区增长率的 1.77 倍，比全国 2014 年财政拨款增长率高出 2.4 个百分点。东部地区 2014 年增长率下降幅度最大。

中部地区财政投入低已经成为一个突出问题。数据显示，财政拨款总额、人均财政拨款金额等几项指标，中部地区全部处于最低水平。促进文化馆事业均衡发展，解决"中部洼地"现象应成为"十三五"时期的重点任务之一。

七、设施面积

（一）全国文化馆建筑面积

表 21　文化馆馆舍建筑面积（单位：㎡）

馆级别（数量）	平均值	中位数	最大值	最小值
省（区）（27）	10221	7800	50455	1452
副省（17）	9499.7	8352	27563	2200
地（市）（400）	6736	5935	42282	0
县（市）（2675）	3045	2525	28000	0
贫困县（757）	2357.9	2080	10520	0
全国（3119）	3616.0	2683	50455	0

省级、副省级、地市级文化馆馆舍建筑面积的平均值均大于全国平均水平，其中省级最高，副省级第二，地市级第三。县级文化馆馆舍建筑面积平均值只有 3045 ㎡，低于全国平均水平。贫困县馆舍面积明显落后。平均值是县级文化馆平均值的 77.4%，中位数是县级文化馆平均值的 82.4%。

表 22　各省（区）每万人拥有文化馆馆舍建筑面积

省份	总面积（万平方米）	每万人拥有建筑面积（平方米）
西藏	147249.9	463.1
宁夏	184503.6	278.7
青海	109264.1	187.4
内蒙古	383372.2	153.0
新疆	313660.8	136.5
浙江	599673	108.9
江西	477862	105.2

续表

省份	总面积（万平方米）	每万人拥有建筑面积（平方米）
福建	370384.9	97.3
甘肃	239620.7	92.5
陕西	342687.4	90.8
山西	321675.1	88.2
江苏	700888	88.1
吉林	235433.2	85.6
天津	125044.8	82.4
上海	196137.2	80.9
云南	370331.3	78.6
重庆	262977.7	77.9
贵州	272991.9	77.8
四川	623093.2	76.6
黑龙江	280375.7	73.2
山东	692335.4	70.7
广西	333327.4	70.1
湖北	375741.7	64.6
河北	466791.5	63.2
湖南	424477.8	63.0
河南	583622.3	61.7
广东	655372.5	61.1
辽宁	248997.6	56.7
安徽	334156.8	54.9
北京	108667	50.5
海南	37965.7	42.0
全国	10818682.4	79.2

（注：上表中省份按照每万人拥有馆舍建筑面积降序排序。计算每万人拥有馆舍建筑面积时，各省份人口数量来自国家统计局官方网站数据库，选择的是2014年"年末常住人口"这一指标下的数据。）

全国每万人拥有馆舍建筑面积为 79.2 ㎡。每万人拥有馆舍建筑面积中，15 个省（区）高于全国平均值，分别是西藏、宁夏、青海、内蒙古、新疆、浙江、江西、福建、甘肃、陕西、山西、江苏、吉林、天津、上海。

每万人拥有馆舍建筑面积排前三的是西藏自治区（463.05 ㎡），宁夏（278.71 ㎡），青海（187.42 ㎡）。

每万人拥有馆舍建筑面积最小的三个省市分别是安徽（50.50 ㎡），北京（42.04 ㎡），海南（42.04 ㎡）。

（二）省级文化馆建筑面积

表 23 省级文化馆馆舍建筑面积

馆名	馆舍建筑面积（㎡）
陕西省艺术馆	50455
重庆市群众艺术馆	24388.38
山东省文化馆	20300
湖南省群众艺术馆	19962.65
上海市群众艺术馆	17525
云南省文化馆	14378.69
浙江省文化馆	10639.94
青海省文化馆	10271.37
天津市群众艺术馆	10241.14
四川省文化馆	9943.52

馆名	馆舍建筑面积（m²）
河南省群众艺术馆	9800
宁夏文化馆	8800
吉林省群众艺术馆	8000
新疆维吾尔自治区文化馆	7800
西藏自治区群众艺术馆	7168
山西省群众艺术馆	6612
江苏省文化馆	6515
广西壮族自治区群众艺术馆	6510
贵州省文化馆	5500
湖北省群众艺术馆	3850
福建省艺术馆	3553.39
内蒙古自治区群众艺术馆	3196.96
安徽省文化馆	2470.17
海南省群众艺术馆	2400
黑龙江省群众艺术馆	2237.4
新疆生产建设兵团群艺馆	2000
甘肃省文化馆	1452
省馆平均值	10221

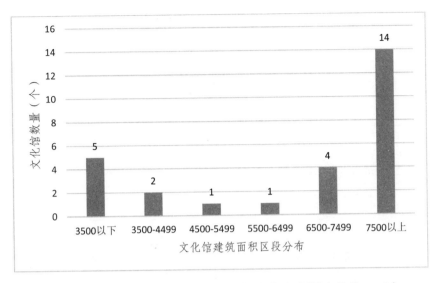

图 16 省级文化馆馆舍建筑面积区段分布示意图（单位：㎡）

省级文化馆中绝大多数馆舍建筑面积在 7500 ㎡以上，不同区段均有一定数量文化馆分布，馆舍面积小于 3500 ㎡的有 5 所。

表 24 东、中、西部省级文化馆馆舍建筑面积比较（单位：㎡）

地区（数量）	平均值	中位数	最大值
东部（6）	11462.4	10440.5	20300
中部（8）	6916.5	5231	19962.7
西部（13）	11681.8	7800	50455
全国（3119）	3616.0	2683	50455

东部和西部省级文化馆馆舍建筑面积的平均值相差不大，但中部地区与东、西部差距均非常明显，中部地区文化馆馆舍建筑面积远低于东、西部地区文化馆。

（三）副省级文化馆建筑面积

表25　副省级文化馆馆舍建筑面积

馆名	馆舍建筑面积（㎡）
厦门市文化馆	27563
济南市群众艺术馆	16000
长春市群众艺术馆	13000
深圳市文化馆	12490
南京市文化馆	10000
武汉市群众艺术馆	9559.75
哈尔滨市朝鲜民族艺术馆	9539
西安市群众艺术馆	9156
青岛市群众艺术馆	8352
沈阳市群众艺术馆	8345.83
广州市文化馆	8303.65
宁波市文化馆	7823.39
成都市文化馆	6512
杭州市文化馆	6500
大连市群众艺术馆	3901
哈尔滨市群众艺术馆	2250
大连市朝鲜族文化艺术馆	2200
平均值	9499.74
中位数	8352

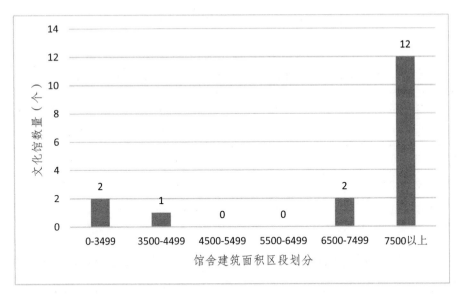

图 17　副省级文化馆馆舍建筑面积区段分布图（单位：㎡）

　　17 所副省级文化馆中有 12 所馆舍建筑面积在 7500 ㎡以上，达到了第四次评估标准的最高要求。但是仍有 2 所文化馆不到 3500 ㎡。

表 26　东、中、西部副省级文化馆馆舍建筑面积比较（单位：㎡）

地区（数量）	平均值	中位数	最大值
东部（11）	10134.44	8345.83	27563
中部（4）	8587.19	9549.36	13000
西部（2）	7834	7834	9156
全国（3119）	3616.0	2683	50455

　　东部地区副省级文化馆馆舍建筑面积最大，其次是中部，第三是西部。东西部之间副省级文化馆馆舍建筑面积差距较大。

（四）东、中、西部文化馆建筑面积比较

表 27　东、中、西部文化馆馆舍建筑面积各数值比较（单位：㎡）

地区（数量）	平均值	中位数	最大值
东部（716）	5277.57	3859.37	32930.32
中部（1132）	3117.70	2507.50	34700
西部（1271）	3160	2500	50455
全国（3119）	3616.08	2683.50	50455

东部地区文化馆平均馆舍建筑面积比中部和西部高出 2000 ㎡，也在全国文化馆建筑面积平均水平之上。中部和西部地区馆舍建筑面积相差甚微，西部略高于中部，但都低于全国平均水平。东中西和全国文化馆建筑面积的平均值和中位数均相差较大，且平均数大于中位数，反映了我国文化馆建筑水平发展不一，两级分化严重。

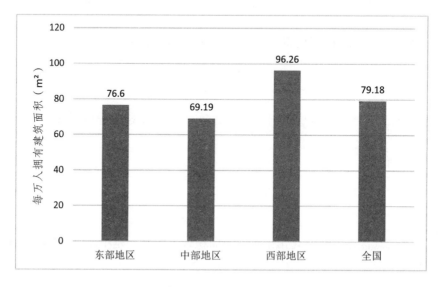

图 18　东、中、西部每万人拥有文化馆馆舍建筑面积比较图

西部地区每万人拥有文化馆馆舍建筑面积最高（96.26 ㎡），其次是东部地区（76.6 ㎡），最后是中部地区（69.19 ㎡）。西部地区每万人拥有文化馆馆舍建筑面积高出东部和中部 20 ㎡ 左右，西部和中部差距较大。东部和中部之间差距较小，但两个区域都低于全国平均水平。

（五）全国文化馆与公共图书馆馆舍面积比较

表 28　2014 年全国文化馆与公共图书馆馆舍建筑总面积比较[1]

指标	文化馆（3119）	公共图书馆（3117）
平均值（㎡）	3631.7	3951.2
总面积（万平方米）	1132.4	1231.6

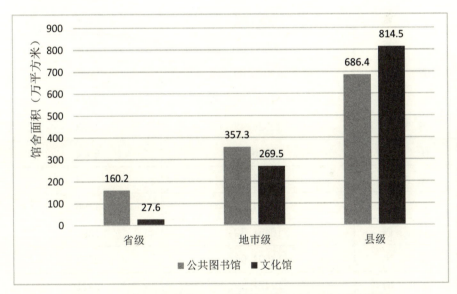

图 19　全国文化馆与公共图书馆馆舍面积分级比较图

全国文化馆与公共图书馆馆舍建筑总面积相差不大。但是，如图 19 显示，不同级别的文化馆和公共图书馆比较，情况发生了变化。省级文化馆馆舍建

---

［1］公共图书馆馆舍建筑面积的数据来源于《中国文化文物统计年鉴（2015）》。

筑面积远低于省级公共图书馆，前者只及后者的 17.2%。地（市）级文化馆馆舍建筑总面积依然低于同级公共图书馆，但差距相对缩小，前者是后者的 75.4%。到了县（市）级，情况正好相反，文化馆馆舍建筑面积高于同级公共图书馆，高出 18.7%。从比较中可以看到，省级文化馆馆舍建设严重滞后。

八、从业人员情况

（一）从业人员与服务人口比

表 29 全国各省文化馆从业人员数、从业人员与服务人口比 [1]

省份	从业人员与服务人口比（1：～）	从业人员数量（人）
西 藏	7890.82	403
宁 夏	9807.41	675
青 海	10000.00	583
吉 林	11092.30	2481
内 蒙 古	12826.42	1953
陕 西	14956.42	2524
黑 龙 江	15313.62	2503
甘 肃	16234.34	1596
新 疆	16461.32	1396
辽 宁	18504.00	2373
云 南	19471.29	2421
山 西	19518.46	1869
贵 州	22049.03	1591
广 西	22184.87	2142
江 西	22507.43	2018

[1] 数据来源于《中国文化文物统计年鉴（2015）》。

省份	从业人员与服务人口比（1：～）	从业人员数量（人）
天　津	24787.58	612
上　海	25270.83	960
湖　北	25353.10	2294
浙　江	25417.63	2167
河　南	26513.07	3559
北　京	26699.75	806
四　川	28049.62	2902
湖　南	30305.89	2223
河　北	30895.40	2390
山　东	32126.68	3047
重　庆	32760.13	913
海　南	36707.32	246
江　苏	37995.23	2095
福　建	40924.73	930
安　徽	41296.67	1473
广　东	46666.67	2298
全　国	24573.71	55443

2014 年，全国文化馆从业人员总数共计 55443 人，省级文化馆从业人员 1819 人，地市级文化馆从业人员 10514 人，县市级文化馆从业人员 43110 人。

文化馆从业人员最多的前 10 个省份依次是河南省（3559 人）、山东省（3047 人）、四川省（2902 人）、陕西省（2524 人）、黑龙江省（2503 人）、吉林省（2481 人）、云南省（2421 人）、河北省（2390 人）、辽宁省（2373 人）、广东省（2298 人）。从业人员最少的 5 个省份依次是宁夏（675 人）、天津（612 人）、青海（583 人）、西藏（403 人）、海南（246 人）。

2014 年，全国文化馆从业人员与服务人口比的平均值约为 1：24574。

在从业人员与服务人口比最小的 10 个省份中，西部省份占到了 70%。

在从业人员与服务人口比最大的 10 个省份中，东部省份有 4 个，中部 4 个，西部 2 个。

（二）从业人员本科学历情况

表 30　全国各级文化馆本科以上学历人数占业务人员总数比例（单位：%）

馆级别（数量）	平均值	中位数	最大值	最小值
省（区）（27）	72.2	75	97	45
副省（17）	73.9	69	98.3	60
地（市）（400）	58.4	56	100	0
县（市）（2675）	38.3	37	100	0
贫困县（757）	35.4	35	100	0
全国（3119）	44.9	40	100	0

根据此次评估系统所填报的数据，全国文化馆本科以上学历人数占业务人员总数比例最大值 100% 的文化馆有 66 个，有 111 个文化馆无本科以上学历人员，处于中位数 40% 的文化馆有 160 个。副省级文化馆的平均水平（73.9%），略高于省级文化馆的平均水平（72.2%）；地市级文化馆为 58.4%。县级文化馆平均水平（38.3%）和贫困其中：县文化馆平均水平（35.4%）低于全国平均水平，且与省级、副省级、地市级文化馆平均水平差距较大。

表31　东、中、西部本科以上学历人数占业务人员总数比例各值比较（单位：%）

地区（数量）	平均值	中位数	最高值	最低值
东部（716）	56.9	57	100	0
中部（1132）	41.4	37	100	0
西部（1271）	41.3	39	100	0

（三）业务人员职称情况

表 32 全国文化馆中级（含）以上职称占业务人员总数比例（单位：%）

馆级别（数量）	平均值	中位数	最大值	最小值
省（区）（27）	70.7	71	96	50
副省（17）	72.8	70	96.2	60
地（市）（400）	61.8	60	100	7.7
县（市）（2675）	43.9	40	100	0
贫困县（757）	40.5	40	100	0
全国（3119）	46.6	44	100	0

根据评估系统数据，在业务人员中级职称方面，副省级文化馆平均水平（72.8%）高于省级文化馆平均水平（70.7%），县级文化馆平均水平（43.9%）和贫困其中：县文化馆平均水平（40.5%）均处于全国水平之下。但是，比例最高的 100% 出现在县级和地市级馆。在县级馆，该项指标比例达到 100% 的文化馆数量有 45 个；在地市级馆，该项指标比例到 100% 的文化馆数量有 10 个。无中级（含）以上职称人员的文化馆有 157 个，均为县级文化馆。地市级比例最低的文化馆是重庆市双桥经开区文化馆，为 7.7%。

表 33 省、副省、地市级文化馆高级职称占业务人员总数比例（单位：%）

馆级别（数量）	平均值	中位数	最大值	最小值
省（区）（17）	34.8	33	74	10
副省（17）	28.7	28	56	12
地（市）（400）	21.5	19	90	0

根据评估系统数据，在高级职称占比方面，省级文化馆平均水平最高，为 34.8%；副省级文化馆水平次之，为 28.71%；地市级平均水平最低，为 21.4%。

九、馆办文艺团队

表34　全国文化馆馆办文艺团队数量统计表（单位：个）

馆级别（数量）	平均值	中位数	最大值	最小值	总量
省（区）（27）	6.6	6	15	0	178
副省（17）	11.6	9	43	5	198
地（市）（400）	7.5	5	61	0	2986
县（市）（2675）	5.1	5	150	0	15895
贫困县（757）	4.9	5	75	0	3763
全国（3119）	6.1	5	150	0	19257

　　根据评估系统数据，文化馆馆办文艺团队数量最高馆为辽宁省铁岭市清河区文化馆（150个），81个文化馆没有馆办文艺团队。1305个文化馆的馆办文艺团队为5个，处于中位数。

　　从平均值看，副省级文化馆馆办文艺团队个数最多，为11.6个；省级文化馆平均数量（6.6个）和地市级文化馆平均数量（7.5个）均高于全国平均数量（6.1个），县级文化馆平均数量（5.1个）低于全国平均水平，不到副省级文化馆平均水平（11.6个）的一半。

　　贫困县中：县文化馆馆办文艺团队共3763个，平均值为4.9个，低于全国县级、全国平均水平。

表35　东、中、西部文化馆馆办文艺团队数量统计表（单位：个）

地区（数量）	平均值	中位数	最大值	最小值
东部（716）	7.3	5	150	0
中部（1132）	5.8	5	55	0

地区（数量）	平均值	中位数	最大值	最小值
西部（1271）	5.7	5	75	0
全国（3119）	6.1	5	150	0

通过东、中、西的比较，东部文化馆馆办文艺团队的平均数量为7.3个，在全国平均数量（6.1个）之上；中部（5.8个）和西部（5.7个）文化馆的平均水平均低于全国平均水平（6.1个）。

根据评估系统数据，2014年全国馆办文艺团队总数为19043个。需要特别说明的是，此次评估系统数据与《中国文化文物统计年鉴》所指的并不是一个概念。在本次评估系统中，"馆办文艺团队"指的是指本馆创办、辅导并根据需要经常参加本馆组织活动的群众文化团队（指导、挂靠性质的社会文化团队除外），而根据《中国文化文物统计年鉴》的"主要统计指标解释"，"馆办文艺团队"指"由本馆人员组成的为群众提供文艺演出的演出团队"[1]。根据年鉴中的统计，2010-2015年，馆办文艺团队数量如下：

表36　2010—2014年馆办文艺团队数量（单位：个）

年度	馆办文艺团队数量
2010年	5590
2011年	7927
2012年	8750
2013年	6022
2014年	6447

（注：以上数据来源于2011—2015年的《中国文化文物统计年鉴》。）

---

[1]数据来源于《中国文化文物统计年鉴（2014）》。

十、开放时间

（一）每周开放时长

表 37　全国文化馆每周开放时长（单位：小时）

馆级别（数量）	平均值	中位数	最大值	最小值
省（区）（27）	66.8	56	167	42
副省（17）	64.8	56	87.5	40
地（市）（400）	61.1	56	168	0
县（市）（2675）	54.8	56	168	0
贫困县（757）	51.8	56	150	0
全国（3119）	55.8	56	168	0

全国文化馆每周开放时长的平均值是 55.8 小时，中位数是 56 小时。每周开放时长不足 56 小时的文化馆占总数的占 26%，74% 的文化馆每周开放时长达 56 小时以上。

省级文化馆每周开放时长的平均值最高（66.8 小时），地市级文化馆和副省级文化馆每周开放时长平均值均超过 60 小时，县级文化馆的平均值较低，为 54.8 小时。各级文化馆每周开放时长的中位数均为 56 小时。

贫困其中：县文化馆平均每周开放时长为 51.8 小时。贫困其中：县文化馆平均每周开馆时间比县级文化馆少近 3 小时，比全国各级文化馆少近 4 小时。36% 的贫困其中：县文化馆每周开放时长不足 56 小时，64% 的馆每周开放时长达 56 小时以上。

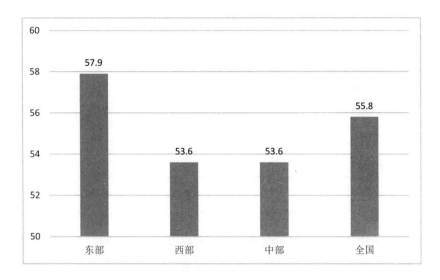

图 20 东、中、西部文化馆每周开放时长平均值（单位：小时）

从平均值来看（中位值皆为 56 小时），东部地区文化馆平均每周开馆时间较长，多于中部、西部地区，也多于全国文化馆平均每周开放时长；西部、中部地区平均每周开放时长低于全国平均水平。

总体来看，全国有超过 1/4 的文化馆每周开放时长不足 56 小时，即平均每天开放时长不足 8 小时。县级文化馆每周开馆时间较少，平均 54.8 小时。贫困地区县级文化馆平均每周开放时长则只有 51.8 小时。中部和西部地区文化馆平均每周开放时长不足 54 小时。

（二）错时开放

错时开放指文化馆在一般公众正常上班时间以外，以及法定节假日、公休日期间有开放时间。

表 38 文化馆错时开放情况

馆级别（数量）	实行错时开放馆数（个）	比例（%）
省（区）（27）	16	61.5
副省（17）	10	62.5

馆级别（数量）	实行错时开放馆数（个）	比例（%）
地（市）（400）	209	52.5
县（市）（2675）	1208	45.2
贫困县（757）	324	42.8
全国（3119）	1443	46.3

从比例来看，全国实行错时开放的文化馆不足一半。省级文化馆、副省级文化馆在错时开放方面做得较好，有超过 60% 的馆都已实行错时开放，地市级文化馆一半以上实行错时开放，而县级馆较差一些，错时开放的仅占45.2%。

实行错时开放的贫困其中：县文化馆占 42.8%，低于县级文化馆和全国文化馆的错时开放比例。

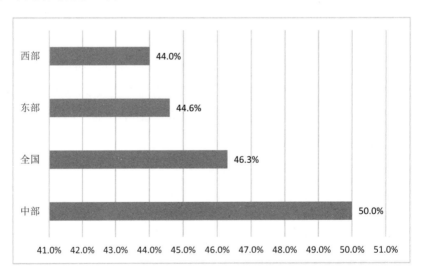

图 21　东、中、西部地区及全国错时开放文化馆比例

中部地区一半的文化馆实行错时开放，比例较高，而东部和西部地区错时开放文化馆占比不到 45%，也低于全国平均水平。

总体来看，全国文化馆实行错时开放情况不理想，一半以上的文化馆未实行错时开放；县级文化馆错时开放的占 45.2%，比其他各级文化馆错时开放比例低；贫困其中：县文化馆低于全国县级馆水平，错时开放比例为42.8%；东部、西部地区文化馆相对中部地区错时开放情况较差。

十一、服务人次

服务人次指年文化服务惠及人次，即 2014 年全年文化馆各类文化服务惠及人次总数。

表 39　全国文化馆年服务人次（单位：万）

馆级别（数量）	平均值	中位数	最大值	最小值	总量
省（区）（27）	111.4	30	2000	4.3	2895.6
副省（17）	39.6	30	100	1.5	672.6
地（市）（400）	23.2	16	300	0	9025.6
县（市）（2675）	10.2	8	368	0	26714.9
贫困县（757）	10.2	6	255	0	7090.2
全国（3119）	12.9	8	2000	0	39308.7

全国文化馆年服务人次平均值达 12.5 万，中位数是 8 万，年服务人次最多的是上海市群众艺术馆，达 2000 万，而贵州省水城其中：县文化馆、河北省徐水其中：县文化馆、内蒙古自治区呼和浩特市玉泉区文化馆、西藏自治区措勤县文化活动中心、新疆自治区乌鲁木齐市头屯河区文化馆年服务人次为 0 人次。

从平均值和中位数来看，省级文化馆、副省级文化馆年服务人次较多，地市级文化馆次之，县级馆则相对较少。

贫困其中：县文化馆年服务人次中位数与县级文化馆和全国文化馆相同，但就平均值比较，存在一定差距，贫困其中：县文化馆平均年服务人次比全国县级文化馆平均数少 0.6 万人次，比全国文化馆少约 3 万人次。

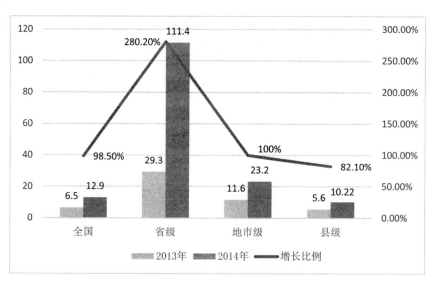

图22　全国文化馆2013年、2014年平均服务人次比较[1]

与2013年相比，2014年文化馆平均服务人次增长显著。全国文化馆平均年服务人次增长98.5%。省级文化馆平均服务人次比上年增长近3倍，地市级文化馆平均服务人次比上年增长1倍，县级文化馆平均服务人次增长也达到82.1%。

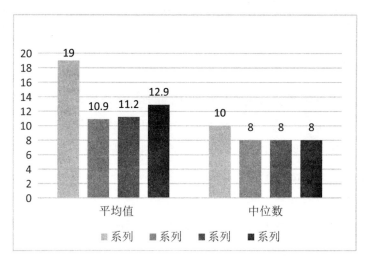

图23　东、中、西部文化馆年服务人次（单位：万）

---

[1] 2013年服务人次平均值据《中国文化文物统计年鉴（2014）》。

从平均值和中位数来讲，东、中、西部地区文化馆年服务人次也存在差距。东部地区文化馆年服务人次平均值和中位数均高于中、西部地区和全国水平，其年服务人次平均值比全国平均值高约 6 万，比中、西部地区平均值高约 8 万。中、西部地区文化馆年服务人次平均值均都低于全国平均水平，西部地区文化馆年服务人次平均值略高于中部。

十二、网站（网页）建设

表 40　全国文化馆网站（网页）建设统计表

馆级别（数量）	有网站或网页		无网站或网页	
	馆数量（个）	占比（%）	馆数量（个）	占比（%）
省（区）（27）	26	96.3	1	3.7
副省（17）	17	100	0	0
地（市）（400）	368	92	32	8.0
县（市）（2675）	2348	87.8	327	12.2
贫困县（757）	592	78.2	165	21.8
全国（3119）	2759	88.5	360	11.5

从上表看，我国文化馆网站（网页）设置情况良好，88.5% 的文化馆建设了网站（网页）。

27 个参评省级文化馆中，新疆生产建设兵团无网站或网页。

副省级文化馆全部建有网站，是各级文化馆中设置率最高的，这也反映了副省级文化馆的整体优势。

贫困其中：县文化馆网站设置率比全国平均水平要低 10 个百分点，说明贫困县在这方面比全国水平要差一些。

评估系统中给出的文化馆网站设置率与本课题组网络实时调研结果相差较大。2015 年 8 月 16 日—2015 年 10 月 20 日，课题组对全国文化馆网站进

行了一次大规模网上实时调查。调查的范围包括 32 个省级文化馆、426 个地级市文化馆，以及东部辽宁、江苏，中部湖北、陕西，西部陕西、贵州 6 省的全部县级文化馆。调查结果显示，省级文化馆网站设置率为 93.4%；地市级文化馆网站设置率为 63.8%，县级文化馆网站设置率为 36.8%。根据系统导出数据计算出来的网站设置率与课题组网上实时调查的结果相比，省级馆基本吻合，地市级、县市级差别较大。

在本次数据统计分析过程中，课题组对系统数据进行了网络检索验证。系统提供的数据显示，省级文化馆中新疆生产建设兵团群艺馆无网站，其他省级文化馆均有网站。我们通过网络检索验证，甘肃省文化馆、西藏自治区群众艺术馆依然无网站或网页。系统提供的数据显示，安庆市、黄山市、马鞍山市的 23 个县都具有数字服务能力。我们通过网络检索验证，有 6 个县级馆无网站或网页，占 23 个馆的 26.1%。系统提供的数据显示，新疆塔城地区 7 个县级文化馆有网站或网页，我们通过网络检索验证，均无，数据误差率 100%。系统提供的数据显示，浙江省丽水市 9 个县级文化馆有网站或网页，我们通过网络检索验证，3 个县级文化馆无网站或网页，误差率为 30%。我们认为，在文化馆网站设置上，系统数据水分较大。

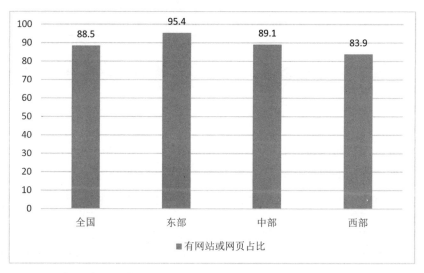

图 24 东、中、西部文化馆网站（网页）设置比率图（单位：%）

从图 23 看，我国文化馆设置网站或网页的比例很高，设置率上东部比中部约高 6%，中部比西部约高 5%，说明文化馆网站普遍设有网站（网页）。

根据课题组网络实时调研，东部文化馆网站设置率为 57.0%，中部 41.3%，西部 49.1%，这与文化馆评估系统中导出的数据差异较大，因此该部分数据存疑。

十三、特点、问题与建议

（一）参评率较高。全国平均达到 90.5%，比第三次全国文化馆评估定级增长了 3 个百分点。19 个省份的参评率较第三次评估定级上升，10 个省份下降，2 个省份持平。较高的参评率，说明各地党委政府、文化行政部门对该项工作重视，也保证了评估定级数据可以基本反映全国文化馆事业的发展水平。

（二）发展不均衡现象仍在延续。不论是区域间（如东中西部）还是区域内（如东中西各自内部），差距都很大。财政拨款，东部 9 省市占总额的 41%，中部 10 省占 28%，西部 12 省区占 31%；人均文化馆事业财政拨款，中部为东部的 66.2%、西部的 65.2%；文化馆馆舍总面积，东部平均为 5277.57 平方米，中部平均为 3117.70 平方米，西部平均为 3160 平方米。同是东部，2014 年浙江省文化馆事业总经费是天津市的 3.7 倍，上海市人均文化馆事业财政拨款是山东省的 4.2 倍；同是西部，西藏自治区人均文化馆事业费是广西自治区的 3.2 倍。这些现象在许多方面都有体现，说明发展不均衡现象没有明显好转。"十三五"期间，推动均衡发展，实现公共文化服务普遍均等任务艰巨。

（三）"中部洼地"现象进一步加剧。多项数据显示，不论是总量还是人均指标，总的发展态势是东部最好，西部次之，中部最差。如文化馆事业财政拨款总量，中部占比最少；免费开放补助经费，中部占全国的 28.5%，低于西部的 37.1%，也低于东部的 34.4%；东部和西部文化馆事业拨款最多

的省份总量都达到了 5 亿以上（浙江、广东、江苏、四川超过 5 亿），中部拨款最多的河南省只有 3 亿出头；人均文化馆财政拨款，中部最低，只有西部的 65%；文化馆馆舍面积平均值、万人拥有文化馆馆舍面积、文化馆吸引社会资金的水平等指标，都是中部地区垫底。从总体上看，"中部洼地"现象成为当前事业发展不均衡的突出问题。"十三五"期间有必要对资金、资源、扶持政策做出适当调整，着力解决"中部洼地"现象。

（四）贫困县实现跨越发展任务艰巨。全国 839 个贫困县中，有 757 个参加了第四次全国文化馆评估定级工作，参评率为 90.2%，与全国平均参评率基本持平。数据分析显示，贫困其中：县文化馆事业发展的许多指标都落后于全国同级别平均水平。如财政拨款总额，按平均值贫困县是全国县（市）平均水平的 43.1%，按中位数贫困县是全国县（市）平均水平的 38.7%，按最大值贫困县是全国县（市）平均水平的 10.2%；免费开放经费，全国县（市）级馆平均为 45.9 万元／馆，贫困县为 27.3 万元／馆，中位数全国县（市）级馆为 41 万元／馆，贫困县为 20 万元／馆，说明贫困县的免费开放经费在国家补助之外很少有地方政府的投入；文化馆馆舍建筑面积，贫困县是全国县（市）级馆平均水平的 77.4%，中位数是全国县（市）级馆的 82.3%。另一方面，贫困其中：县文化馆服务效能普遍偏低。如文化馆每周开放时间，全国县（市）级文化馆是 54.8 小时，贫困县是 51.8 小时；实行错时开放的文化馆占比，县（市）级馆平均为 45.2%，贫困县为 42.8%。总之，"十三五"期间贫困其中：县文化馆发展指标接近或达到全国平均水平，任务艰巨。

（五）副省级馆发展势头强劲，省级馆发展相对滞后。评估定级中的许多指标，副省级馆好于省级馆。如副省级馆参评率为 100%，是各级文化馆中最高的，省级馆的参评率为 84.4%，是各级文化馆中最低的。财政拨款总额平均值，副省级馆和省级馆基本持平。馆舍建筑面积，平均值省级馆为 10221 平方米，副省级馆为 9499.74，二者相差无几；馆舍面积 7500 平方米以上的省级馆 14 个，占总数的 45%，副省级馆 12 个，占 80%；3500 平方米以下的省级馆 5 个，占总数的 16%，副省级馆 2 个，占 13%。省级文化馆和省级公共图书馆相比，省级文化馆馆舍总面积只及省级公共图书馆的 18%。

省级馆发展相对滞后，实质上是文化馆发展"龙头"作用不强，这是今后应大力弥补的短板。

（六）服务效能有待进一步提高。数据分析显示了一些可喜现象，如 2014 与 2013 年相比，全国文化馆服务人次大幅度增长，全国平均增长12.9%，省级馆增长了 280.2%，说明文化馆发展到了服务效能大幅度提升的"临界时点"。但从总体上看，目前的服务效能仍然不高。2014 年全国文化馆服务总人次为 3.9 亿，低于全国公共图书馆流通总人次（5.3 亿）；人均服务成本偏高，全国平均 32.1 元 / 人次，最高值达 271.16 元 / 人次。以省或馆为单位看，人均服务成本最高的都在七八十元甚至超过百元。可见，文化馆提高服务效能的任务既迫切又艰巨。

（七）免费开放显现新问题——"错时开放"比例偏低。数据显示，全国文化馆免费开放时长水平已经不低，全国平均 55.8 小时 / 周，东部地区已经达到 57.9 小时 / 周，但是实行错时开放的文化馆比例不高。最好的副省级文化馆也只有 62.5% 的文化馆实行错时开放，全国实行错时开放的文化馆占总数的 46.3%，贫困县最差，为 42.8%。文化馆作为公共文化服务单位，实行错时开放是方便公众、提高效益、以人为本的具体体现，采取有效措施加大错时开放的力度，是提高免费开放质量，进而提高服务效能的一项重要任务。

（八）评估指标设置需进一步优化，填报培训需进一步加强。在对数据进行统计分析过程中发现，系统指标设置有的不科学、不合理，有的指标含义模糊，有的指标重复，有的相关指标没有建立内在联系，有的统计口径与通行做法不一，这些今后需要进一步改进。同时发现，许多指标数值明显超过常识与合理范围，显然是填报错误所致。这种现象越到基层越严重，严重影响了数据的使用。建议今后应加强对数据填报的培训，建立逐级审核机制，提高数据的可信度和可用性。

2015 年度全国群众文化机构基本情况统计[1]

表 1 全国群众文化机构设置数量和从业人员情况

			文化馆					文化站	
		总计	合计	省级	地市级	县市级		合计	其中：乡镇文化站
							其中：县文化馆		
机构数（个）		44291	3315	32	354	2929	2037	40976	34239
从业人员（个）		173499	55307	1825	10501	42981	30264	118192	95939
专业技术人才	合计	70540	40405	1402	8529	30474	21814	30135	26121
	正高	990	990	154	425	411	271		
	副高	4903	4903	381	1544	2978	2049		
	中级	16898	16898	554	3770	12574	9109		

表 2 全国群众文化机构举办活动情况

	总计	文化馆					文化站	
		合计	省级	地市级	县市级		合计	其中：乡镇文化站
						其中：县文化馆		
组织品牌节庆活动（个）	5951	5951	79	1003	4869	2914		
提供文化服务次数（次）	1663881	4326 42	6350	71728	354564	192699	1231239	829487

---

[1]数据来源：中华人民共和国文化部．全国文化文物统计年鉴 2016[M]．北京：国家图书馆出版社，2016：126-129．

续表

文化服务惠及人次（万人次）	54829.25	23778.17	586.17	4549.54	18642.45	12254.14	31051.09	
组织文艺活动次数（次）	959901	210205	2695	25623	181887	109453	749696	514182
老年人专场	30630	30630	569	4429	25632	15086		
未成年人专场	18358	18358	381	2340	15637	9960		
残障人士专场	5335	5335	201	547	4587	2593		
农民工专场	17170	17170	283	1897	14990	10101		
组织文艺活动参加人次（万人次）	39728.37	17754.83	341	3159.56	14254.28	9354.59	21973.53	16479.2
举办训练班班次（次）	536328	168727	2109	37731	128887	57673	367601	226919
培训人次（万人次）	3871.01	1127.54	21.25	264.92	841.37	411.93	2743.48	1771.39
其中：对业余文化队伍开展培训人次	1230.76	374.56	7.91	91.72	274.93	145.65	856.2	485.2
举办展览个数（个）	139792	25850	549	3843	21458	14334	113942	88386
参观人次（万人次）	10752.24	4418.16	208.06	1024.31	3185.8	2271.17	6334.08	
组织公益性讲座次数（次）	27860	27860	997	4531	22332	11239		
参加人次（万人次）	477.64	477.64	15.87	100.76	361.01	216.46		

表3　全国群众文化机构藏书、计算机配备及人员受训情况

	总计	文化馆					文化站	
		合计	省级	地市级	县市级	其中：县文化馆	合计	其中：乡镇文化站
藏书（万册）	26228.43	664.48	21.93	57.81	584.75	308.16	25563.95	19330.55
计算机（台）	361359	53260	2381	10868	40011	26370	308099	248029
本单位受训人次（万人次）	109.58	15.22	0.21	1.32	13.7	8.02	94.36	61.42

表4　全国群众文化机构经费收入情况（单位：千元）

		总计	文化馆					文化站	
			合计	省级	地市级	县市级	其中：县文化馆	合计	其中：乡镇文化站
本年收入合计		20776055	10111539	797526	2629004	6685009	3911344	10664516	8169719
	财政补贴收入	18563737	9341650	704646	2435752	6201252	3629814	9222087	7096123
	业务活动专项经费	6141242	2351145	312611	591521	1447013	775220	3790097	2829880
上级补助收入		1438338	359500	39715	67662	252123	170931	1078838	808229
事业收入		139097	139097	33628	17097	88372	37223		
经营收入		10695	10695	2392	4376	3927	472		
附属单位上缴收入		1150	1150		701	449	127		
其他收入		623038	259447	17145	103416	138886	72777	363591	265367

表 5　全国群众文化机构经费支出情况（单位：千元）

| | 总计 | 文化馆 | | | | | 文化站 | |
		合计	省级	地市级	县市级	其中：县文化馆	合计	其中：乡镇文化站
本年支出合计	20148937	9702719	737197	2440402	6525120	3820803	10446218	7816820
基本支出	13182417	6690260	350045	1602741	4737474	2974564	6492157	5043134
项目支出	6558292	2949011	383363	832522	1733126	821506	3609281	2556899
经营支出	228676	17962	3789	3956	10217	4913	210714	168156
工资福利支出	7917298	3803200	170031	835261	2797908	1785294	4114098	3372146
商品和服务支出	6160611	3035088	363826	760318	1910944	958203	3125523	2200616
差旅费	110350	110350	15753	31264	63333	41911		
劳务费	381787	381787	34970	104332	242485	119881		
福利费	36063	36063	2287	8137	25639	15175		
各种税金支出	19388	19388	2029	6087	11272	2260		
对个人和家庭补助支出	2130804	1717909	133757	518119	1066033	637675	412895	332619
抚恤金和生活补助	128912	94532	4520	28665	61347	42288	34380	30088
其他资本性支出	3403632	1008761	68579	301522	638660	413980	2394871	1776359
各种设备、交通工具、图书购置费	861969	256285	13753	95711	146821	87926	605684	404386

表6　全国群众文化机构的资产与房屋建筑面积情况

		文化馆			县市级		文化站	
	总计	合计	省级	地市级		其中：县文化馆	合计	其中：乡镇文化站
资产总计（千元）	53575215	17065279	1023702	3311528	12730049	9391726	36509936	27673309
固定资产原值	45530229	14093770	775166	2225195	11093409	8423005	31436459	23708074
实际使用房屋建筑面积(万平方米)	3848.27	954.85	24.13	183.61	747.12	463.1	2893.42	2177.33
业务用房面积	2765.44	629.2	16.13	115.03	498.05	314.7	2136.23	1656.08
对公众开放阅览室面积	109.23	109.23	1.66	16.84	90.73	65.32		
实际拥有产权面积（万平方米）	2198.06	478.81	11.73	86.63	380.45	257.89	1719.25	

表7　全国群众文化机构流动舞台车演出和志愿者队伍情况

			文化馆			县市级		文化站	
		总计	合计	省级	地市级		其中：县文化馆	合计	其中：乡镇文化站
流动舞台车演出情况	流动舞台车数量（辆）	748	748	6	51	691	550		
	利用流动舞台车演出场次（场次）	23783	23783	166	1149	22468	17916		
	利用流动舞台车演出观众人次（万人次）	1650.59	1650.59	12.67	101.96	1535.96	1250.51		
志愿者服务队伍数（个）		20354	20354	481	8903	10970	6340		
志愿者服务队伍人数		665386	665386	80314	215309	369763	179071		

表8 全国群众文化机构的本馆指导单位情况

	总计	文化馆					文化站	
		合计	省级	地市级	县市级		合计	其中：乡镇文化站
						其中：县文化馆		
馆办文艺团体（个）	7618	7618	106	1169	6343	3891		
演出场次（场）	152344	152344	1397	13683	137264	97346		
观众人次（万人次）	8430.41	8430.41	97.44	1159.79	7173.18	5053.6		
馆办老年大学（个）	853	853	13	94	746	516		
群众业余文艺团队（个）	383151	80158	190	6338	73630	45064	302993	229120
群众业余团队人数（人）	2419915	2419915	6232	458502	1955181	1219243		

2016 年度全国群众文化机构基本情况统计[1]

表 1　全国群众文化机构设置数量和从业人员情况

		总计	文化馆					文化站	
			合计	省级	地市级	县市级		合计	其中：乡镇文化站
							其中：县文化馆		
机构数（个）		44497	3322	31	358	2933	1630	41175	34240
从业人员（个）		182030	55491	1859	10568	43064	22766	126539	101970
专业技术人才	合计	74989	40852	1426	8599	30827	16355	34137	29836
	正高	1006	1006	147	418	441	171	0	0
	副高	5020	5020	377	1549	3094	1467	0	0
	中级	17133	17133	556	3791	12786	6836	0	0

表 2　全国群众文化机构举办活动情况

	总计	文化馆					文化站	
		合计	省级	地市级	县市级		合计	其中：乡镇文化站
						其中：县文化馆		
组织品牌节庆活动（个）	5894	5894	118	1137	4639	2220	0	0
提供文化服务次数（次）	1839700	495905	7176	91109	397620	152763	1343795	892350

---

[1] 数据来源：中华人民共和国文化部 . 全国文化文物统计年鉴 2017[M]. 北京：国家图书馆出版社，2017.

文化服务惠及人次（万人次）	57895.571	25660.920	656.648	4718.088	20286.184	10224.844	32234.651	23969.279
组织文艺活动次数（次）	1065287	237334	2386	27778	207170	88977	827953	554405
老年人专场	35360	35360	276	5341	29743	10960	0	0
未成年人专场	20468	20468	250	2707	17511	8173	0	0
残障人士专场	5686	5686	41	618	5027	2185	0	0
农民工专场	18274	18274	223	1604	16447	8378	0	0
组织文艺活动参加人次（万人次）	42337.320	19353.677	421.416	3226.269	15705.992	7971.958	22983.643	17172.572
举办训练班班次（次）	590516	197445	3332	54243	139870	42992	393071	242191
培训人次（万人次）	4250.083	1262.213	24.475	318.842	918.896	305.308	2987.870	1955.627
其中：对业余文化队伍开展培训人次	1422.918	400.817	9.971	89.471	301.374	105.502	1022.101	627.148
举办展览个数（个）	150128	27357	489	4002	22866	11569	122771	95754
参观人次（万人次）	10786.425	4523.287	196.583	1069.791	3256.913	1781.713	6263.138	4841.080
组织公益性讲座次数（次）	33769	33769	969	5086	27714	9225	0	0
参加人次（万人次）	521.743	521.743	14.174	103.186	404.383	165.865	0	0

表3　全国群众文化机构藏书、计算机配备及人员受训情况

	总计	文化馆					文化站	
		合计	省级	地市级	县市级		合计	其中：乡镇文化站
						其中：县文化馆		
藏书（万册）	27380.034	729.177	17.158	66.964	645.055	256.992	26650.857	20205.038
计算机（台）	377254	55505	2223	9427	43855	22651	321749	257990
本单位受训人次（万人次）	102.751	12.543	0.221	2.077	10.246	6.311	90.208	58.426

表4　全国群众文化机构经费收入情况（单位：千元）

		总计	文化馆					文化站	
			合计	省级	地市级	县市级		合计	其中：乡镇文化站
							其中：县文化馆		
本年收入合计		22722889	11381125	790405	2825374	7765346	3122608	11341764	8556145
	财政补贴收入	20866457	10607221	696584	2629238	7281399	2932699	10259236	7737681
	业务活动专项经费	7315802	3014075	356935	740430	1916710	680202	4301727	3073343
	上级补助收入	1156102	386137	51420	83398	251319	117563	769965	593828
	事业收入	112214	112214	19662	13610	78942	20492	0	0
	经营收入	19780	19780	1717	3370	14693	452	0	0
	附属单位上缴收入	5590	5590	0	3	5587	166	0	0
	其他收入	562746	250183	21022	95755	133406	51236	312563	224636

表5 全国群众文化机构经费支出情况（单位：千元）

	总计	文化馆					文化站	
		合计	省级	地市级	县市级		合计	其中：乡镇文化站
						其中：县文化馆		
本年支出合计	21837210	10711146	718510	2751504	7241132	3005523	11126064	8402040
基本支出	14252403	7340920	337106	1722071	5281743	2392405	6911483	5536749
项目支出	7135426	3328760	367424	1025383	1935953	621553	3806666	2558257
经营支出	237055	30147	13980	3877	12290	4848	206908	166890
工资福利支出	8721078	4305977	194459	942648	3168870	1477583	4415101	3596783
商品和服务支出	7014730	3506835	353405	946245	2207185	771535	3507895	2480491
差旅费	132336	132336	16233	39568	76535	39821	0	0
劳务费	419923	419923	22659	128993	268271	90481	0	0
福利费	44541	44541	3686	9779	31076	13438	0	0
各种税金支出	28538	28538	1188	4465	22885	2331	0	0
对个人和家庭补助支出	2119319	1717996	112642	521987	1083367	438058	401323	323958
抚恤金和生活补助	128613	93146	3951	28472	60723	29461	35467	30272
其他资本性支出	3272506	1067046	56658	281635	728753	326183	2205460	1534396
各种设备、交通工具、图书购置费	804850	241620	24870	63550	153200	59543	563230	413231

293

表6　全国群众文化机构的资产与房屋建筑面积情况

		总计	文化馆					文化站	
			合计	省级	地市级	县市级		合计	其中：乡镇文化站
							其中：县文化馆		
资产总计（千元）		56694619	17924850	1342406	3603657	12978787	7923395	38769769	29149315
	固定资产原值	48245280	14707034	956559	2422875	11327600	7269546	33538246	25061182
实际使用房屋建筑面积（万平方米）		3991.008	1012.556	24.384	200.535	787.637	359.912	2978.452	2226.852
	业务用房面积	2898.584	675.799	16.420	132.132	527.247	244.373	2222.785	1706.379
	对公众开放阅览室面积	117.633	117.633	1.589	16.736	99.308	54.224	0	0
实际拥有产权面积（万平方米）		2268.439	499.817	13.324	85.093	401.400	207.253	1768.622	1478.718

表7　全国群众文化机构流动舞台车演出和志愿者队伍情况

		总计	文化馆					文化站	
			合计	省级	地市级	县市级		合计	其中：乡镇文化站
							其中：县文化馆		
流动舞台车演出情况	流动舞台车数量（辆）	746	746	7	49	690	450	0	0
	利用流动舞台车演出场次（场次）	23793	23793	195	910	22688	15108	0	0
	利用流动舞台车演出观众人次（万人次）	1384.537	1384.537	19.350	64.746	1300.441	878.618	0	0
志愿者服务队伍数（个）		21940	21940	966	5812	15162	6110	0	0
志愿者服务队伍人数		894002	894002	126447	259107	508448	178416	0	0

表8 全国群众文化机构的本馆指导单位情况

	总计	文化馆					文化站	
		合计	省级	地市级	县市级		合计	其中：乡镇文化站
						其中：县文化馆		
馆办文艺团体（个）	7779	7779	100	1195	6484	2949	0	0
演出场次（场）	147586	147586	1522	13826	132238	74219	0	0
观众人次（万人次）	8555.260	8555.260	73.230	1009.790	7472.240	3613.309	0	0
馆办老年大学（个）	857	857	11	99	747	409	0	0
群众业余文艺团队（个）	398398	84913	212	6407	78294	34463	313485	238661
群众业余团队人数（人）	3001814	3001814	8765	503368	2489681	1150743	0	0

图书在版编目（CIP）数据

文化馆蓝皮书：中国文化馆全民艺术普及发展报告．

2015—2016 / 李宏，李国新主编．-- 北京：人民日报

出版社，2017.11

ISBN 978-7-5115-5085-9

Ⅰ．①文… Ⅱ．①李… ②李… Ⅲ．①文化馆－工作

－研究报告－中国－2015—2016 Ⅳ．① G249.23

中国版本图书馆 CIP 数据核字（2017）第 271881 号

书　　名：	文化馆蓝皮书：中国文化馆全民艺术普及发展报告（2015—2016）	
主　　编：	李　宏　李国新	

出 版 人：	董　伟
责任编辑：	孙　祺
封面设计：	中联学林

出版发行	人民日报出版社
社　　址：	北京金台西路 2 号
邮政编码：	100733
发行热线：	（010）65369527 65369846 65369509 65369510
邮购热线：	（010）65369530 65363527
编辑热线：	（010）65369518
网　　址：	www.peopledailypress.com
经　　销：	新华书店
印　　刷：	三河市华东印刷有限公司

开　　本：	710mm×1000mm　1/16
字　　数：	340 千
印　　张：	19.25
印　　次：	2017 年 11 月第 1 版　2017 年 11 月第 1 次印刷

书　　号：	ISBN 978-7-5115-5085-9
定　　价：	68.00 元